よき人々の系譜

阿部祐太

表紙図案・田中洞僊著『しきしま』本田雲錦堂刊より

よき人々の系譜

目次

第一章　無限の未知を受け入れる

第三章　生かされて生きていることの自覚

※本書で引用した言葉は、古い出版物などの文献が多い。一部の言い回しや旧字・旧かなづかいの表記は、理解しやすくするため修正を加えている。

第一章　無限の未知を受け入れる

司馬光「誠実な者こそ正しく勇ましい」

司馬光《しばこう》（一〇一九～一〇八六）は、十一世紀後半の中国の北宋で活躍した政治家・歴史家。中国史において、司馬遷の『史書』と並ぶ代表的な歴史書『資治通鑑《しじつがん》』を編纂したことで知られる。彼の生活信条は「誠実であること」であった。信条通り「人となりは清徳直道であったので、その名は天下に重んじられた」と言われる。現代中国でも、誠実な人柄から人気が高い。日本でも二十世紀前半の多くの偉人伝に名を連ねていた。

生活信条は自分に誠実であること

司馬光一族は、陝州夏県《せんしゅうか》（現山西省夏県）涑水郷《しすいごう》に住んでいた中級官僚だった。階層としては士大夫になる。家族は、官僚の父について各地を移動した。司馬光も任地の光州光山県《こうしゅうこうざん》（現河南省光山県）で生まれた。

幸運だったのは、父が後に宰相（首相）にまでのぼりつめる龐籍《ほうせき》と友人だったことだ。官僚として出世するためには、才能だけでなく権力者による引き立てが必要になる。司馬光は龐籍と十歳のときに首都開封《かいほう》で知り合った。龐籍は司馬光を高く評価し、以後常に目にかけてくれる最大の支援者となる。

家は裕福ではなかったが、通常の教育は受けることができた。目指すは、科挙試験の合格。家を興すため、官吏となって立身出世することが望まれた。

司馬光は抜群に優秀だったわけではない。ただ人一倍勉強した。不得意だった古典の暗唱・朗唱も時間をかけて自分の武器にさえした。

注目すべきは、成績さえよければよいと考えていなかったことである。

原点は、幼年時代の体験にある。あるとき、姉と青い胡桃《くるみ》をむこうとしたが、どうもうまくいかない。姉が少しの間席を外した際に、見かねた下女が手を貸してお湯を注ぎ皮を剥いてしまった。まもなく戻ってきた姉は驚き、誰が剥いたのかと尋ねた。すると司馬光は、「自分が剥いた」と嘘をついた。

これを聞いた父は、「嘘の始まりは、誠実さと正義を失い、さらには己をも失うことになる」と厳しく司馬光を叱りつけた。単に「嘘をつくな」と言ったのではない。嘘を嘘と認識しているうちはまだよいが、嘘を重ねていくと自分でさえも何が正しく、何が嘘かわからなくなってしまう。自分で自分を偽るうちに本来の自分がわからなくなるという事態を生む。このことを司馬光の父は戒めたのである。つまり嘘とは対他人よりも対自分の問題である。この父の言葉は、幼き司馬光の心を捉らえた。

何をすれば正しきかな。誠を致せば正しきなり。
何をすれば勇なるかな。正しきを蹈めば勇なり。
勇士孟賁のごとき逸材も、心動じれば違う。
義に臨みて疑わざれば、嗚呼勇なるかな。
（巻末参考・引用文献　司馬光＊1）

これは、青年期に司馬光が残した言葉である。胡桃の一件以来、誠実で正直な心を常に持つことを第一としていた。このことを、生活信条として司馬光は生涯守ることになる。

二十歳のとき、優秀な成績で科挙試験に合格する。郷里に近く、父の赴任地の隣にある華州の判官（地方官）に着任した。地方官を数年やった後、宮中の図書館・学問所といった宮中アカデミーのポストである館職になるのがエリート官僚の道だった。

官吏になっても素直で真面目な性格は相変わらずだった。国家のことを思案するときは、たとえ自宅でも官服を着て端座した。寝ていても思いつけばおもむろにそうするものだから、当時結婚したばかりの妻もこの行動をしばらく理解できなかった。

しかし、官僚生活はいきなり中断を余儀なくされる。官吏となった翌年に母が、その二年後には父が亡くなったからだ。当時は、古代からの喪葬礼式が守られており、父母の死に際しては官職を離れて三年喪に服すのが習わしだった。司馬光もこの礼法に従い、五年間、故郷の涑水郷で静かに喪に服した。

官僚の仕事から離れたこの間に何をしていたか、それは歴史研究だった。史料はその時々の価値観によって脚色されがちである。こうして埋もれてしまった真相あるいは本質を掘り起こす、これが面白くたまらなかった。時代を超えて変わらぬものの探求にのめり込んだのである。当時の一般的解釈にとらわれず、古代の偉人を再評価し、『十哲論《じってつろん》』、『四豪論《しごうろん》』、『賈生論《かせいろん》』などを記している。

地位や名誉にとらわれない

喪が明けた一〇四四年、司馬光は開封の北、滑州《かっしゅう》に判官（地方官）として着任した。滑州は黄河に臨む土地で、人々はしばしば決壊による氾濫に悩まされていた。ここで治水対策に取り組み、翌年には同じ滑州域内にある韋城《いじょう》県の監督・事務を取り扱う、権知韋城《けんちいじょう》県事に任命された。

任命から間もなく、国都の開封に戻されることになった。司馬光を高く評価していた龐籍の推薦があったからだ。まずは大学で経術を教授した。以後中央政界で順調にキャリアを積んでいく。一〇四九年、軍政の長である枢密使に就任した龐籍は、司馬光を館閣校勘《かんかくこうかん》（皇帝のブレーンとなる下級官僚）と同知太常礼院《どうちたいじょうれいいん》（太常礼院の副長官）に抜擢した。優秀なエリート官僚は、館閣校勘となって養成されるのが常だった。宮廷図書室の中に執務室を持ち、常時貴重な典籍のテキストの整理・校訂に従事した。同知太常礼院は、宮廷の礼儀礼制を司り、皇帝に直接諮問内容を上申できる役職だ。

歴史が大切だ――そう考えていた司馬光は、歴史研究のできるこれらの役職にやりがいを感じ、龐籍に大変感謝した。擁護者の龐籍は出世街道を進み、ほどなく宰相になった。司馬光は彼の威光の下、歴史研究を思う存分することができたのである。

龐籍は宰相を二年務めた後、京東西路安撫使《けいとうせいろあんぶし》と知鄆州《ちうんしゅう》（鄆州《うんしゅう》の長官）になった。同時に司馬光も鄆州に赴き、鄆州州学の教官になって学生を教育した。一〇五六年には龐籍が北の重要軍事拠点である并州《ちしゅう》（現山東省太原市）に転任したのに伴い、司馬光も通判《つうはん》并州事（并州の副長官）になった。

ここでは国境を接し、紛争状態に陥っていた異民族の西夏との問題に取り組んだ。司馬光は堡塁増築によって西夏の侵入を阻止する計画を立てた。龐籍はこの案をすぐに採用した。しかし、計画実行中に西夏の攻撃に遭い、北宋軍は大敗北を喫した。この失敗に代表されるかのように、司馬光の軍事および安全保障における目立った功績はない。そちらの方の才能はなかったようだ。

龐籍は将来のある司馬光をかばい、この失敗の責任をとった。その結果、役職を失って降格した。一方で司馬光には何のお咎めもなく、開封に戻って太常《たいじょう》博士・祠部《しぶ》員外郎《がいろう》・直秘閣《ちょくひかく》・判吏部南曹に昇進する命が下った。この命には司馬光本人が一番驚いた。

失敗したとき、どうしても人は弁解したくなる。不都合が生じると、つい他人や環境のせいにしがちだ。臭いものに蓋をするかのように見て見ぬ振りをしてしまう。失敗を受け入れるかどうかは、その人の誠実さが問われる。

司馬光はどうだったか。まず彼は龐籍をはじめこの事件で降格の憂き目にあった人々に丁重な詫びを入れ、自分だけが処分を受けないことをひどく恥じた。そして、自らの失敗を真正面から受け入れた。出世のためだからと黙っていられなかったのである。わざわざ宮廷に真相を告白し、自分もきちんと裁いてほしいと上奏文を提出した。それも一度ではなく、何度もだ。自己保身よりも誠実であろうとした。

しかし、宮廷は認めなかった。その後も事件関係者たちと親交はあったものの、彼らに会うたびに申し訳ない気持ちで一杯になった。

開封で直秘閣（宮廷図書館の高官）を務めた司馬光は四十歳にして、開封府推官にも任ぜられた。次第に官界でも新進気鋭の人物として有名になっていった。この頃には、その学問を慕って学びに来る者もいたほどだ。

二年後、皇帝の言行の記録・執筆を司る同修起居注に任命された。しかし司馬光は、「自分はその役割をこなすほどの文才がない」という理由で、就任を五回も辞去している。（その後度重なる説得で、ようやく承諾した）

翌年には宮廷の得失を諫正《かんせい》する同知諫院（諫院の副長官）に就任した。宰相や参知政事らの高官と論議し、国家の政策決定に関与することになった。政治・軍事・経済・官僚制などについての奏議や提言を積極的に行い、政治の中枢で活躍する。

次に任命されたのは、知制誥《ちせいこう》（皇帝の書記官）と兼侍講《けんじこう》（皇帝の進講官）の二職である。文官にとって重要な役職だ。司馬光は兼侍講は承知したが、知制誥就任は頑なに辞去した。知制誥は、宰相の命によって詔勅制誥を書く。司馬光は文辞が拙い自分にはとても務まらないと、「自分ではなく文辞と学問が優れた人材がやるべき」と主張し続けた。このときの心境を龐籍宛の書簡でこう記している。

私は幼い時から経書を読み、勿論、その奥義を探れたわけではありませんが、他の人に比べれば、努力して頑張って来たと言えると思います。また、史学を好み、旧事を多く編集しましたが、このことは自分の長所だと思います。ところが、文を綴ることにかけては性分としてだめですし、最もこれを厭っております。かつて科挙に応じました時、強いて科挙解答用の文章を作成しましたが、わずかに文字面の帳尻を合わせたばかりで、うまくできたというわけではありませんでした。先に、私がまだ三十歳ばかりで、閣下が枢密院に在職されておられた頃、閣下は私に「四六文《しろくぶん》」を作って天子に上る箋奏《せんそう》に役立つ勉強を命じられました。お言葉にしたがって努力しないわけにはいきませんでしたが、ついに自らの愚陋《ぐろう》ゆえにそれ以上に進歩することがありませんでした。＊1

自分の能力を冷静に分析している。才能がないことも素直に認めた。司馬光は何より自分を偽ることができない性分だった。

強固に九回にもわたって辞退した結果、知制誥の任命を解かれ、起居舎人・天章閣《てんしょうかく》待制・兼侍講そして知諫院（諫院の長官）に昇進した。

一〇六三年、恩人の龐籍が亡くなった。司馬光は生前の支援に対して深く感謝の意を表明し、自分を引き立ててくれた恩に報いなくてはと、気持ちを新たに邁進した。

同年には、四十年もの間在位していた皇帝の仁宗も急逝した。突然の死に宮廷内は混乱し、新たに即位した英宗も気が動転して一年間病に臥す有様だった。一〇六五年に英宗の実父の扱いを巡って、権力闘争が繰り広げられた。この混乱で高官との間に確執が生じ、司馬光は知諫院を辞職した。

これを機に司馬光は、自身が最も関心を寄せていた歴史研究に力を注ぐことにした。『歴年図』五巻、『通志』八巻を書き上げた。『通志』は、司馬遷の『史書』等を参考に戦国時代の大略を記したものだ。これを高く評価した英宗は、字書『類篇』の最終編集を任すだけでなく、『歴代君臣事《じ》跡《せき》』（完成後皇帝より書名を下賜され『資治通鑑』となる）を編集するよう司馬光に命じた。

その英宗が在位三年で死去し、神宗が即位する。神宗も司馬光の能力を買い、歴史編集の他に権知貢挙（科挙試験の総監督）、翰林《かんりん》学士、兼侍講の職を命じた。翰林学士は、知制誥よりはるかに上の地位で、制誥の起草を重要任務とした。この役職になることは、将来の副宰相そして宰相の座が約束されたようなものだった。

今回も文辞の拙さと歴史編集の仕事もあることを理由に辞去を願い出たが、神宗に押し切られる形で受諾した。司馬光自身は、歴史研究の仕事に打ち込みたがったが、周りはそれを許さなかったのである。

翰林学士には王安石《おうあんせき》も就任している。

王安石は、司馬光より一年遅れで科挙に合格した。当時から秀才として名高かった。中央政界で出世していく司馬光に対して、王安石は地方政治で業績を上げて昇進した。各地の治水灌漑を整えて農業生産を拡大するだけでなく、農民に低利の穀物を融資するなど新しい政策も次々と実行した。次第に改革派のホープとして知られる存在になっていった。

王安石は、一〇五八年に司馬光と同じ同修起居注に任命されて、首都開封に進出する。早速、人材登用と財政改革を骨子とする意見書「万言書」を皇帝の仁宗に呈上した。だが、彼の案が採用されることはなかった。

しかしそれから十年経ったこのとき、政治改革を企図していた神宗には王安石の案がこれ以上ないものにうつった。神宗は一〇六九年に王安石を宰相の下の参知政事（実質的な副宰相）に大抜擢し、政治改革を任せることにした。

司馬光も政治改革が確かに必要だと認識していた。しかし、具体的に何をするかという明確なアイデアは持ち合わせていなかった。

対して王安石は、すでに具体的な諸改革の計画案を持っていた。王安石主導で、異民族侵入による軍事的脅威と財政圧迫を解決するため、青苗法、免役法、保甲法など新法が次々と実施される。既得権益を切り崩すと共に、地方財政の独立と商業の活性化を目指した。神宗の支持に後押しされて改革は進められた。反対派は次々斥けられていった。

司馬光はというと、新法がどのような結果を生むか予想できず沈黙した。根拠なく、憶測で語ることは避けたのである。新法に反対するようになったのは、改革から一年程経ってからだ。

他の者と違ったのは、王安石自身を批判するのではなく、その政策を批判したことだった。旧法に手を加えることは認めるが、「あまりに急激な改革を引き起こす新法は、長期的に見れば害が多い」とこれまでの史実に照らして自説を展開した。しかし、それらはあくまで新法による懸念や問題を指摘したものであって、具体的な対案を示したわけでなかった。

結局、両者の議論はかみ合わないままだった。当然王安石にも神宗にも受け入れられなかった。訴えるべきことを訴え終わると、司馬光は歴史研究に集中した。出来上がった箇所は随時皇帝に進講した。

それから一年後、司馬光も中央政界から左遷されることになった。しかし、この異動は、本人にとってはよい話だった。異動先は本人も希望していた権判西京留守司御史台《けんはんせいけいりゅうしゅしぎょしだい》（洛陽での閑職）で、そこでは自由に歴史研究を続けられたからだ。

歴史を現在と未来に活かす

当時の洛陽は、神宗の時代になってから文人・士大夫たちが集まる地となっていた。司馬光も多くの文人や知識人たちと交流したが、大半の時間は歴史編集作業に費やした。洛陽に書局を移転して、助手と共に約三千万字以上の文献を参照し、周到かつ緻密な作業を行った。毎日朝五時から著述し、夜は遅くまで参考史料を読書する、こうした日々を十二年以上続けた。

一〇八四年、約十九年の歳月を経て司馬光は助手らと共に、前四〇三年の周の威烈王の時代から九五九年の五代後周の時代までの歴史を、計二百九十四巻の書物としてまとめた。そしてこの書は、鑑とするべき歴代為政者の歴史という意味の『資治通鑑《しじつがん》』と命名された。

『資治通鑑』は、出来事を年代順に並べて著述する編年体で記された。またこれまでの歴史書に比べて膨大な規模を著述していたので、非常に多くの史料を参照した。そこで司馬光は『資治通鑑目録』、『資治通鑑考異』各三十巻を作り、『資治通鑑』記載の原典史料を記した。こうした参考史料をまとめたものは前例がなく、後世の歴史研究に大きな影響を与えることになった。

『資治通鑑』は、皇帝の講学のための書物として位置づけられていた。そのため、歴代王朝の治乱盛衰を主眼とし、不変の国政の原理を明らかにしようとした。司馬光は『資治通鑑』を皇帝にこう説明している。

国家の盛衰に関わり、または一般人民の杞憂につながるもの、その規範とすべきもの、戒めとすべきものを専ら取り上げ、それを編年体の書物にしました。＊1

『資治通鑑』を書き終えた司馬光は、休む間もなく『稽古録《けいころく》』の執筆に取りかかり、二年で書き上げた。『稽古録』二十巻は、『資治通鑑』が記していない上古の伏羲から周の威烈王までの時代と、九六〇年から当時の北宋の時代までの重要事項をまとめたものだった。こうして歴史編集は完成したのである。

『稽古録』を書き上げた司馬光は皇帝に、

将来、陛下が「祖宗宝訓」を読み終えられ、別にお読みになる書物がございませんでしたならば、臣のこの書物をお読みになるよう希望致します。侍読官に一文ごとに解釈させれば、前王の軌跡は全て概観できます。そのようにして、陛下の稽古の万一に資し、聖性の聡明さをさらにおたすけすることができれば幸いでございます。＊1

という希望を述べた。すぐに受け入れられ、『資治通鑑』と『稽古録』は講学の教材として採用された。

さらにこうも語った。

聖哲の道はすべて書物に記載されているのであります。＊1

ここで言う書物は、歴史と言い換えてもよいだろう。

歴史を学ぶことは、単に先人が何を行ったかを知ることではない。「すべての歴史は現代史である」と宣言したのは、二十世紀初めのイタリアの哲学者ベネディット・クローチェである。その意味するところは、歴史というのは常に現在の欲求と状況に照らし合わされて、思考され判断されて成り立つということだ。つまり現代を生きる者の鑑として歴史は存在する。

司馬光の認識もこれに同じである。現代が技術的に進歩しているからという理由で、歴史を過ぎ去ったものとして蔑むことは決してしなかった。むしろ尊敬し謙虚に向き合った。どんなに時が経っても、人間自体は変わらない。だから、歴史を学ぶ意味がある。過去の歴史を鑑にして、現在の自分の身に照らして生活を向上させる。そのために『資治通鑑』や『稽古録』は存在した。

我々は学ぶことで生活をよりよく、より幸せに生きることができる、と司馬光は考えていたと言える。それゆえ、国のリーダーたる皇帝が、正しい道を自覚すれば、国がより繁栄し人々も幸せになることができる。「学ぶことこそ皇帝の主務」だった。

歴史書は、皇帝を説得しようとして作ったのではない。主体的に皇帝が歴史を学ぶことで、不変の原理に気づき、意識が変わることを期待した。歴史書はそのきっかけであり、司馬光もその気づきの手伝いをしているにすぎない。このような考えは、歴史研究をすればするほど深まっていった。

学問とは問いを創造すること

司馬光が説くように、学びとは主体的なものである。かつて仕えた英宗は、皇帝として国をよくしていこうという気概がある方ではなかった。講義の最中に一度も発言詢問したこともなかった。そこで、司馬光はこう忠告した。

学ぶのに、問いかけることが無ければ、発明するすべも無いのです。＊1

ただし、「問いかける」とは、答えを聞くために質問するという意味ではない。人間誰しもわからないことがたくさんある。自分の知らないことは誰かに教えてもらえばいいと考えたくなるが、それは安直な方法である。人に教わって「そうか、そうか」と受け入れたことを、いざ他人にきちんと説明しようとすると、意外と理解できていないことに気づく。そうして得た知識の大半は〝わかったつもり〟で、自分のものになっていない。

そこで、まず疑問をなげかけてみる、素朴に「その話は本当か」というものでもよい。そうしたら自分なりに仮説を立てて、その仮説が正しいかどうか検証する。矛盾が判明すれば、再び仮説と検証を繰り返す。そうして得られたものは、確かに自分の力で理解されたものである。

物事を考えるとき、ほとんどの人は答えを出そうと四苦八苦する。しかし問題が何であるかを確実にしないで、答えを出すことは不可能である。疑問を持ち、問いを投げかけてからはじまる。司馬光が言う「問いかける」とは、自分で「問いを創造すること」である。

こうした学問の考え方は、多くの古今東西賢人たちも持ってきた。

儒学の祖である孔子は、「憤せずんば啓せず、悱《ひ》せずんば発せず、一隅を挙げて、三隅をもって反《かえ》さずんば復《また》せざるなり」（『論語』述而篇第七の八）という姿勢を取っていた。弟子にとやかく押しつけがましく教えることを孔子はしなかった。本人から自発的に問題を提出するようにしむけた。さらにそれに答えるのにも、いちいち詳細にわたって説明しない。孔子は一隅（一端）だけを暗示した。他の三隅は、弟子自らの思索により自得するようにしたのである。「自ら問うて学ぶことが大事」と考えていたことがうかがえる。

他にも二十世紀のフランスを代表する哲学者ベルクソンは、「問題を解決することよりも、問題を見出すことが肝腎である。問題を提出するということは、単に発見することだけでなく、発明することである」とも語っている。

問いを創造することは、自分で考えることと同じである。上手く問題を出そうすれば、自然に「その答えがこうでないか」と予想できるところまで、自ら考えることになるからだ。

もし問いかけることをなくしてしまえば、自分で考えることもない。なおかつあの人が答えてくれるだろうとすべて他人任せな人になってしまう。このような人は、自分に責任もなく、自分を失っている。もちろん問いかけることがなければ、学ぶこともないのだから、成長することもない。すべて自分自身で考え、気づかなければならない。

司馬光が皇帝の英宗に強く警鐘を鳴らしたのは、そのような理由からだった。このことは、どんな人にも当てはまることだろう。今日を生きる我々への忠告でもある。

誠実な者は得と徳を積む

『資治通鑑』と『稽古録』完成後、政治情勢が大きく変化した。

神宗が死去し、幼い哲宗が皇帝の座についた。幼い皇帝に代わり、宣仁太后が摂政となって実権を握った。この頃になると、王安石による新法は、その急激さによる混乱と既得権益者である大商人や大地主らの反対にあって、計画通りにいっていないことが明らかになってきた。宣仁太后は新法による改革をこころよく思っていなかったので、新法反対派を続々と呼び戻した。

司馬光も副宰相として中央政界に復帰する。混乱の収束を望む民衆もこれを支持した。司馬光が都の開封に戻ると、それはたいそうな歓迎ぶりだったそうだ。本人はというと、ただ戸惑うばかりだった。

翌年には宰相に昇格した。体調があまりよくなかったが、この職を引け受けた。こうして新法反対派が主導的立場となり、次々と新法が廃止された。

一方、南京ですでに隠退生活を送っていた王安石は、自らの新法が廃止されるのを見ながら病のため亡くなった。その死に際し、司馬光は「混乱を来した彼の行為には賛同できなかった。しかしだからといって彼自身を貶めるようなことはあってはならない」という声明を出して王安石の名誉を守った。行為を批判しても、その人自身を否定するようなことはしなかったのである。

司馬光の声明にもかかわらず、王安石は極悪人の烙印をおされた。名誉が回復するのは、十九世紀末の康有為《こうゆうい》らによる戊戌《ぼじゅつ》の変法《へんぽう》以降のことである。

行政の長たる宰相という地位を得ても、司馬光という人は変わらない。

就任後すぐに司馬光は、館閣にふさわしい人物を三人推薦した。ところが、そのうちの一人が芳しからざる行いをしていたことが明らかになった。司馬光はそのような者を推薦したことの責任をとろうと、自らを弾劾するおよび降格する案を宮廷に二度も提出した。もちろん哲宗は認めなかった。

誠実であることは、思いついたことを何でもかんでも話すことではない。その言動がもたらす結果責任を伴うものである。

宰相として、毎日新法に変わる改革案を夜遅くまで練った。しかし、それらが実行されることはなかった。その過程で体調を悪化させ、一〇八六年に司馬光は六十七歳で亡くなった。宣仁太后や哲宗は深く悲しみ、彼の死を聞いた国都開封の庶民の多くは市場を閉じて弔いに訪れたという。

その死から数カ月後、息子の司馬康らが校訂し直した『資治通鑑』が刊行された。木版印刷用の版ができたのは、六年後の一〇九二年のことだった。その後、『資治通鑑』は中国を代表する歴史書として読み継がれていく。

晩年、門下生の劉安世が「人として最も大切なものは何か」と司馬光に尋ねたことがあった。この質問に、

誠である。嘘をつかないところからはじめるのだ。＊1

と答えたという。

自分に対して、過去の歴史や先人、そして同時代を生きる人々に対して誠実だったことはその生涯からうかがえる。誠実であることは、あらゆるものに対して謙虚かつ素直であることを意味する。同様にその誠実さは、子孫や未来の人々にもむけられた。『明心宝鑑』によれば、司馬光の家訓にこのようなものがあった。

金を積んで以て子孫に遺すも、子孫、未だ必ずしも能く守らず。書を積んで以て子孫に遺すも、子孫、未だ必ずしも能く読まず。如かじ、陰徳を冥々の中に積んで、以て子孫長久の計を遺さんには。＊4

（現代語訳）

たくさんのお金や貴重な財産を遺しても、子孫が必ずしも保持し続けるとはかぎらない。書をたくさん遺しても、必ずしも子孫が読むとは限らない。ならば、ひたすらにたくさんの善行を施して、子孫が長く繁栄する種を遺さなくては。

家訓にあるように、どんなにたくさんのお金や貴重な財産を遺しても、その子孫が悪ければほどなくして散財し、親や妻子を嘆かせることになる。一方で何も遺してやれなくても、立派なことを成し遂げる者もいる。つまりは、その子孫の人間性次第ということである。

「親の因果が子に報う」という言葉がある。自分の行いが自分だけでなく子孫にも反映されるのは、昔から世の道理だとされてきた。悪い行いを積み重ねてきた家には、その報いとして子孫に災いがふりかかる。他方で善行を積み重ねてきた家には、その報いとして子孫に吉兆が訪れる。そのため自分が子孫に対してできることは、ひたすらに善行を積むことである。善行によって蒔かれた善い種は、必ず子孫に報いて善い花を咲かすからだ。

善行を施すには、誠実な心が不可欠である。その誠実な心が、自分や他人だけでなく、未来の子孫をも幸せにする。このことを司馬光は常日頃から家族や周りに語っていた。誠実さは、過去・現在・未来を貫くというわけだ。


人々が司馬光を偉大だとしたのは、その政治的業績のためではない。『資治通鑑』などの歴史研究の偉大な業績でもない。その誠実さゆえである。誠実な心こそが、自分や周りの人々、そして子孫をも幸せに導く。誠実な者は自然と徳と得を積んでいるのである。多くの人が日常生活に追われていくうちに失ってしまいがちな誠実な心。その大切さを、司馬光が示しているのではないだろうか。

歴史上、誠実に生きることの大切さは幾度となく説かれてきた。何の理由もなく、あえてずるがしこく、不誠実に生きようとする人はいない。誠実な心は、生まれながらに誰もが持っているものである。

一方で、人は誠実を貫くのは困難であるとも思っている。なぜなら誠実を貫くことで、自分にとって不都合と感じる場面に出くわすからだ。日常生活の多くの場面で我々は、損得勘定を働かせる。もちろん物事のすべてを損か得かで割り切ることはできないが、ある場面では誠実であることは損という判断をする。この判断の経験が積み重なってくると、社会で上手くやっていくためには、誠実だけではだめだと思い始める。そして誠実な者は損をするから、誠実であり続けるのは難しいと考えるようになる。

しかし、「誠実な者は損をする」というのは目先の話ではないだろうか。多くの人は、誠実を貫くと結果的に得と徳を積むことに気づいていない。

損か得かを判断するのは、そのときの自分である。主観的に決められる。自分が損だと判断した時点では、まだそれが損かどうかはわからない。後から見て、結果的に損であれば正しいとなるのだが、そのような検証はほとんどしない。短期ではなく、中・長期で見る必要がある。誠実を貫き通した司馬光のことを、わたしたちはよく考えてみるべきであろう。

司馬光の略歴

一〇一九年　光州光山県（現河南省光山県）で生まれる。
一〇三八年　科挙試験合格。華州判官に着任。
一〇三九年　官職を離れて速水郷にて喪に服す。
一〇四四年　滑州判官に着任。
一〇四九年　館閣校勘・同知太常礼院就任。
一〇六一年　同知諫院就任。
一〇六二年　知諫院・天章閣待制・兼侍講就任。
一〇六四年　『歴年図』執筆。
一〇六六年　『通志』八巻を書き上げる。「歴代君臣事迹」編集開始。
一〇六七年　翰林学士・兼侍講就任。
一〇七一年　権判西京留守司御史台就任。洛陽に転任して編集作業開始。
一〇八四年　『資治通鑑』全二百九十四巻、『考異』『目録』各三十巻完成。
一〇八五年　副宰相就任。
一〇八六年　『稽古録』二十巻完成。宰相に就任。六十七歳で死去。

ディドロ「学問の目的は、真理を知る喜びにある」

ドゥニ・ディドロ（一七一三〜一七八四）は、十八世紀フランスの哲学者。ダランベールらと共に編纂して作成した『百科全書《ひゃっかぜんしょ》』で知られる。『百科全書』は約二十年以上の歳月をかけて百八十人以上の知的エリートが参加し、本巻十七巻、図巻十一巻、補巻他七巻で構成されている。

またディドロはフランス革命を思想的に準備した啓蒙思想家の代表者として位置づけられている。特徴として唯物論の立場をとったことがあげられる。唯物論とは、物質・自然が第一次的、根源的であり、観念・精神はこれから派生した第二次的なものと捉える。したがって一切の自然現象を何らかの精神的・観念的付加物なしに、自然そのものを理解することを求める。それだけでなく、社会・歴史的現象をも物質的根源から説明しようとする。

ディドロもそれまでの因習にとらわれることなく、唯物論の立場から『百科全書』を完成させた。編集にあたって、ディドロはどんな圧力にも負けずに、真理を追求する姿勢を貫き通した。このプロセスから唯物論者の面とは別の興味深い生き方が見えてくる。

学問は楽しいからするもの

ディドロの生まれは、フランス東北のシャンパーニュ地方である。平坦な土地ゆえに古くは四世紀のフン族のアッティラと西ローマ・西ゴート・フランク連合軍との戦いや第一次大戦などで戦場となった。現在はシャンパンの産地として有名だが、十二世紀から十三世紀にかけてこの地方の大市は中世商業の中心地として栄えた。

ディドロ家は、地元の産業である刃物製造業を二百年近く営み、外科用のメス製作の老舗だった。当時ある程度裕福な町民の子は、聖職者か法律家として出世することが望まれていた。ディドロの両親も、息子が聖職者として身を立てられるよう、イエズス会の学校に入れた。優秀な成績でパリのアルクール学院に進学すると、今度は法律家になることを期待するようになった。

哲学と古典の教授資格を得て学院を卒業すると、パリにいた父の友人の代訴人（フランスでは十五世から二十世紀末まで、現在の弁護士機能は、弁護士と代訴人に二元化されていた。代訴人は訴訟上の文書を作成し、弁護人は口頭弁論を担当する。そのため代訴人は事務弁護士とも呼ばれた）に預けられた。

当のディドロは法律にあまり関心がなかった。時間の合間をみては、語学や数学の勉強をしていた。学ぶことそれ自体が好きだった。

二年の月日が流れ、父の友人に「将来の職業は何を選択するのか」と問われた。数カ月考えた末に、ディドロはこう返答した。

私は何にもなりたくありません。私は学問が好きです。それができれば大変幸福ですし、また満足です。わたしは他のことは望みません。(ディドロ＊5)

この話を聞いた父は、「何もしたくない以上仕送りもしないし、友人の家でお世話になる必要もない。自分で職業を決めよ」という手紙をよこした。こうしてディドロは、独立して己の道を進むことになった。

生活のため、数学の出張授業や住み込みの家庭教師や翻訳の仕事もした。稼いだお金は、勉強のための書籍代に消えた。その日暮らしの生活を送らざるをえなかったが、文学、科学、歴史、医術、数学、哲学など幅広い分野を勉強できて充実していた。

十八世紀当時のパリでは、カフェ文化が成り立っていた。知識人など多くの人々がカフェを交流の場として、一日中談笑し議論していた。そうして世論が形成された。

ディドロも毎日のようにカフェに入り浸って、知識人たちと交流した。後に『社会契約論』を書く思想家のルソーとも知り合いになった。交流を通じて、書籍の翻訳の仕事をいくつか頼まれたりもした。しかし大した収入ではなく、三十を過ぎても無名の貧しい書生のままだった。

しかもそのころ、父の反対を押し切り、貧しい仕立屋の娘アントワネットと結婚した。すぐに娘も生まれた。妻は、夫の仕事に一切口を出さず、家の仕事と内職にかかりきりで生活を支えた。自分の食事を切り詰めて、カフェに行くためのお金まで工面してくれた。

妻子を養わなくてはならないのに、ディドロは妻とは違う知性的な女性にも憧れてしまう。彼の学問の熱情は、男女問わず知的刺激を求めた。はじめに懇意になったのは、ピュイジウ夫人。夫人はディドロの書いたものを添削するだけでなく、しょっちゅうお金もせびった。生活が苦しいのにもかかわらず、ディドロは稼いだ金を渡している。その次は、ソフィー・ヴァラン嬢と仲良くなった。この女性も聡明な人物として伝えられている。

一七四七年、ル・ブルトンら三人の協同出版者から思いがけない大きな仕事が舞い込んだ。それは、一七二八年にイギリスのチェンバースが出版した『サイクロペディア』全五巻の編集依頼だった。『サイクロペディア』は、近代百科全書の先駆けと言われている。これを翻訳し、必要があれば増補、校正するという大事業だった。報酬は膨大な仕事に見合わぬほどわずかだったが、ディドロは「あらゆることを勉強できる」とすぐにこの仕事を引き受けた。

資料の収集・整理をしていくと、どうもフランスの読者や時代の要求に沿わないことが明らかになってきた。そこで、フランス版の構想をブルトンに提案した結果、新たにディドロ主導で『百科全書』編纂の大事業が始められることになった。

「内容的に優れているだけでなく、売れなくてはならない」と考えたディドロは、まず優秀な協力者を求めた。

共同編集者兼「数学」の項の執筆者になってもらったのが、ダランベールだった。当時一流の数学者として知られ、科学アカデミーに所属していた。さらにジョフラン夫人のサロンの常連でもあったダランベールは、ディドロを夫人に紹介し、サロンに出入りする多くの名士たちの協力を取り付けてくれた。さらにカフェで交流のあったルソーをはじめ、多くの友人たちも協力してくれることになった。

執筆者の輪はどんどん拡大し、法律家、神学者、科学者、建築家、芸術家、そして医者といった幅広い分野の人々が名を連ねることになった。執筆者数は総勢百八十人以上にものぼった。ディドロは、それぞれの専門家に専門分野を著述してもらい、書き手がいない項目は自ら著述した。なおかつすべての原稿に目を通し、編集者としての仕事もこなした。こうして『百科全書』は、最新の学説が取り入れられ、広範な学問と技術に関する集大成とも呼べるような豊富な内容になっていった。


注目すべきは、執筆者のほとんどが貴族などの特権階級ではなく、ブルジョワ階級の知的エリートたちであったことだ。当時絶対王制が敷かれていたフランスでは、聖職者と貴族が国の重要な特権を独占し、平民を支配するアンシャン＝レジーム（旧制度）と言われる社会が築かれていた。『百科全書』の執筆者は、旧制度の支配層と一線を画す人々なのである。

十八世紀のフランスでは、彼らのような新興ブルジョワ階級と、社会の大部分を占める農民たちが社会矛盾を生む旧制度に不満を募らせていた。そこに、従来の宗教や形而上学から独立し、人間自身が理性を働かせて正しい社会を作り、自ら幸福になるべきだという考えが生まれた。いわゆる啓蒙思想である。近代科学技術が発展するように、人間自身だけでなく人間が作ったものは改良できるという立場に立った。批判の矛先は自ずと旧制度の権威に向かい、フランス革命へとつながってゆく。この啓蒙思想を普及するのに一役買ったのが、『百科全書』だった。

『百科全書』編纂上、真理を獲得するためには、政府や教会など、既成権威がそれまで大事に守ってきた概念や思想を覆さざるを得ないこともあった。『百科全書』の編纂事業は書物以上に、従来の価値観や制度を乗り越えていく運動として、民衆に受け入れられることになる。

編集作業がはじまると、ディドロの家には、哲学者や文学者が盛んに出入りした。当時の政府や教会に対しての議論もされ、批判も公然となされた。ディドロも議論に参加するだけでなく、一部の友人たちのために、当時の宗教的価値観や旧制度を批判した『懐疑論者の散歩』、『自然宗教の充足性』、『哲学的断層』を記した。さらに一七四九年には『盲人に関する手紙』を記し、人々の間に異常な反響を呼んだ。

反体制的人物としてディドロの名は、パリ総督の耳にも入ることとなった。パリ総督はすぐに警視総監ベリエに命じてディドロを逮捕し、取り調べのためヴァンセンヌ城塞に幽閉した。ディドロは予期していたのか、家宅捜査前に書類はすべて整理しておいた。

幸いにも、警視総監のベリエは、新しい思想にも理解がある人物だった。それを見て取ったディドロは、「国王権力の代表者としての警視総監には告白しないが、教養ある人々を庇護する誠実なベリエ個人にはきちんと告白する」とし、正直に詳細を述べた手紙を書いた。

この行動は、お互いの顔が立つという巧妙な折衷案という見方もあるが、むしろ、自分に誠実におもいを述べたのであろう。

ディドロは、どのような場合でも、思ったことや決めたことは何でもはっきりとさせてきた。己に忠実な人物だった。伝えられるところによると、議論に夢中になると、ディドロは周囲をはばからず、とても大きな声で議論をしたそうだ。それは「まるでけんかをしているよう」だったとも言われる。この話からもうかがえるように、慎重で用意周到であるというより、理想へ向かって一心に突き進む姿勢であったのだろう。

さて手紙を受け取ったベリエはどうしたか。彼は、ディドロの希望をできる限りのみ、城内での読書や友人との面会を許した。そのため幽閉中も『百科全書』の原稿に目を通したり、打ち合わせもできた。

一方でブルトンら出版者側も釈放のために動き、高等法院長らに仲介を頼んだ。その結果、ディドロは監禁一〇二日目に嫌疑不十分で釈放された。釈放はされたものの、以後政府は『百科全書』の活動に随時目を光らせるようになった。

再び『百科全書』の仕事に没頭したディドロは、一七五〇年に『百科全書』出版の趣意を示した文書を発表した。この趣意書は大きな反響を呼び、『百科全書』の予約の申し込みが殺到した。三カ月後、ダランベールがディドロの趣意書を焼き直した序論と、Aで始まる項目を含む『百科全書』第一巻が刊行された。

知ることは自ら経験すること

『百科全書』を制作する上で、ディドロは「身をもって知る」という姿勢を貫いた。項目を記す際「書物だけでなく、実際に現場の職人にしかわからないことがたくさんある」ということを強く主張したのである。『百科全書』序論にはこう記されている。

自分自身が働き、自分の手で機械を動かし、その製品ができるのを目の前に見るのでなければ、それについて正確に語るのが難しいほど、非常に特異な職業や非常に手のこんだ操作がある。それゆえ、幾度も、機械を手に入れて組み立てて仕事をしてみる—すなわち、いかにして立派な作品が作られるかを他人に教えるために、いわば徒弟となって自分自身でそれのまずい作品を作ってみる—必要があったのである。私たちが生活の諸対象の大部分についていかに無知であるか、またこの無知から脱するのはいかに困難であるか、を私たちは確信した。＊1

ただ書物にあることや、他人から教えられたりすることを、「ああ、そうか」とそのまま受け入れるのではない。「本当にそうなのか」と問い、考え、自ら経験することではじめて、知る。理論は経験に先行しない。経験が知識になり、理論となる。

「技術」の項ではこういう表現を用いている。

すべての技術には理論と実践とがある。その理論とは技術の諸法則の非操作的な認識にほかならず、その実践とは法則そのものを習慣的かつ無反省的に使用することにすぎない。理論を知らずして実践を遠くおしすすめたり、逆に実践のことをわきまえずに理論によく精通することは、不可能とはいわないが、困難である。すべての技術には、その内容とか手立てとか、あるいは実地にやってみてはじめて知られる操作とかについての事情が、たくさんある。実践において困難があらわれ、思いもかけない現象に出会い、理論においてその現象が説明され、困難がとりのぞかれるのである。かくして、自らの技術についてよく語り得る技芸家のみが正しく考えゆくことができる、ということになる。＊1

まさに現代の製造業にも当てはまる重要な考え方である。人間の認識は、観察・反省・実験という過程を辿る。感覚を通して事実を蒐集し、それを結合する。そして実験によって結果の真偽を検証する。これにより認識の相対化がなされ、客観的真理に近づくことができる。そうディドロは考えていた。

理論を頭で理解しさえすればよいのではない。実際に行うことで学ぶのである。そのために大切なのは、誰もが持っている感受性だった。

我々の感覚の存在ほど議論の余地なく確実なものはない。従って、感覚が私達の知識全体の原理であることを証明するには、原理でありうることを明示するだけで足りる。なぜなら、すぐれた哲学においては、事実ないし承認された真理に基礎を持つ演繹の方がすべて、どんなに巧妙でももっぱら仮説に基づいているにすぎぬ演繹よりも優先するからである。私達の感覚について反省しさえすれば純粋に知的な諸概念も形成することができるのに、何を好んで、私は最初から（生得的に）それらの諸概念をもっているのだ、などと仮定しようか。私達がこれから始めようとしている細目の考察が、それらの諸概念は実際に感覚以外の起源を持たぬことを明らかにするだろう。＊1

我々は、自らの感覚を通して、現実の諸事実を認識する。その上で考え、行動する。

我々は、感じ、考える能力をもって生まれる。考える能力の第一歩は、知覚したものを検討し、結びつけ、比較し、組み合わせ、それら相互の適合、不適合の関係を把握することなどだ。我々は欲求をもって生まれる。そして欲求を充足させるために、我々は様々な手段の助けをかりざるをえない。手段に対して予期する効果や、それが実際にもたらす結果に基づいて、手段のうちにも、よいもの、悪いもの、即座に有効なもの、完全なもの、不完全なもの、などがあるという確信を我々はしばしばいだくにいたる。これらの手段の大部分は、道具、機械、あるいはその他のこの種の考案物だった。だが、どんな機械でも、同じ目的にむかう諸部分の組み合わせ、配列などが前もって存在しているはずである。だからこそ、この世に生まれでるやいなや、欲求と、能力の最初の使用とが協力して、我々に、秩序、配列、対称、構造、比例、統一の観念を与えるのだ。これら観念のすべては、感覚に由来し、後天的に形成される。＊1

こうして直に感知する経験を尊重し、これまで秘伝とされた技能に関するあらゆる知識を、体系的にまとめていった。

学問の目的は、真理を知る喜びにある

『百科全書』は、一般市民だけでなく、ヴォルテールら知識人も称賛した。

一方で教会やパリ総督をはじめとする既存の特権階級は猛烈に反発し、『百科全書』に対して攻撃を加えた。「神学」の項を書いたプラートは、博士号の取り消しや焚書処分を受け、プロイセンに亡命した。その他の「神学」の項の執筆者も、彼に続いてフランスを逃れざるをえなかった。さらに反対陣営は、『百科全書』を発禁処分に追い込むことに力を注いだ。この種の弾圧は以後二十年以上続く。『百科全書』と反対勢力の対決は国家的大事件だった。

そうした反対陣営の攻撃を切り抜けて一七五二年、第二巻が発刊された。

出版できた裏事情はこうだ。当時宮廷（政府）内も『百科全書』を巡って分裂していた。理解者も少なくなかったのだ。そのため『百科全書』が合法か否かは、宮廷内の権力構造の変遷に沿うことになった。いかにそのときの権力者の支持を取り付けるか、それが重要だった。

そこでディドロとダランベールは、宮廷サロンを通じて国王第二夫人のポンパドゥル夫人の支援を取り付けようと奔走した。これに見事成功すると、『百科全書』の継続を王と政府に約束させた。そのおかげで翌年からは、毎年一巻のペースで刊行された。反対陣営の執筆者への個人攻撃は激しさを増していったが、予約者は毎回増加していった。

民衆の支持を受けて、ディドロはますます『百科全書』の仕事に打ち込んだ。その一方で度重なる個人攻撃に心底疲れてしまったのが、ダランベールだった。引き留めもむなしく、一七五九年の第七巻の刊行をもってこの仕事から手を引いた。同時期には、宗教における見解の違いから、ルソーも離脱した。

ダランベール離脱から二年後、今度は反対陣営が宮廷内で盛り返し、国王の顧問会議が『百科全書』の出版特許の取り消しを決めた。ローマ法王もこれを支持する声明を出した。

ディドロはブルトンら出版者と対策を練った。当時の他の急進的な書物と同じように、『百科全書』はオランダで印刷し、フランス国内に持ち込むことで刊行を続けることになった。同時に法の網をかいくぐって、禁止されていない図版の刊行も決めた。名声や富は二の次だった。ひたすら『百科全書』の完成に全身全霊を打ち込んだ。

そこまでディドロを動かしたものは何だったのか。

それは、学問の喜び、真理を知る喜びであった。学問の目的は、真理を知ることにある。ディドロは、真理を知っただけで喜びに満たされた。

その上でディドロは、学者である自分には「真理を説く」という役割が求められていると自覚していた。しかし、多くの学者は自分と同じではないとも感じていた。彼らは、いつのまにか本分である「真理を説く」ことを忘れ、「いかに自らの学説を受け入れてもらうか」を重視しがちだからだ。そのことを「哲学」の項でこう論じている。

知恵に体系を与えると今度はそれを教授することに得意になり、そこから学派や教派が生まれる結果となった。そして彼らは、自派の教説がより受け入れやすくするために、雄弁といった飾りを教説に装わせたので、知らず識らずのうちに雄弁が知恵と混同されるにいたった。とりわけギリシャ人での間でそうであって、彼らは巧みに話す術を、それが彼らの諸国家の国事に対してもつ影響力のために非常に重んじたのである。賢者という名称は詭弁家とか雄弁家とかという名称の変名になったのであり、この顚倒のために、起源でははるかに高尚な目的を目指していた学問もすっかり変質させられた。＊1

人をいかに説得するか、それが目的になってしまったのである。本来学者ならば、自分に誤りがあれば認め、それまでやってきたことをすべて捨てることもいとわないはずだ。しかし、そうした知的誠実さと呼べるものが多くの学者にない。自分の意見に心奪われ、自らの殻に閉じこもっているとディドロは指摘する。

彼らは、自分の体系を固めるのに少しでも役立ちそうなものはすべて、ひどく大事に保存して取って置くけれども、反対に彼らは、自分の体系に対立するすべての異論を目にとめないか、でなければ、なんらかの取るにたりない区別を立てて追い払ってしまう。彼らは、自分の仕事をほれぼれと眺めることで、またそれから得られることを期待している尊敬をあてにすることで、ひそかに自らを楽しませている。＊1

真理を知る、それだけで幸せだった。だからこそ、日々真理を探究した。他人を説得しようなどと、ディドロは思ってもみなかった。

人間は自然の解釈者にすぎない

真理を追い求め、学問を究めていった先に、ディドロはある境地に達する。

哲学とは今なおひどく不完全な学問であり、しかもいつか完全になるとは思えない学問である。なぜなら誰が一体、一切の可能なるものに理由を与えることが出来よう。正確公平に計量して万物を創った存在のみが、その創造物の哲学的な、数学的な、また完全なる知識を持つ唯一の存在である。しかし人間が自然という大きな書物を研究してそこにその造り主の智慧と一切の完全さとの証拠を探求することはやはり称賛されるべきである。社会もまた、人類に有用な数多くの発見を産み出して完成した哲学的探求から、大きな利益を受け取るのである。＊1

人間は決して完全にはわかることができない——そう自覚した上で、人間を超えた大きな力の存在を認識していたのである。ギリシアの哲学者ソクラテスは、これを「無知の知」と説いた。無知の自覚の先に真の知を自覚したのである。ディドロは、その人間を超えた大きな力について、以下のように述べている。

人間は自然の召使い、または解釈者にすぎない。彼は、自分をとりまくもろもろの存在を、経験的にであろうと内省的にであろうと、認識しただけ理解し、行為するにすぎない。＊1

ソクラテスの他には、ドイツの文豪・政治家ゲーテもまた、人間の限界を認識すると共に、人間を超えた大きな存在を認識していた人だった。

あるときゲーテはベルリンで開かれた自然研究者の会議に出席した。その帰り道、友人と会議で討論されたことを話しているうちに、偉大な自然研究者についての話題になった。ゲーテは、「アリストテレスはどんな革新的な学者よりもよく自然を見ていた。しかし自分の意見をまとめるのに性急すぎた。自然から何ごとか得ようとするならゆっくり時間をかけて研究しなければだめなのだ。私が自然科学の対象を研究して、ある見解に到達したとしても、ただちに自然が自分の意見の正しさを認めるべきだと望んだことはなかったね。むしろ私は、観察や実験を試みながら、自然の後に従っていき、自然が時として私の意見を好意的に実証してくれるようなことがあれば、それで満足だった。そうでないときにも、自然は、私をほかの着想へと導いてくれたので、私はそれに従った。おそらく自然の方でも、それを確証することをどちらかというと、望んでいたようだったね」と語ったと伝えられる。

どんなに多くの人々が賞賛してもゲーテは、「私は何のことはない。自然と芸術との、忠実な独りの老いた弟子であるだけのことです」と答えたという。この言葉と、ディドロの「人間は自然の召使い、または解釈者にすぎない」という言葉をそのまま入れ替えたとしても何ら違和感がないだろう。

ゲーテとディドロは、それぞれ人類史上に残る大きな仕事をした。その業績に対して両者は「自然によって達成させられた」と身をもって確信している。生涯彼らは自然に対して、誠実で謙虚だった。人間を超えた自然の中に真実がある、だからこそ自然から学ぶことは常識だと考えたのである。自然から学び、真理を自分のものとして再獲得する。これこそ、彼らが明らかにした真理の一つだろう。

完全にはわからないという姿勢が知的誠実さ

一七六五年夏、『百科全書』のすべての原稿を整理し終えた。後は印刷されるのみだ。ここまで来るのには大変な労力と紆余曲折があった。この前年には、ブルトンがディドロらに内緒で、原稿を勝手に添削していたことが発覚する大事件が起きた。反対陣営の攻撃を受けることなく、なるべく早く本を売って儲けたかったゆえの行動だった。

これを知ったディドロは憤慨し、その不誠実さに人前ではばかることなく声を上げて泣いた。抗議の手紙も書き、一時は『百科全書』の出版も危ぶまれた。

だが、すでに印刷に入っており、黙認せざるを得ない状況だった。ディドロはブルトンの行為を非難し、いっさい彼とは口をきかなかった。しかし、『百科全書』の仕事は読者のためだと続けた。

生活はこの頃も貧しいままだった。出版者から支払われる賃金も労力のわりに決して高くない。売り上げは増加し続けても、一七五四年以来据え置きだった。生活のためには、蔵書を売り払わねばならないほど追い込まれていた。

困窮するディドロに手を差しのべたのは、ロシア皇帝エカチェリーナ二世だった。エカチェリーナ二世は、教育・文芸の振興に力を入れ、当時のフランスの新しい思想にも強く共感していた。ディドロを高く評価し、個人的に書簡を通じて交流していた。エカチェリーナ二世は、蔵書を言い値で買い取るだけでなく、生存中はディドロの手元に置くことを許した。さらに彼をロシアの司書官に任命し、向こう五十年の給与まで払ってくれた。

エカチェリーナ二世の支援で、多少ゆとりある生活が保障された。困窮から解放されたディドロは、再び精力的に仕事を始めた。

まず図版を制作し、『百科全書』の仕事を終わりにした。「追補」出版の話を持ち込まれたが、これを拒否している。

以後は執筆者として、『絵画論』や哲学書『ダランベールの夢』を出版した。小説『運命論者ジャックとその主人』を雑誌にも連載した。これらの著作物で、『百科全書』の仕事で得た自らの考えを示した。『ダランベールの夢』ではこう表現している。

結論を我々は決して導き出しはしないからね。結論は全て自然が導き出すものだよ。我々は相互の結びつきが必然的だとか、あるいは偶然と呼ぶような連繋しあった現象、経験によって

認識した現象を記述するにすぎないのさ。＊2

『運命論者ジャックとその主人』でも、

私は事実を書いているので、その事実が面白いかそうでないかは、私にはどうでもよいのです。真実を語るという目的を、私はこれまでまっとうしてきました。＊3

と、自身のこれまでを振り返ったかのような言葉を残している。

一七七二年、『百科全書』図版全十一巻が刊行された。本文全十七巻を含め、壮大な事業がようやくここに完成したのである。

この仕事が終わると、ディドロはすぐにロシアに旅立った。長年支えてくれたエカチェリーナ二世にお礼を言うためだ。二年間のロシア滞在からパリに戻った後は、大作『クラウディウス帝とネロ帝の治世に関する試論』を書くなどした。晩年も精力的な仕事を続け、七十一歳で亡くなった。

『百科全書』が人間社会の近代化に果たした役割は大きかった。編纂者のディドロによる自然科学的考察の徹底は、科学の発展を生み出した背景として捉えることができる。

注目すべきは、探求過程において、あるがままに事実を認める謙虚な姿勢で行われたことだ。そこには〝知的誠実さ〟が貫かれている。ディドロは自己に誠実に、自ら実際に体験した事実のみを語った。そうして誠実に向き合ううちにディドロは、「人間はどこまでいっても人間である。人間は決してあらゆることを知ることができない、人間は完全ではない」ということに気がついた。これは身をもって知った事実である。人間を超えた大きな力の存在の実感であった。ディドロは神学や迷信を否定したが、人間や科学の万能性を説いたわけではない。人間は完全にわかることができないからこそ、日々完全に近づこうと探求し、学問するものだと考えた。

〝知的誠実さ〟の根本は、「わからないことを知る」ことにある。

このディドロの姿勢は、今日でも非常に有効である。現代はインターネットの時代である。何かわからないことがあれば、簡単に検索して調べることができる。百科事典を引くことは少なくなった。しかし、インターネット上の情報は、書籍として出版された百科事典とは異質である。それはいつでも削除や修正が可能である。例えばひとづてに聞いたことを真偽を確かめもせず掲載したら、実は間違いだったということもある。一見確かな情報でさえもだ。編集することに責任を負っていない。そのためインターネット上の情報は玉石混淆であり、検索する側に判断力を要求する。

わかるという人間の行為は、もとより単純ではない。知識の獲得はその人の総合的能力に依存する。真実をより深く知ろうとすればするほど、情報の量は増え、質は高くなる。情報の周辺も背景も知らなければ、ほんとうにわかったということにはならない。しかもわかったと思うのもつかの間、その深層に別のわからないことが明らかになる。また知ろうとして人は学ぶ。そしてまたわからないことが出てくる……その繰り返しである。すなわち人間は完全にわかるということができない。だから人間は学び続ける。このプロセスこそが人間の精神性の進歩そのものである。

現在の百科全書・百科事典の手本となった『百科全書』が、そのような思想から作られたことを現代のわたしたちは知るべきであろう。

ディドロの略歴

一七一三年　フランス・シャンパーニュ地方に生まれる。
一七三三年　学者として生きていくことを決意。
一七四七年　『百科全書』の仕事を始める。
一七四九年　『盲人に関する手紙』著作。ヴァンセンヌ城塞に監禁される。
一七五〇年　『百科全書』趣意書発表。
一七五一年　『百科全書』第一巻刊行。
一七六五年　『百科全書』原稿完成。ロシア皇帝エカチェリーナ二世と蔵書売り渡しの契約。
一七六六年　『絵画論』発表。
一七六九年　『ダランベールの夢』発表。
一七七二年　『百科全書』本文十七巻、図版十一巻完成。
一七七三年　ロシア訪問。
一七八四年　七十一歳で死去。

シュンペーター 「人間的な営みの積み重ねが社会の向上をもたらす」

ヨーゼフ・アロイス・シュンペーター（一八八三～一九五〇）は二十世紀を代表する経済学者。景気循環論、経済発展理論を提唱。日本の経済学にも大きな影響を与えた。経済社会は人間が織りなすものであるという観点から、経済の発展は人間による技術革新＝「イノベーション」によってもたらされるとした。

経済の発展が人間の精神活動によると提唱したことは、経済学を人間本位に引き戻したとも言える。その影響は経済学にとどまらず、社会学や経営学の分野にも広がった。

本書では、経済学者というよりも、人間シュンペーターの面に重きを置く。注目すべきは、その真摯に学ぶ姿勢である。彼の足跡を辿ることで、イノベーションの持つ意味を今一度考えてみたい。

すべてを理解する人は、まずすべてを受け入れる

「経済の停滞を打ち破るためにはイノベーションが必要である」とよく言われる。あなたも一度は「イノベーション」という言葉を聞いたことがあるだろう。この言葉自体は、一八〇〇年頃にフランスの経済学者J・B・セイによって用いられた。それを、今日のように経済を発展させる「革新」という意味で理論化したのは、二十世紀を代表する経済学者ヨーゼフ・アロイス・シュンペーターである。最近では「個人の向上のためのイノベーション」という使われ方もされ、イノベーションは人間活動全般に及ぶものとして捉えられている。

イノベーションの担い手は個人である。ならば「自分も社会を変化させる劇的なアイデアを生み出したい」と考える人はとても多い。彼らはこぞって様々な理論や方法論を取り入れている。時代について行く、あるいは先取りするためには、日々情報を更新することが重要だと認識しているようだ。

ところが、イノベーション研究の始祖であるシュンペーターは、このような姿勢に批判的であった。イノベーションからますます離れていくとさえ考えていた。「誰かがこう言っていた」、「ここに掲載されていた」と、インプットされた情報をただアウトプットすることは極めて機械的である。そうではなくて、自分が収集した情報をどう判断し、どう考えるか、そしていかに実践するかが大切だった。他人を頼りにしてはだめだ。日々謙虚かつ素直に自らの力で学ばなくてはならない。たとえ失敗したとしても、そのとき自分がどう気づき、次にどう活かすかが問われる。こうした日々の人間的な営みの積み重ねが、自分自身の生活そして社会の向上につながるというわけだ。

イノベーションの根本は、何の変哲もない至極当たり前のことである。しかし、この当たり前のことを我々はできているだろうか。

オーストリア＝ハンガリー二重帝国内のモラヴィア地方（現在のチェコ）に、トリーシェという小さな町がある。シュンペーター家は織物事業で成功した町の名家だった。

四歳のとき、父が事故で亡くなる。若くして未亡人になった母は、立て続けに医師をしていた自分の両親も亡くした。周りは嫁ぎ先の親族ばかり。母はこの暮らしを捨てる決心をした。幸いにも相続によって生活に困らない程の財産はある。息子を出世させて田舎では得られない地位や名声を都会で得る――まもなく母子はオーストリアの都市グラーツに移り住んだ。生活のためでなく、野心で都会に出てきた。

それから六年後、母は後に陸軍中将になるケラーと再婚した。母よりも三十以上年上のケラーは、貴族の出で、いわゆる上流階級だった。息子の出世には願ってもない相手だ。おかげでシュンペーターはウィーンのテレジアヌム（貴族階級の子弟機関）で学べることになった。

母が期待するのも無理はない。幼い頃から記憶力と語学力に優れたシュンペーターは、周囲から一目置かれていた。英・独・仏・伊そしてラテン語の五カ国語を習得している。学習意欲が旺盛で、ボードレールなどを読みに大学の図書館にも毎日通った。

卒業後は、ウィーン大学で経済学を学ぶことにした。ウィーン大学は、主観的価値論（限界効用理論）を提唱したメンガーを創設者とするオーストリア学派の本拠地であった。シュンペーター在学中には、メンガーの後任に前大蔵大臣のボェーム＝バヴェルクが就任して経済学黄金時代を迎えた。

バヴェルクは「マルクス体系の終焉」を論じていた。バヴェルクのゼミは、彼のマルクス批判を巡って知的闘争の場として活気溢れるものだった。シュンペーターもこのゼミに参加した。マルクス主義者ではなかったが、自分はマルクス経済の本質はきちんと理解しているとも自負していた。しかしゼミにはすぐに参加しなくなった。社会的・歴史的に経済現象を探求することよりも、ワルラスに代表されるような数学を使用する理論系に興味が移ったからである。

ウィーン大学を卒業すると、当時経済学の中心だったイギリス・ロンドンに渡った。ロンドンでは社交界にデビューして著名な経済学者たちと交流した。シュンペーターは、日々学べるロンドンの生活を非常に気に入っていた。

この頃のシュンペーターはひたすら勉強ばかりしていたわけではない。実は彼は、プレイボーイとしても知られていた。ロンドンにいる頃から本人も「ドン・ファン」を自認するほどで、多くの女性と恋仲になっている。享楽主義的な一面があった。

二十四歳のとき、十二歳年上でイギリス国教会役職者のグラディスと結婚した。この結婚に母は反対した。上流階級との婚姻関係で、地位の向上を図る息子の打算的な考えを危惧したのである。かつての自分の姿と重ね合わせたのかもしれない。母が予期していたように、結局この結婚は数年後に破綻する。

結婚の翌年、イギリスの支配下にあったエジプトのカイロで、エジプト王妃の財政処理の仕事をすることになった。エジプトで財政顧問の仕事の傍ら、最初の著作『理論経済学の本質と主要内容』を書き上げた。序文にはこう記した。

「すべてを理解するとはすべてを許すことである」という格言には、もっともな意味がある。一層適切にはなお次のように言うことができよう。すべてを理解する人には、ゆるすべきものは何もない、ということが分る、と。そして、このことは知識の世界にも妥当する。

門外漢はその事大の知識のうちに完全の姿を見る。それ以前の学問体系の教説は、彼らにとっては単に「誤り」と見られるにすぎない。たとえば「誤った」プトレマイオスの体系は、「正しい」コペルニクス体系の前に屈しなければならなかった。そして今や後者が終局的に確立しているのである。もし彼らが、最新の理論もまた単に暫定的な足場にすぎず、遅かれ早かれより新しい、またより正確な叙述の形態―すべての科学はそれ以外の何ものでもない―に席を譲るべき定めにあることをはっきりと悟ったならば、彼らは科学に絶望するであろう。（シュンペーター＊1）

既存の理論から現在に役に立つものを抽出し、それを積み重ねることで、学問は進歩する。ほとんどすべての理論から有益なものを獲得できる。なぜなら各々異なる目的と有用性を持っている。是か非かではなく、目的に沿って有効な研究方法を選択すればよい。壊して取り除くのではなく、建設していくのだ。ひたすらそれを続ければ、自分の研究も学問も進歩していく。

理解するとは、まず受け入れることだ。先入観やこれまでの知識ではじめから排除しない。この姿勢をシュンペーターは生涯貫こうとする。ときに個人的感情によって眼が曇ることもあったが、あらゆるものを理解していこうとした。

この本では、ワルラスの一般均衡理論の再評価を試みた。資源、人口、技術、社会組織を固定した上で競争を徹底的に行うと、投資も利潤もなくなり、収入と費用が等しくなる。もはやこれ以上社会が変化しない状態である。これを一般均衡状態と呼ぶ。

ドイツ語圏では長い間、歴史学派が主流だった。歴史学派は、普遍法則を否定し、経済現象は国と時代によって異なると主張していた。そのため、政治や倫理といった非経済的要因を排除して経済法則を打ち立てようとする一般均衡理論は注目されてこなかった。そこで、シュンペーターは改めて一般均衡理論の意義を詳述したのである。

『理論経済学の本質と主要内容』は、一躍学界の話題となった。これをきっかけに教育の世界に足を踏み入れる。一九〇九年、シュンペーターはウィーン大学の私講師、チェルノヴィッツ大学の准教授に就任した。チェルノヴィッツ大学では、経済学の他にも社会科学史や社会階級論も担当した。こうして教育者の道を歩み出した。

二年後、二十八歳にしてオーストリア＝ハンガリー帝国皇帝からグラーツ大学の政治経済学教授に任命された。グラーツ大学では毎回講義のために周到な準備をし、一般の人々を対象にした講演も積極的に行った。

シュンペーターは、教育者としての自らの使命を「前途ある次の世代のために学問の扉を開くこと」だと自覚していた。生徒には、自分の力で考えるよう強い負荷をかけた。当初は反発されたが、次第に真摯な姿勢が認められて人気教授になっていった。

人間を排除しない経済学

二十九歳にして、自身の代表作となる『経済発展の理論』を発表する。

ワルラスを評価したシュンペーターだったが、その理論には限界があると感じていた。ワルラスをはじめ、これまでの経済学は、経済を生産、交換、消費が常に同じ規模、同じ枠内で循環するものとしていた。時間的要素や歴史的変化が無視され、経済は「静態的」なものとして捉えられた。したがって社会が発展するのは、自然災害や戦争など何か外的影響があったときのみだった。

しかし、経済の変化は外的なものに限らないとシュンペーターは考えた。例えば郵便馬車から鉄道への変化は、枠や循環そのものが、経済自らの内的要因によって生じ変化している。つまり、経済は受動的ではなく能動的にも変化している。

進歩・発展の原動力を、外的与件から内生的なものへ転換したことが、シュンペーターの画期的なところだった。

では、経済を発展させる原動力たる内的要因とはなにか。

シュンペーターは、イノベーション（革新）だとした。具体的には、新しい財貨の生産、新しい生産方式の導入、新しい販路の開拓、原料あるいは半製品の新しい供給源の獲得、そして新しい組織の実現などの革新を指す。
　イノベーションには少なくとも三つの特性がある。一つ目は、事前に予測できるものではなく、後に「そうだった」と気づくものであること。二つ目は、個人だけでなく社会・経済状況を恒久的に変化させること。三つ目は、個人の行動が大きく関与していることである。
　この三つの特性によってイノベーションは、非常に広範囲なものとなる。それゆえイノベーションという言葉は、経済学の分野に留まらなかった。後にビジネス、労働、政策、医療、教育など人間活動のあらゆる分野に適用されることになった。

　三つ目の特性にあるように、個人の行動が大きく関与している。というのも、イノベーションは、個人の理論的分析と知覚的認識によって起こるからである。

　換言すれば、分析的努力に当然先行するものとして、分析的努力に原材料を供給する分析以前の認知活動がなければなるまい。本書においてはこの分析以前の認知活動をヴィジョン（Vision）と名づける……この種のヴィジョンは歴史的にどんな分野でも分析の試みが台頭する前に出現しなければならないだけでなく、あらゆる確立した科学の歴史に再登場するかもしれない。すでに存在していた科学における事実、方法、結果の中には見つけることができない光源から発せられた光の中で物を見ることを教えてくれる。＊2

知覚的認識すなわちヴィジョン（Vision）とは、「我々が見るままの物事の絵を体現」しているものだ。こう見たいと思って見る見方ではない。「研究者の希望とは無関係」なものである。誠実に事実をありのままに見た末になされる直観による発見とも言える。そのような知覚的な認識があってはじめて理論的分析が可能となる。その逆はない。まず直観がある。例えば将棋の棋士も同じことをしている。長い間熟考するのは、次の一手を探すために分析しているのではない。はじめに次の一手は発見され、その一手が果たして正しいかどうかを丹念に分析しているのだ。発見を、分析によって確認するというわけだ。知覚の次に分析があり、知覚と分析の両方が必要なのである。

知覚的認識は、機械にはできない人間の営みである。つまり人間によって認識され、考えられ、行動されて経済が動いていく。経済は人間なしに動かないのに、それを考察する経済学が人間を捨象するのは本末転倒だった。シュンペーターにとって人間不在の経済学などありえないからだ。シュンペーターは人間がいかに経験し、心を働かせて行動したかを長期にわたって捉えた。人間を中心に置いたからといって、人間がすべてをコントロールする万能な存在であるというわけではない。不完全であり、少しでも完全に近づこうと成長、進歩するのが人間の本来のあり方である。そうやって自分自身が向上し、他人や社会の向上へとつながっていく。だからイノベーションが経済発展の原動力となる。

シュンペーターはイノベーションの主体を、「企業家」と呼んだ。「企業家」とは、「イノベーション（新結合の遂行）を自らの機能とし、その遂行に当って能動的要素となるような経済主体」と定義づけられた。後年、こう説明している。

企業家とは新しいことを成し遂げる人物であり、必ずしも新しいものを作り出す者である必要はない。＊3

要するにイノベーションを起こす人は、誰もが「企業家」だと言える。「企業家」とは、何かを発明したりするのではなく、〝事を行う〟人である。実行家と言い換えてもいいだろう。今日では「企業家」を起業家と同一視するものもある。しかし起業家は、本来広範囲に及ぶ「企業家」の一類型にすぎない。

企業家を定義づける特徴とは、単に新しいことを行ったり、すでに行われてきたことを新たな方法で行うということである（革新）。このような定義では「企業」であるものと「企業でないもの」の区分が明確ではなくなるが、それは自然なことであり、有利でさえある。というのも、このような定義によって類型を十分に明確に示すことができるものの、実際の世界には明確な区分などないからである。「新しいこと」は壮大なことや歴史的に重要なことである必要はないことを最初にまず指摘しておく。＊3

経営規模の大小、職業、性別、知性は関係ない。直面した現実に対して、自らの「意志を行う」、つまり〝事を行う〟人は皆「企業家」になりうるのだ。

どんな現実も直視する

ここからは、シュンペーター自身がいかにして「企業家」たりえたかを軸に見てみたい。

『経済発展の理論』は各国で評判となった。シュンペーターは今や経済学の巨人と称されるまでになった。一九一三年には、アメリカのコロンビア大学に招かれて一年間客員教授をする。フィッシャーやタウシッグといった著名な経済学者と交流する機会も得た。

一九一四年、オーストリア＝ハンガリー二重帝国の皇太子がセルビア人学生に暗殺された。これがサラエヴォ事件である。シュンペーターの母国オーストリアは、セルビアに宣戦布告して第一次大戦が勃発した。

帰国したシュンペーターも兵士として召集されたが、グラーツ大学の学部長の懇請で兵役免除となった。しかし、シュンペーターは経済学部教授としての仕事に専念したわけではなかった。オーストリアの行く末について議論が高まるにつれ、国政に影響力を持ちたいと思うようになっていった。戦後の財政政策や政治改革に関する見解をまとめ、政府の上層部や一部の有力者たちに配った。だが彼の野心が実を結ぶことはなかった。

転機は、戦争の終結だった。

戦後、オーストリアは帝政が倒れて共和国となった。まもなく選挙が行われ、レンナー連立内閣が組閣された。政権はドイツとの統合によって復興するという政策を掲げた。外務大臣に就任したのは、ウィーン大学バヴェルク・ゼミの学友オットー・バウアーだった。彼は、オーストリアの社会化委員会の委員長を務めていた。

同じ時期、シュンペーターはドイツ・ベルリンにいた。バウアーと共通のバヴェルク・ゼミの友人たちの求めで、ドイツの社会化委員会の仕事に参加していた。そこでは、ドイツの石炭産業の生産性を向上させ、それを公的制御下に置くことについて議論されていた。前述のようにシュンペーターはマルクス主義者ではないが、マルクスについては深く理解していた。そのため本人は思想に共鳴しなくても、社会主義者の組織に参加することは問題ないと考えていた。

しかし社会主義者たちは、事実上社会主義者としての仕事をするシュンペーターを同志と認識した。バウアーもそうだった。元々社会主義運動のリーダー格だったバウアーは、ドイツと統合した社会主義共和国の樹立を目指していた。バウアーの眼には、シュンペーターがその理想に必要な人材に映ったのである。

バウアーの推薦で、シュンペーターは大蔵大臣に就任した。名誉ある職に胸が高鳴った。オーストリアは、戦時中の莫大な負債と物資不足によるインフレの高進で危機的状況に陥っていた。この状況を自分の手で立て直す―シュンペーターは独自の財政再建計画を練った。その際には、一心に「現下の具体的歴史情況に対してのみ妥当する」行動を追求した。

しかし、連立内閣のレンナー内閣は、様々な考えを持った人々で構成されていた。シュンペーターは他の大臣としばしば衝突し、その計画も出しては潰された。

さらに対立はバウアーとも生じた。シュンペーターは限定された形では社会化には賛成した。しかし生産性の向上を目的としない産業の国有化には反対した。むしろ社会主義とは正反対の自由貿易と海外からの投資によって、国の債務を全額償還するべきとも主張した。ようやくバウアーは自分の誤解に気づいたのだった。

シュンペーターにも問題があった。彼は決定的に政治センスが欠けていた。ドイツ社会化委員会への参加も、政治色が強い運動に参加することがどんな意味を持つかを慎重に考えていた形跡は見られない。また大蔵大臣になってからも政治家ではなく、学者のままだった。ただ発表するだけで、自身の財政案を実現するための根回しなどはしなかった。きわめつけは、「オーストリアがドイツの経済衛星国になるべきでない」と新聞社のインタビューに答えたことだ。これは、政権の公式政策に真っ向から反対することを意味した。今置かれている自分の立場や政治状況を充分に認識していたとは言えない。

この一件が物語るように、もはやレンナー内閣は体を成していなかった。一年ももたずに総辞職となった。結局、シュンペーターはほとんど何も実行できずに大臣を退任した。

大臣退任に際し、議会はシュンペーターに銀行業の免許を与えた。おかげで辞職後、すぐに転職できた。合資会社を株式会社化するために、銀行業の免許を必要としたビーダーマン銀行が彼を会長として迎えたのである。申し分ない収入が与えられ、銀行の経営には携わらないお飾りとしての会長職であった。実際の経営は元々頭取であったアルトゥール・クラインが担当した

シュンペーターは主に個人的な投資・運用を行い、あとは気ままな生活を送った。豪勢な邸宅を

二軒持ち、競走用と乗馬用の馬を一頭ずつ購入した。すでに結婚生活は破綻し、別居生活をしていたので、女遊びにも熱心だった。周囲から「あいつには身内を紹介するな」と警戒される遊びぶりだったようだ。

ところが、一九二四年、ウィーン株式市場で恐慌が起こる。完全な不意だった。経済学者は必ずしも投資のプロではない。シュンペーターも財産のほとんどを失った。ビーダーマン銀行も経営難に陥り、イングランド銀行によって再建されることになった。すぐにシュンペーターは頭取を解任された。

政治、金融の世界で挫折したシュンペーターが、行き着いた先は再び教育の世界だった。ドイツのボン大学で、財政学を教えることになったのである。

シュンペーターは、後に政治家・銀行家時代を「グラン・リフィウート」（イタリア語で「浪費」）と呼んだ。名誉や収入にとらわれて本分を見失ったと、自らの過ちを認めたのである。授業料は高くついたが、本当の自分を知ることができたとも感じていた。以後この経験を無駄にしまいと、教育者として精力的に働いていく。失敗を活かして成長しようとした。一九二六年、『経済発展の理論』第二版出版を皮切りに数多くの論文を発表した。旧友のグスタフ・ストルパーが編集者を務めていたいくつかの雑誌にも時事論説を寄稿した。加えて講演も数多くこなし、経済学者シュンペーターの名はドイツ中に知れ渡った。

再起を機に、二度目の結婚をした。今度の相手は二十歳年下のアニー。母は彼女の出自が労働者階級であることに不満を持っていたが、息子の女遊びも止むことを期待して渋々認めた。ところが、結婚生活はあっという間に終わりを告げた。一年もたたずして、アニーが出産時に子どもと共に亡くなってしまったのである。この数カ月前には、最大の支援者である母親も亡くなっていた。シュンペーターは悲しみに押しつぶされそうになった。

憂鬱な日々を過ごしていたある日、たまたま亡き妻の日記（七年分）を発見した。日記は極めて簡単な記述だった。

シュンペーターは、それを毎朝書き写すことにした。例えば今日が四月一日なら、七年分の四月一日の日記を書き写した。そして必ず最後に、亡き妻、子、母へ感謝と祈りの言葉と共に、毎日自らの進歩具合を記した。充分満足した日は1。全く進歩のない日は0、ある日は1／2、またある日は5／6と点数をつけ、率直な評価コメントを記した。また戒めの言葉も書き留めた。

この日課は、人知れず五年間続けられた。その後再婚によって一時中断したが、一九四〇年から再開され、亡くなるまでの約十年間行われた。シュンペーターは日記を通じて、彼らと対話していたのである。

人は悲しみをどうやって乗り越えていくのか。「真実をもってそのまま受け入れ、それを直視し、理解することで自分のものにしてしまうのが唯一の道であり、それから自然に和歌となり言葉となって溢れて出る」と言ったのは、江戸時代の国文学者・本居宣長である。まさに悲しみに堪えるたった一つの道、現実を直視し我が物にする道をシュンペーターは日記の対話によって歩んだと言えまいか。

日課の対話でシュンペーターは徐々に立ち直っていた。翌年アメリカのハーバード大学経済学部の客員教授を一年間引き受けた。ハーバード大学には、優秀な若い研究者や学生が集まっていた。シュンペーターにとって、彼らと懇談することは最上の喜びだった。ボン大学に戻った後も、アメリカの人々との交流は続いた。シュンペーターは一層研究と教育に情熱を燃やした。

一九三〇年には再びハーバード大学を訪れ、ノルウェーのフリッシュやアメリカのフィッシャーと協力して「計量経済学会」を創設した。計量経済学は、数学・統計学・経済学の三つの分野をまたがり、既存の方法にとらわれない学際的なものだった。その専門ではなかったが、シュンペーターは計量経済学を高く評価していた。もくろみ通り計量経済学は、以後飛躍的に進歩することになる。

同時期には、日本も訪れている。東京商科大学（現在の一橋大学）や東京帝国大学などで講演を行い、日本の近代経済学に大きな影響を与えた。講演の合間には京都を訪れ、「我々欧米人は芸術というものを我々から疎外して考える。しかし日本人は生活の隅々にまで芸術を生かしている」と大きな感銘を受けた。分野や領域といった既存の枠にとらわれないシュンペーターにとって、実生活と不可分に統合されている日本の文化は魅力的だった。それ以降京都を愛し、『源氏物語』を愛読するようになったという。

自ら考えることを放棄するな

一九三二年シュンペーターは、ハーバード大学に移る決心をする。当初はベルリン大学への移動を考えていたが、教授陣の抵抗によって就任の芽がなくなった。これも一因となった。

渡米後、イノベーションを経済発展だけでなく、景気循環の主要因でもある理論を打ち立てようとした。それが、一九三九年に発表した『景気循環論』である。

『景気循環論』では、コンドラチェフ波動（周期四十〜六十年）、ジュグラー波動（周期約十年）、キッチン波動（周期四年）の三つの景気波を組み合わせた複数同時波動によって景気循環を説明しようとした。一九二九年の世界恐慌もこの三つの波動の下降過程がお互いに重なり合ったために、空前の激しさを伴ったと解釈した。

しかし、『景気循環論』は自らの理論に当てはめようとしすぎて、混乱していると批判されている。完全無欠な人間などいない。シュンペーターもまた自身の先入観と向き合わなくてはならなかった。例えば、景気循環には、好況→後退→不況→回復の四つの局面があるが、この回復から好況への移行途中に、ワルラス的な「均衡の近傍」（利潤のない静態的均衡状態）を想定した点が挙げられる。この状態は利潤も利子も、投資も貯蓄もない。つまりイノベーションの担い手である企業家がいないということになってしまう。

また「信用創造」を経済発展の原動力としたかったために、過剰投資を景気後退の主原因としなかった点も指摘される。「信用創造」を、発展を支えるものとそうでないものの二つに分ける。その上で、発展を支えない証券市場の過熱や過度の「信用創造」による金融恐慌は、特別な与件の突然の変化として別に処理したのである。

シュンペーターでさえもこうなのだから、自らの思考の癖から逃れることは難しい。残念ながら、完璧な人間などいない。誤謬は不可避である。フランシス・ベーコンの言葉にあるように「人間の思考というのは、一旦ある見解を採用すると、それを支持するか、それと一致するものを引き寄せる性質がある」。

では、いかに偏見や誤謬と向き合っていくべきなのだろうか。

再び『景気循環論』を見てみる。『景気循環論』でシュンペーターは、不況は不可避とした。景気循環のない成長はない。不況は避けて通れず、経済の発展には不可欠である。しかも不況は短ければ短い程よいものではなく、前の好況を生み出したショックを経済が充分に吸収しなければ新しいイノベーションの波が生まれない。したがって、不況に対してできることは必要悪だと認めること、「景気予測の改善」ぐらいしかなかった。

当時のアメリカは、一九二九年のウォール街の株価急落から始まった世界恐慌の真っ最中。不況に対する具体策のないシュンペーターの考えは不人気だった。当然、『景気循環論』の売り上げも芳しくなかった。

これにはもう一つ要因がある。一九三六年に二十世紀前半の経済学の巨人であるケインズが発表した『雇用・利子および貨幣の一般理論』が世界中で売れていたからだ。

ケインズは、シュンペーターと違って不況に対する具体策を提示した。不況は有効需要の不足によって起きる。不況を克服するためには、需要の創出が必要なのだ。だから政府は借金をしてでも公共投資を増やせばよいとした。

積極的な財政・金融政策によって不況を取り除くケインズの理論は、経済学に革命を起こし、全世界を席巻した。実際に各国が政策として採用し、代表的なのがアメリカのニューディール政策である。時として「不況の経済学」と呼ばれるように、ケインズ政策は不況下では有効な理論だった。

主流のケインズ理論と正反対と評価されたシュンペーターは、つい最近まで軽視されてきた。シュンペーターもケインズを自らの研究に活かすこともなかった。ケインズの短期理論としての有効需要の原理は、供給面にかかわる自身のイノベーション理論とは相容れないと考えていたからだ。

他にも両者の対立点があった。ケインズは理論と政策はお互い密接に関連しているので、理論から処方箋たる政策を引き出した。多くの経済学者も政策に関連しない経済学など意味がないと同調した。経済学はその時代その時代の処方箋である。新たな規制をつくり、それを上手く説明する理論として経済学が存在するとされた。政策と理論は別ものと考えていたシュンペーターにとって、明確な区別がないケインズ理論は受け入れがたかった。

しかしシュンペーターの教え子たちの多くはケインズ派に身を投じていった。シュンペーターはケインズ理論が唯一の処方箋だと安易に支持する彼らを大いに危惧した。

シュンペーター自身もいくら理論や計量が精緻になろうと、実際に役に立たなければ意味がないと考えていた。学生たちにもよくこう説いていた。

オモチャの鉄砲を持って実戦の塹壕に飛び込んではならない。＊6

シュンペーターが求めたのは、学派や先入観にとらわれることなく、自らの力で考え、自ら実践することだった。学派というのは、自分たちの主張を多くの人に認めてもらおうとしがちである。しばしば、他者の主張に聞く耳を持たなかったり、否定しようとする。だからシュンペーターも自らの信条を押しつけたりしないよう注意した。

政治やビジネスとは違って、科学においては、即時の成功というのは重要ではない。……私としては、将来の世代の判断を受け入れるつもりである。……もし私に役割があるとすれば、それはドアを開き、それを決して閉じないことである。＊6

自分で考えることなく、安易に一つの理論を振りかざすのは、シュンペーターの姿勢と正反対である。そのことは、ビジネスマンの団体相手に言ったこの言葉に表れている。

私は薬局を開いているわけではない。差し上げる錠剤はもっていない。明確な解決策は持ち合わせていない。＊7

東洋医学と西洋医学という観点からだと、シュンペーター対ケインズの構図はこうなる。
ケインズは西洋医学である。公共政策（有効需要理論）という薬を使って治療しようとした。実際に薬は効き目があった。ただし、副作用があって、インフレになりやすく、財政赤字が増え続けることが後に判明した。

一方で東洋医学のシュンペーターは、イノベーションという自己治癒力を高めることが大切だとした。不況は変化において必ずあるもので、それは自己治癒力や免疫力を高めるために必要な好転反応であるとした。だからあえて不況を取り除こうとするのではなく、必要なものだと不況に対する考えを改めることが大事だとした。薬はそのときに効果があっても、長い目で見れば根本的な解決にはなっていない。その場しのぎに終わる可能性も否定できない。薬に依存すればする程、自己治癒力は高まらない。つまり自分で考えることも、イノベーションもなくなっていく。

シュンペーター自身、以前使った講義ノートは二度と使わなかった。休暇中でも二、三時間しか休まないほど、謙虚に学び向上しようとしていた。常に自らの視野を広げるため、未知の分野に興味を持てば生徒たちに混じって聴講生として授業を受けた。人との交流もそうだった。自分と同じ意見かどうかでつき合うことはせず、いろいろな考えの人を受け入れた。ハーバードでは毎日学生や他の教授と食事を共に、ときには学生寮まで自ら出向きさえもした。

その一方で、自ら考えようとしない人には厳しかった。そのような人は、他人任せにしたり、何かしらに頼ったりする。つまり付和雷同する。シュンペーターにとって自分で考えない人は、自分を持っていない人と同じだった。

それゆえに標語・スローガンといったものをひどく嫌った。それは、自分で考えることのない人が飛びつく都合のよいものだったからだ。ケインズ理論とその信奉者を批判した根はここにあると筆者は考える。シュンペーターは同僚の〝保守主義者〟にもこう言っている。

私の説を信奉する人を見かけたら、私は自説の正当性を疑い始めたくなる。＊7

シュンペーターにとって学ぶことは、自分で考えることでもある。ただ「そうか、そうか」と受け入れて、同調することではない。この学びの姿勢は、いつの時代にも不変の本質がある。

知識とは様々な可能性の制限である

ケインズ理論が圧倒的な力を持つにつれ、政策によって規則的な循環はコントロールされ、経済は不規則な変動程度しか存在しないという考えも浸透した。『景気循環論』のように規則的、周期的な景気循環は軽視されることになった。

だが、一九四二年に二年の歳月をかけて執筆した『資本主義・社会主義・民主主義』は売れた。一般大衆向けに書かれて難しくなかったことと、「資本主義か社会主義か」という人々の興味と合致したからだ。

『資本主義・社会主義・民主主義』では、資本主義の未来について語った。それは予見や予想ではない。あくまで観察した事実を論理的に分析した上での一つの可能性を指摘したにすぎない。

本書で資本主義は衰退し社会主義に向かうと論じている。マルクスと違ったのは、資本主義の失敗によってではなく、資本主義の非常な成功によって社会主義化するとした点だ。資本主義の成功はまず大規模な独占企業を生み出し、組織を官僚化する。企業家は無用化し、イノベーションが衰退する。企業家が没落することで、階級としては企業者と生死を共にするブルジョワジーも没落する。また知識人が増加する一方で、希望する職に就けない者を創出させることにより資本主義に不満を持つ知識人も増えていく。さらには資本主義の合理的精神の浸透によって、個人の功利だけ追求する経済人が出現し、忠誠やリーダーシップを破壊する。それは企業家精神の衰退でもある。

こうした様々な要素から資本主義は内部から崩壊していく。そして国家が私的産業と貿易を支配するような社会主義へと向かうと論じた。

ただし、社会主義化には前提条件があった。まず一世紀を超える長い年月が必要だった。また移行には革命ではなく憲法改正といった形で国民に受け入れられなければならない。つまり国民が拒否する可能性もある。そして何より資本主義的欲望が完全になくならなければならなかった。これらの三つの条件を見てみると、資本主義の社会化はかなり困難なものであると言える。

分析から社会主義化を結論づけられたとはいえ、シュンペーターが資本主義の崩壊および社会主義化を望んでいることは意味しない。感情や自らの理論に左右されることなく、あくまで事実を冷静に観察し、分析した結果である。すべてを理解するとはすべてを許すこと――『景気循環論』では不徹底だったが、『資本主義・社会主義・民主主義』ではそれができた。

このような姿勢を完遂できたのは、私生活も寄与したと思われる。一九三七年にシュンペーターは十五歳年下で学者のエリザベスと結婚している。経済学者としても議論ができた彼女との結婚は、研究に没頭できる精神的安定をもたらした。

一九三九年、第二次大戦が勃発した。ヨーロッパ戦線が拡大し、日米の関係が著しく悪化していく。そんな中エリザベスは、日本の恐慌からの経済復興を高く評価し、日本から学ぶこともあるという主旨の論文を発表した。さらに翌年には『日本と満州国における工業化、一九三〇―一九四〇年：人口、原材料および産業』で、包括的な統計によって日本経済を分析した。（すぐに日本でも一部翻訳された）ここでも既存のアメリカの対日観における誤りを指摘した。

シュンペーターも一九四一年の講演で、アメリカが日本に行った経済制裁について「これほど不幸な考え方はなかった」と述べている。「原材料を管理することによって外国を屈服させることができるという、……大勢の人々が懐いているほとんど子どもじみた信条は、世界中のアウタルキスト、ミリタリスト、独裁者にとって恵みであった」と、経済制裁によってかえって戦争の拡大をもたらしたと指摘した。アメリカの経済制裁と石油全面禁輸措置は、「オレンジ計画」と呼ばれる。日本経済活動がストップすれば、日本は戦時中の中国大陸への兵員や物資の輸送が不可能になる。日本は石油を確保するため、ボルネオやスマトラなどアジア南部と西部の合国領の油田を奪わざるをえなくなる。しかしその後は中部太平洋を経て、アジア大陸の海岸線と島々をアメリカが攻略するので、日本は後退し輸入路を完全に破壊される。最後にアメリカは日本本土への生産拠点と都市への空爆を行い、日本が講和を求めてくるまでそれを継続する。以上が大まかな「オレンジ計画」の概要であり、このシナリオに沿って日本は一歩一歩追い込まれていく。

他でも「アメリカはファシズムと帝国主義にのめり込んでいるように見える」と批判している。アメリカと、その敵国である日本を冷静に評価している。

当時としては異端である。先入観にとらわれず、誠実に事実と向きあい、自分がこれは真実だというものを説いたにすぎなかった。そこにイデオロギーなどはない。あるのは誠実さだけだった。しかし時代は戦時中である。アメリカ政府は、政策に非があるように指摘したことを許さなかった。シュンペーター夫妻は、ＦＢＩからスパイ容疑で監視されることになった。

シュンペーターは、常に「偏見のない心」であろうとした。

こうした障害物の中で第一にあげられるのは、まったく偏見のない心で資料に向かう者は、ごく少数であるという点である。言い換えれば、時代や社会組織はすべて、こうした問題に対しては自身の仮定、すなわち、経済発展に関する個々の活動が大いに重要であるという確信や、でなければまったく重要でないという確信（これらの潜在意識に基づくものならさらに危険なことである）に基づいて取り組む姿勢が見られるということである。そうした確信が、全体的な状況を把握する際の基本的な立場を左右してしまうことは容易に理解できる。＊3

我々はあらゆることから学ぶことができる。が、先入観や偏見といった思い込みがあると、それも不可能になってしまう。本人が自覚していないような潜在、深層意識にあるようならばなおさらだ。シュンペーターはこんな警句を残している。

知識とは様々な可能性の制限である ＊6

知識によって形成される独自の思い込みや偏見が眼を曇らせる、そう自らを戒めていた。

一方で、「同時代を生きている身では公平に見ることは難しい」とも考えていた。どうしても時代性や感情といったものから離れにくいからだ。それは、ケインズ理論の受容など自らと異なる考えに対する行動からも理解できる。

しかしたとえ困難であったとしても、思い込みを捨て、謙虚かつ素直な姿勢を貫こうとした。意志と行動がなければ前に進まない。人間は完璧ではない。不完全であるが、完全に向かって進歩することはできる。

それは、企業家精神あるいはイノベーションの重要な要素である。謙虚かつ素直ならば、日々実生活で新たなことを学び、気づくこともできる。同時に仕事も日々改善し、よりよい生活を実現することになるからだ。

学び続けることこそがイノベーション

アメリカで多大な業績をあげ、名声を手にしていたシュンペーターは、一九四七年にアメリカ経済学会会長、二年後には国際経済学会会長に選出された。名誉ある地位にあっても、日々学ぶ意志を持ち続けた。この頃は高等数学を学生たちと一緒に学んでいるほどだ。

一九四一年頃からは長年、経済史の執筆をはじめている。ギリシア・ローマ時代から二千年以上にわたる経済思想の変遷と千人以上の学者を描く大仕事を楽しんでいた。

しかしこの経済史が完成することはなかった。(死後、妻が編集して『経済分析の歴史』として刊行）一九五〇年、シュンペーターは急死した。六十六歳だった。

死の五日前、経営学の巨人ピーター・ドラッカーが、父のアドルフと共にシュンペーターを訪問していた。ドラッカーの父は、元オーストリア大蔵省の官僚（外国貿易省長官）だった。ウィーン大学で経済学を教えており、そのときに出会ったのが学生のシュンペーターだった。以後も交友関係は続き、度々世話もした。昔話をしていたドラッカーの父は、突然「ジョセフ、自分が何によって知られたいか、今でも考えることはあるかね」と聞いた。シュンペーターは大きな声で笑った。シュンペーターは三十歳頃、「ヨーロッパ一の美人を愛人にしたドン・ファンとして、ヨーロッパ一の馬術家として、そしておそらくは世界一の経済学者として知られたい」と言ったことで有名だった。

今や六十六歳になったシュンペーターはこう答えた。

その質問は今でも、私には大切だ。でも、むかしと考えが変わった。今は一人でも多くの優秀な学生を一流の経済学者に育てた教師として知られたいと思っている。そして、アドルフ、私も本や理論で名を残すだけでは満足できない歳になった。人を変えることができなかったら、何も変えたことにならないから。＊9

ここで言う「人を変える」とは、自分の主張を押しつけて他人を変えることではない。そもそもシュンペーターが教育する相手は、自らの力で考え、実践できる人間である。自分の研究をきっかけに、その人の考えが変わり、行動が変わったとき、はじめて自分の研究が意味を持つと言っているのである。

我々はよりよい生活を実現する、あるいは社会を向上させるために学ぶ。学びと実生活は不可分である。どんなに学んでも、結果をもたらさないならば何の意味もない。たとえ知識を持っていても、真理を知っていたとしても、自らの人生に活かせなければ、あってもなくても一緒である。

では、いかに学ぶべきか。その鍵となるのが、シュンペーターが示したイノベーションである。人は、自らの意志とそれを実行することで、生まれてから死ぬまで成長することができる。変化は常態なのである。シュンペーターも日々学び、成長していた。成長に伴い、理想も変わっていく。いや、成長するから理想がかなえられ、新たな理想を持つとも言えるかもしれない。学びは、そのための梃子のようなものだった。真摯に学ぶシュンペーターの姿勢はイノベーションを体現している。

イノベーションと学問を、本来の人間的な営みとして再認識すること、そして自分のものとすることが求められるのではないか。シュンペーターはそれを確認させてくれる一つの指標である。

シュンペーターの略歴

一八八三年　オーストリア＝ハンガリー二重帝国のモラヴィア地方（現在のチェコ）に生まれる。
一九〇八年　『理論経済学の本質と主要内容』発表。
一九〇九年　ウィーン大学私講師、チェルノヴィッツ大学准教授就任。
一九一一年　グラーツ大学教授に就任。
一九一三年　『経済発展の理論』発表。
一九一九年　オーストリア共和国初代大蔵大臣就任。
一九二一年　ビーダーマン銀行頭取就任。
一九二五年　ボン大学の教授就任。
一九三二年　ハーバード大学教授就任。
一九三九年　『景気循環論』発表。
一九四〇年　計量経済学会会長就任。
一九四二年　『資本主義・社会主義・民主主義』発表。
一九四七年　アメリカ経済学会会長就任。
一九四九年　国際経済学会会長就任。
一九五〇年　六十六歳で死去。

第二章　語りえぬもの、見えぬものに本質がある

マティス「目に見えない真理を描く」

アンリ・マティス（一八六九〜一九五四）は二十世紀を代表するフランス人画家。それまでの伝統的な写実主義とは一線を画して、形態の単純化と大胆な変形、そして鮮やかな色彩によって絵画を表現した。「フォーヴィスム（野獣派）」と呼ばれる。代表作としては、《豪奢、静寂、逸楽》、《帽子の女》、《赤いアトリエ》の他に、壁画《ダンス》や切り絵による《ジャズ》などがある。

世界中の人々を感動させ、その後の美術に大きな影響を与えた彼の作品の本質はいったいなんだろうか。

描くのではなく、描かされる

ある絵画の展覧会で女子学生のグループが一つの作品の前で足を止めた。古典的な芸術に慣れていた彼女たちにとって、この作品は「ひどい」としか思えなかった。皆次々と否定的意見を口にした。

その傍らでこの批評にじっと耳を傾ける老人がいた。白い髭を生やして威厳があるが、思慮深く知的な男だった。彼は三人の子どもを持ち、読書の他に芝居や乗馬に行くのが好きだった。周囲の人々から「先生」とか「弁護士」というあだ名で呼ばれるほど真面目な人物で通っている。

一人の女学生が老人に気づき、「あなたはもしかしてこの作品の画家ですか」と聞いた。老人は答えなかった。しかし女学生たちが帰ろうとすると、老人はおもむろに引率の教師のところにいって口を開いた。老人は「自分があの作品の作者だ」と言って、問いかけに答えなかったことを詫びた。そして「子どもたちだけが正しくものを見ることができる。批評家たちが傑作と呼ぼうと、私は子どもたちの方が正しいと思う。だから子どもたちにショックを与えたあの絵をしばらく心から憎みましたよ」、謙虚な老人はゆっくり思慮深くそう語った。

画家と聞くと、凡人には理解できない狂気一歩手前で生活しているような人物をイメージしがちである。しかしこの老人はと言うと、礼儀正しく社交的で、世間で言う常識人の部類に入る。

老人は当時すでに世界的に評価され、パブロ・ピカソと並んで二十世紀を代表する画家の一人として位置づけられていた。老人の名前は、アンリ・マティス。どこにでもいるような人物がどうやって世界の人々を感動させる作品を創造できたのだろうか。その創造力の秘密は一体何だろうか。
マティスはもともと画家になるつもりなどなかった。北フランスのピカルディー地方にあるボアンで穀物商の息子として生まれたが、病弱だったため店を継ぐことができなかった。特にやりたいこともなく、厳格な父がひいてくれたレールに沿って行くだけだった。父の勧めでパリの法律学校で一年間勉強した後、サン＝カンタンのドゥリュー法律事務所の事務員になった。法律の勉強は退屈だったが、父の言う通りにした。

二十歳のとき、マティスは病に倒れる。実家での療養生活は一年に及んだ。この期間中、人生を大きく左右する出来事があった。それは、絵画との出会いだ。友人がアルプスの風景画の模写を勧めたのをきっかけに、気晴らしになればと母が絵具箱を買い与えてくれた。マティスも最初は何の気なしにやってみると、思いがけず熱中した。絵を描いているとき、誰かにああしろこうしろと強いられることはない。完全に自由で平穏だった。そして初めて自分の内面から湧き上がるものを感じた。模写が終わると、今度は一般的な技法書を参考に油彩画も描きはじめた。マティスにとって絵画は、魅力に富んでいた。

病気が回復するとすぐに、マティスは法律事務所に戻った。だが、絵画への内的衝動は止められなかった。法律事務所に行く前、昼休み、そして夜と、仕事以外はひたすら描いた。父に内緒で染織・工芸デザイン学校のカンタン・ド・ラ・トゥールの基礎コースにも通った。ついには仕事中にもデッサンを描くようになった。

「絵画の道に進みたい」とマティスが言ったとき、父は激怒した。父のような当時の地方の中流階級は、絵画に対してよい印象を持っていなかった。店を継げず、法律家としても失敗して画家になるなど、世間の笑い者でしかなかった。親子は互いに一歩も譲らなかった。だが、母は息子に味方した。忍耐強く父を説き伏せ、勉強のためにパリに行けるよう取りはからってくれた。才能を認めてくれていた絵画教師もそれを後押しし、当時最も成功していたアカデミックな画家の一人、アドルフ＝ウィリアム・ブーグローを紹介してくれた。

こうして二十二歳の秋、ブーグローの私塾アカデミー・ジュリアンに入学した。今度は自らの意志で画家としてパリに出た。「もはや後戻りはできない」という思いで、必死に勉強した。

アカデミー・ジュリアンでは、あるがままを描写する写実主義の伝統に沿うよう指導された。しかしマティスはこの方針に違和感を抱いていた。肉眼で捉えられない心や意識の世界も重視すべきなのではないか――この考えは「郵便局の啓示《けいじ》」と呼ぶ体験で確信に変わった。

肖像画における啓示は、母のことを考えているときにもたらされた。ピカルディーの郵便局で、私は電話がつながるのを待つ間、暇つぶしにテーブルにあった電報用紙をとって、ペンで女性の頭部を描いていた。無意識にデッサンしていると、ペンは自然に動いた。そしてそこに母の顔があらゆる微細な特徴にいたるまで描き出されたのを見て、私は驚いた。母は優しい顔つきをしていて、フランス系フランドル人の特徴をはっきり示していた。……私は自分のペンがもたらした啓示に心を奪われた。私はこの時、創造する精神は選んだ要素に対してあらゆる種の処女性を保っていなくてはならないこと、そして理性によってもたらされるものは捨て去らなければならないということを理解したのだった。（マティス＊1）

マティスにとって絵画は、理性で描くものでなかった。素直に理性を超えたものにゆだねた結果、〝描かされる〟ものだった。この体験以降、ブーグロー教師の忠告はますます無意味に感じられた。

自分の心情のままに

翌年二月、エコール・デ・ボザール（国立美術学校）を受験した。が、結果は不合格。郷里の父もこれにはご立腹だった。本人は「自分には芸術の道以外ない」と確信していた。疑いようがなかった。アカデミー・ジュリアンをやめると、正式な学生でないにもかかわらず、美術学校のギュスターブ・モローの教室に入った。マティスを高く評価したモローが、自分のアトリエで勉強するよう誘ってくれたのだ。

同時に父からの仕送り停止を回避するため、装飾美術学校にも入学した。デッサン教師の資格取得をめざし、学生の身分であり続けた。

モローは、絵画は夢に思い描き、繰り返し熟慮する心から生じるものだと考えていた。つまり考えることと描くことが一体になることを求めていた。これはマティスの考えと一致していた。モローはよく生徒にルーブル美術館の巨匠の作品を模写することで、彼らの思考と手の動きの一致を追体験するよう勧めた。マティスも従順に打ち込み、いくつかの模写作品はフランス政府に買い取られた。

一八九四年、再び美術学校の試験を受けたが、落第してしまう。父の怒りは相当なもので、息子の勉強の様子をうかがうため、わざわざパリまで出てきた。そのときモローは、「マティスは最も優秀な学生の一人であり、とても才能がある」と告げ、さらに「次はよい結果になる」と手紙まで送った。モローのおかげで父は安心し、息子への仕送りを継続することに決めた。マティスは次の年に見事試験に合格した。

入学後も、変わらずモローの教室に通った。どんどん進化するマティスを見て、モローは「これは本物の芸術家になる」と確信した。そして「君は絵を単純化するために生まれてきた」、そう本人に伝えた。マティスも同意見だった。

自然は非常に美しいので、私はただそれを出来るだけ単純に再現するだけでよい。私は心惹かれる対象の前に身を置き、対象に自分を一体化させ、それをカンヴァスに写し取ろうと試みたのである。＊1

できるかぎり直接的に、最も単純な方法で感情を表現する──これを自らの理想として定めた。

一八九六年には、ブルターニュの旅行を経て制作した《読書の女》ほか四点を、国民美術協会のサロンに出品した。公の場での初展示だった。好評を収めた《読書の女》は、国家買い上げになった。さらに会長から直々に指名され、以後作品は無審査で国民美術協会のサロンに出品できる準会員になった。この成功によって、ようやく父にも画家として認められた。

その後二年は、夏をブルターニュで過ごした。ブルターニュではゴッホやモネの作品に触れ、「純色の輝き」に魅了された。次第にそのような明るい色調で描きたいといろいろ試みた。あらゆる手を尽くして印象派画家カミーユ・ピサロとも知り合い、彼と一緒に印象派や後期印象派の作品を見て研究した。

そして、これまで勉強してきたことの総まとめとして、印象派の影響を受けた《食卓》を出品した。しかし人々の眼には、それはあまりに過激にうつった。恩師のモローは擁護したが、多くの批判を浴びた。

このような扱いを受けながらも、マティスは印象派の微妙な色調の変化を超えるものを追求するという信念を持っていた。

この頃までには、マティスにとって家族や他人よりまず自分自身を優先するべきという生活信条が揺るぎないものになっていた。パリに来て間もなくカロリーヌ・ジョブローと同居し、一女をもうけた。しかし、正式に結婚はせず、二十八歳のときに娘を認知した上で別れ、アメリー・パレールと結婚した。結婚するとき、マティスは「あなたを心から愛している。ただし、常に絵のほうを優先する」と念を押した。なすべきことは、「自分自身として、自分自身のために生きること」だった。自分だけでなく誰もがそうあるべきだと考えていた。

アメリーは、夫は絵を描くことに努め、自分は制作に専念できるように日々の暮らしのすべてを受け持つと結婚に同意した。彼女は、「制作パートナーとして生きることは自分自身のために生きることだ」という情熱を持っていた。早速、新婚旅行ではロンドンのナショナル・ギャラリーでターナーの風景画を学べるよう取りはからった。さらに旅行中も制作に打ち込める環境を作った。またアメリーは精神的にも支えた。この頃から不眠に悩んでいたマティスはよく夜中に妻を起こした。彼女は話し相手になり、それでも眠れないと幼い子どもの母親のように本を読んでやった。

当時マティス家の生活は困窮していた。新婚旅行後二人の息子が生まれ、さらにアメリーの提案で認知した娘マルグリットも引き取っていた。家族が増えても、絵があまり売れない。未だ人々は保守的で、マティスの作品を理解できなかった。だからといって、自分に妥協して売れるための絵を描こうとはしなかった。

妥協しないという点では、むしろ妻アメリーのほうが強固だった。稼ぎがないなら自分が養うと婦人帽を作る店を開いた。

子どもたちは、マティスが仕事に集中できるよう厳しくしつけられた。食事の時間でさえも父親を刺激しないよう静かにしていたほどだ。

しかし、出来上がった作品には自由に意見することが許された。「自分には見えないものが子どもたちの率直な眼には見える」と、マティスは子どもたちの意見を大いに参考にしていた。特に娘のマルグリットは、アメリーと共に以後一番の理解者であり批評家となった。作品ができるとマティスは必ず彼女たちに見せて意見を聞いた。

家族の協力のおかげで、マティスは絵画に打ち込むことができた。

制作第一でお金がないにもかかわらず、マティスはポール・セザンヌの《三人の浴女》を購入した。ポール・セザンヌを深く尊敬するようになったマティスは、一瞬を秩序づけるその構築力を学び取ろうとした。構成、筆の使い方、色調に至るまで研究し尽くした。セザンヌが常に自分の精神を秩序立てていることを見て取ると、自分も感覚を秩序づけようと彫刻を始めた。

同時期にはドランとブラマンクという新しい友人に刺激され、作風はより前衛的なものになっていく。一九〇一年、官展とは違って無鑑査のため、前衛的な画家の発表の場になっていたアンデパンダン展に出品した。批評家から激しく攻撃され、作品は一点も売れなかった。

翌年も再びアンデパンダン展に出品し、静物画がなんとか一点売れた。家計は火の車であることに変わりなかった。子どもは病を患い、妻は疲労困憊で衰弱していた。

絵が売れなくとも、毎年アンデパンダン展には出品した。その結果、前衛的な画家として一定の評価を得るようにはなった。一九〇四年には最初の個展を開くこともできた。

またアンデパンダン展を通じて、新印象派の代表的画家ポール・シニャックと懇意になった。夏にはシニャックの別荘があったサン＝トロペで過ごし、《豪奢、静寂、逸楽》を制作した。シニャックはこの作品を高く評価して買い取ってくれた。

次の夏、ドランと共に滞在したコリウールでは、《帽子の女》、《開いた窓》などを制作した。「抑制したり秩序づけたりすることなしにただ色彩を歌わせること」に主眼を置いた。それらを一九〇五年、まだ創設しされたばかりで自由な気風に満ちていたサロン・ドートンヌ（秋の展覧会）に出品した。

サロン・ドートンヌでは、友人のドラン、ブラマンク、マルケカモワン、マンギャンの作品と共に会場の第七室に展示された。ここを訪れた批評家のヴォクセールが、部屋に置かれたドナテルロの彫刻を見て「あー野獣（フォーヴ）の中のドナテルロだ！」と語った。これに端を発し、彼ら前衛画家たちは、「フォーヴ」と名付けられた。

中でもマティスの《帽子の女》は大きな反響を呼んだ。妻の肖像画だったが、細部は簡略化され、形態と色彩の組み合わせで表現されていた。なにより鼻には緑の筋が置かれた。これまでの肖像画を逸脱した色使いを目にした観衆の騒ぎは大変なもので、中には「狂気だ」と叫ぶ者もいた。

一方マティスにとってこの絵は、生涯ではじめて、喜んで人前に出したいという作品だった。常に心がけてきた「自分の感情が純粋に表現されている」と思えたからだ。人々の非難は心外だった。

時代を切り開くものには批判がつきものだ。既存の価値観に基づいて批判する人が半分いる一方で、新しいと評価する人も半分存在するものが時代を動かす。マティスの作品もそうだった。《帽子の女》は、アメリカのスタイン家が絶賛して購入した。以後スタイン家はパトロンになり、マティスに精神的にも経済的にも安定を与えた。さらにスタイン家は収集していた作品の前衛芸術家たちの交流を促し、マティスにはパブロ・ピカソを紹介した。すぐに二人は意気投合し、作品を交換し合った。そして芸術議論を交わし、晩年までその仲は続いた。

アンリ・マティス
《帽子の女》 1905年

アンリ・マティス 《生きる喜び》 1905-06年

ありふれた真理をものにする

理解してくれる人たちに支えられ、マティスは自信を持って実験的な前衛的作品を次々と発表していく。《緑の筋のある女》、そしてこれまでにない大作《生きる喜び》を制作した。

一九〇六年に単独で《生きる喜び》をアンデパンダン展に出品すると、再び大きな物議を醸した。批評家だけでなく、友人だったシニャックにも批判された。マティスのコレクターであったスタイン家でさえ最初は否定的だった。しかし、その後「現代における最も重要な作品」と考えるようになり、この絵の所有者となった。同じくこの絵に魅せられたのが、ロシア繊維業界の大立者のシチューキンだ。同時代の作品を収集していたシチューキンは、以後スタイン家と並ぶコレクターとなっていく。

作品がいくつか売れるようになり、ようやく家族を養えるまでになった。旅行に行く余裕も生まれ、アルジェリアのアルジェやビスクラを訪れた。強烈な北アフリカの光に大いに刺激されて《青い裸婦、ビスクラの思い出》を制作し、一九〇七年にアンデパンダン展に出品した。このときも多くの人が批判する一方で、スタイン家は傑作だとすぐに購入してくれた。

マティスはすでに前衛芸術家として内外で有名になっていた。ニューヨークやロンドン、モスクワで個展が開かれている。スタイン家もマティスを盛んに売り込んでくれたので、作品は相当な値段で取引されるまでになった。

一九〇七年、スタイン家でとりわけ親しかったサラ・スタインから一つの依頼があった。最近絵を描くようになったので、自分と共通の友人たちのための教室を開いてくれないかというものだった。マティスはやめたくなったらすぐにやめるという条件付きで、レ・ゾワゾーでアカデミー・マティスを開講した。

非常に熱がこもった講義は好評で、なおかつ無料ということで参加者はどんどん増えていった。マティスも自分が画家なのか教育者なのかわからないくらいだった。生徒には本来の自分を確立すべきであり、先生の真似をするなと言い続けた。「技術的な訓練ではなく、魂を作り変えること」が大事だった。

マティスにとっても講義は自分の考えを整理するきっかけになった。再編集された考えは、『画家のノート』として雑誌に発表した。「画家であるのだから、言葉よりも絵を描く方が自分の考えややり方を説明できる」と最初に断った上で、芸術家として何を表現しようとしているかをこう語った。

私が描き留めようとしたのは一瞬の消えやすい感覚であり、それは私の気持を充分はっきり示してくれるものではなく、あしたになれば、同じ感じをつかむこともおぼつかないだろう。

私は絵を生み出すあの感覚の凝縮状態に達したいと思っている。

（中略）

人間や物の表面的な生を形づくり、それに変わりやすく、移ろいやすい姿をまとわせるこうした瞬間の継起のもとで、われわれはもっと真実で、もっと本質的な特性を探究することはで

きるわけであり、現実についてもっと持続性のある解釈を示すために芸術家はそこに執着するだろう。＊1

真理を表現しようとするうちに、考えや方法は進化していく。

いま私は自己矛盾を来しそうな別の危険を予感している。私はごく最近の自分の絵と昔描いた絵を結びつけている絆をとても強く感じる。ところが、昨日と全く同じに考えるわけではない。というよりむしろ、私の考えの根本は変わらないけれども、私の考えは進化し、表現の手段がそれに従うのである。私は自分の絵のどれも見捨てはしないが、もし描き直すとすれば、一枚として同じようにやり直すことはあるまい。私はいつも同じ目標をめざすが、そこに達する自分の道を別の仕方で探るのである。＊1

マティスが抽出しようとした現実の本質いわゆる真理は、いつの時代も変わらない。しかし、それを自分のものにする仕方は人それぞれ違う。

画家にはもっと別の絵画論を期待してもいいではないのか、お前は陳腐なことしか言っていないではないかという異論がおそらくあるだろう。それに対して私は、新しい真理はないのだと答えるだろう。芸術家の役割は学者の場合と同様、ありふれた真理を掴むことにある。何度も彼は耳にしたことだが、しかしそれは彼に対して新しい姿を現すようになり、その深い意味

を予感するとき、彼は自分自身の真理をものにするわけである。＊1

ここはディドロの項でも登場したゲーテに解説してもらおう。ゲーテは言う、「この世界は、現在では老年期に達していて、数千年このかたじつに多くの偉人たちが生活し、いろいろと思索してきたのだから、いまさら新しいことなどそうざらに見つかるわけもないし、言えるわけもない」と。しかし「真理というものはたえず反復して取り上げられねばならないのだ。誤謬《ごびゅう》が、私たちのまわりで、たえず語られているから」だ。間違いが溢れる中で、人々は真理は何かわからなくなる。だから我々は、「先祖から相続したものをわがものにするためには、改めて獲得せよ。利用しないものは重荷だ。その時に作ったものでなければ、その時々に役立たない」のだと断言している。つまり真理は自分で再発見し、再獲得することで、初めて自分にとって意味を持つということだ。

マティスがしばしば使用した郷里のピカルディー地方の諺に「それぞれにそれぞれのパン、それぞれにそれぞれのニシン」というものがある。人がある物事を自分のものにする仕方は千差万別なのである。たとえ目標が同じだとしても、それに向かって一連の活動を総合する術は各人各様である。真理も例外でない。真理はいつでも自分流に再獲得されて自分のものになる。

自然の摂理《せつり》に従う

では、具体的にはどうすればよいのだろうか。

故意に自然に背を向けて、予めきめた様式を制作する人たちは真実を逸脱してしまう。芸術家は考えているときには自分の絵が人工のものであるとわきまえていなければならないが、絵を描いているときには、自然を模写していたという感じがないといけない。また、自然から離れるときですら、これはもっと十分に自然を表現するためにやっているにすぎないという確信を失ってはならない。＊1

先入観や理屈に惑わされることなく、自然の摂理《せつり》に従う。素直に自分の内的衝動にゆだねるということだ。マティス自身、描いているときにこう感じていた。

紙片の上をたどる私の鉛筆の道のりは、暗闇のなかをまさぐり進む人間の動作とどこか似たところがある。つまり、私の行路は全く予測されたものではない。私は導かれるのであって、私が導くのではない。私はモデルの物体の一点から出発して、引き続き私のペンが向かうだろうさまざまな点とは無関係に、いつもただこれしかないと思う一点へと向うのである。私は自分の目が凝視している外観よりはむしろただ内面の躍動に導かれ、それが形成されてゆくにつれて描き表しているだけなのではあるまいか。私にとって、外観はまさにその瞬間にはまずそちらへ向って進まねばならぬ夜中のほのかな微光―ひとたびそこへたどり着いたら、また別の微光を認め、そこへ達する道をたえず創造しながら進むことになる―以上の重要性をもたない。実に興味深い道―、それはもっとも興味深い行為ではあるまいか。＊1

「郵便局の啓示」の体験にあるように、描いているというよりは、〝描かされている〟とマティスは感じていた。他のところでデッサンについて「私が導いたのではない」、「私は導かれたのだ」と述べている。講義でも生徒にこのような言葉をかけている。

けっしてモデルをあらかじめ考えた理論とか効果とかに合わせようとしてはいけない。モデルはあなた方に印象を与え、あなた方のうちに感動をよび起こすにちがいない—あなた方のほうはそれを表現しようと努めるのです。主題を前にしたら、一切の理論、一切の観念を忘れるべきです。そうしたことは本当にあなたが自分のものにしているなら、その主題によってよび起こされた感動を表現するときにそこに現れるはずです。＊1

好評だった講義も三年後、マティスが「制作に集中したい」ということで終わることになった。教育者よりも画家として生きていきたいと望んだのである。

空間はあらゆるものの連続

一九〇九年、マティスはベルネイム＝ジュヌ画廊と、一定の大きさまでの作品はすべて買い取られることが保証された契約を結んだ。経済状態が安定し、パリの南西のイシー＝レ＝ムリノーに大きなアトリエと自宅を手に入れた。ここで、シチューキンに依頼された二つの壁画大の作品に取りかかった。ダンスをテーマにした《ダンスⅠ》を一両日中に制作し、翌年春に第二作《ダンスⅡ》

を完成させた。

さらにこの《ダンスⅡ》と同時期に制作した《音楽》を、一九一〇年のサロン・ドートンヌに出品している。批評家たちから激しい反発を受けるとシチューキンは困惑した。これらを一時受け取るのをやめようともした。これにはマティスもショックだった。


追い打ちをかけるように、父が急死した。画家として生きることを認めた後、父はどんなに周りから嘲笑され誹謗中傷されながらも息子の決意を尊重してくれていた。ようやくその恩に報えると思った矢先だっただけに、マティスはひどく落ち込んだ。

そこで気分転換にと、マティスはスペイン・アルハンブラへと旅に出た。有名なイスラム建築のアルハンブラ宮殿には想像力を掻きたてられた。魂を癒やす何かを感じた。興味は細密画や絨毯、陶器などのイスラム美術にもおよび、装飾における平面的な空間構成に「感覚のあらゆる可能性」を見出した。スペインから戻ると早速《画家の家族》や《赤いアトリエ》を制作した。

ある人がマティスのアトリエを訪ねて、「《赤いアトリエ》の赤はどこにあるのですか」と質問したそうだ。すると、

あなたは赤い壁を探しておられる。そんな壁はありはしませんよ。ごらんのとおり、私はそこにある純粋なブルー・グレーの壁の前の家具を描いたのです……私は気に入りませんでした。赤の色彩を見つけると、私はこれらの習作を部屋の壁に置き、そのままにしておきました……どこからその赤を見つけてきたかですって？　それは私にもわかりません。＊2

マティス

アンリ・マティス
《ダンス I》 1909年

アンリ・マティス
《赤いアトリエ》 1911年

と、答えた。マティスは「対象と自分を一体化させ、それをカンヴァスに写し取ろう」としていた。その対象は何も物質として把握できるものだけに限らない。肉眼でとらえられない心あるいは意識の世界にまで及んだ。「赤」もそんな世界にあるものだった。

マティスは、よく学生たちに「目を閉じて絵を思い描いてご覧なさい。それから仕事に戻りなさい」と言っていた。同時代の哲学者ベルクソンの言葉にあるように、「眼があるから見えると言ってはいけない。眼があるにもかかわらず、人間は見えると言いなさい」ということだ。彼らにとって心の眼で見えるものは、見えなくとも確かに存在したのである。

一九一二年には妻とモロッコのタンジールを訪れた。モロッコでの最初の数週間は雨続きだったが、その後は北アフリカの自然に囲まれた生活の中で好きなように制作をした。マティスにとってモロッコは「安らぎの場所」となった。

一九一四年、第一次世界大戦が勃発した。企画されていた展覧会も中止になった。マティスは自分も前線に出ようといきまいたが、年齢と身体の弱さが理由で必要に応じて召集される予備役に入れられた。できることは前線にいる友人たちに手紙を書き、用事を引き受けるくらいだった。ドイツ軍が侵攻するとトゥールーズに脱出した。コリウールを経て、十一月からは再びパリとイシー＝レ＝ムリノーで制作した。開戦以来モロッコ行きをやめ、毎年暑い夏以外は南フランス、ニースで制作することにした。

制作拠点は随時移っていたが、どこでもマティスは朝から晩まで規則的に生活し描いていた。その様子はまるで手術をする医師のようだった。まず助手が用意した壺や紙などの道具を一つずつ手にとってテーブルの上に並べる。カンヴァスの前に立って「はじめて絵を描くような気がする」という心持ちになるまでじっと待った。あらゆることを新鮮に受け入れるために、それまでの先入観や理屈にとらわれないようにしたかった。それには、制作中の徹底した率直さが必要不可欠で、様々なことに細心の注意を払ったのである。この心持ちが維持されると、ようやくペンを手に取り、黙ったままスケッチを始めた。

モデルにも、自分と同じように絵を最優先させる覚悟を求めた。それにモデルが応えてくれないと不満に思い、感情を爆発させた。そんなときは妻のアメリーが散歩に連れて行くなどしてマティスを落ち着かせた。

マティスにとって制作は、自分自身との戦闘だった。どれほど見た目がよくても、自分自身と戦わないでお手軽に作った作品に満足するくらいなら、そんな作品は捨てた方がましだとさえ考えていた。いつでも前のレベルを超えていこうと今対峙している仕事に全力で取り組んだ。それゆえ過去の作品には無関心だった。行方がどうなろうともはや自分には完結したことだった。大事なのは今、そしてこれからのことだ。

極度の緊張感が続けば、身体も精神も凝り固まって疲労してしまう。そうするとよい作品が生まれなくなる。自分を解放する上で、定期的に旅行に行くことが大切だった。六十歳のときには、ニューヨーク、サンフランシスコを経て、タヒチに向かった。タヒチでマティスは現地の住民や暮らしぶりなどを隅から隅まで見聞きしようとした。市場に行ったり、工場や工房を訪ねて伝統工芸品の工程を一から見たりもした。現地の案内役には島の歌や民話を要求し、毎朝持って来る花綱の編み方まで教わった。この貪欲な好奇心には案内役も驚いたそうである。その中でもとりわけ魅せられたのは、海を泳いだときの水中の光だ。

頭の中では私の上に、私のモチーフの上に、アトリエの上に、そして家の上に何があるかわかっていた。しかしそこには海の中の魚のように、壁を意識することのない宇宙的空間が存在した。＊2

一見、空間は肉眼で見えるものによって境があるように思える。が、意識の世界では境がない。肉眼の世界と意識の世界の区別はあっても、切れ目などなく、ひと続きなのではないか、マティスはそう感じたのである。境は断絶を示すものではなかった。この経験は重要なヴィジョンを与えてくれた。

後にマティスは空間について窓を例にこう語っている。

私の感覚では、空間は水平線から私のアトリエの室内までがひとつながりになっているのであり、素早く過ぎる船は身の回りの慣れ親しんだ物たちと同じ空間のなかにあるのです。そして、窓という障壁は二つの異なる空間を生み出すことはないのです。＊1

空間において、あらゆるものは連続している。窓があることで、あちらとこちらで切り離されているように感じるが、本来そこに断絶や切れ目はない。空間についてのこの考えが、マティスの制作の根幹にある。

あるとき、「どのように三次元を創り出されますか」と聞かれて

私の仕上がりは〝次元〟の番号つけを消し去ってしまう一つの総合です。＊1

と、答えた。さらに「空間はあなたには制限されたものとして映るのですか、それとも無制限なのか」と聞かれてこう答えた。

空間は私の想像力だけの広がりを持っています。＊1

肉眼では絵画は制限ある空間に見える。しかしそれは一面に過ぎない。想像力だけの広がり持つとは、空間が画家自身を超え、主題やモチーフ、アトリエそしてさらにありとあらゆるものまで含んで形成されるということだ。作者も絵を鑑賞している人も、その空間の中にいるので、「海に泳ぐ魚」にもまして壁や境を感じない。限られた画面である絵画が、無限の感覚を生じさせる。これが最も重要なことだった。

わからないから描く、描くことでわかる

タヒチ旅行でアメリカを訪れた際、収集家のバーンズの個人美術館バーンズ財団より壁画制作を依頼された。満足がいく配置になるまで何度も何度も色紙の切り抜きを移動させ、制作には三年を費やした。大ホールの三つの半円形をした壁画は、《ダンス》と名付けられた。

マティスにとって、作品はあらかじめ計画されてできあがるものではなかった。〝描かされる〟わけだから、作家自身も完成形がどうなるかは、描いてみないとわからない。《ダンス》を「これほど単純で同時にこれほど計算されたものは見たことがない」と批評したドロシー・ダドリーにこう反論している。

〝計算された〟というのは適切な言葉ではありません。私は四十年間たえず仕事をしてきました。私は勉強を重ね、経験を積んできました。いま私が描いているのは心から出てきたものです。私の絵はすべてこうして作られるのです。私は絵を感ずるのです。＊1

描くことで自分の心がこう感じていたのかと理解することができた。言い換えれば、マティスは〝わからないから描く〟のである。

一九三〇年代は女性をモデルにしたデッサンや肖像画を数多く制作した。またロシアバレエ団の

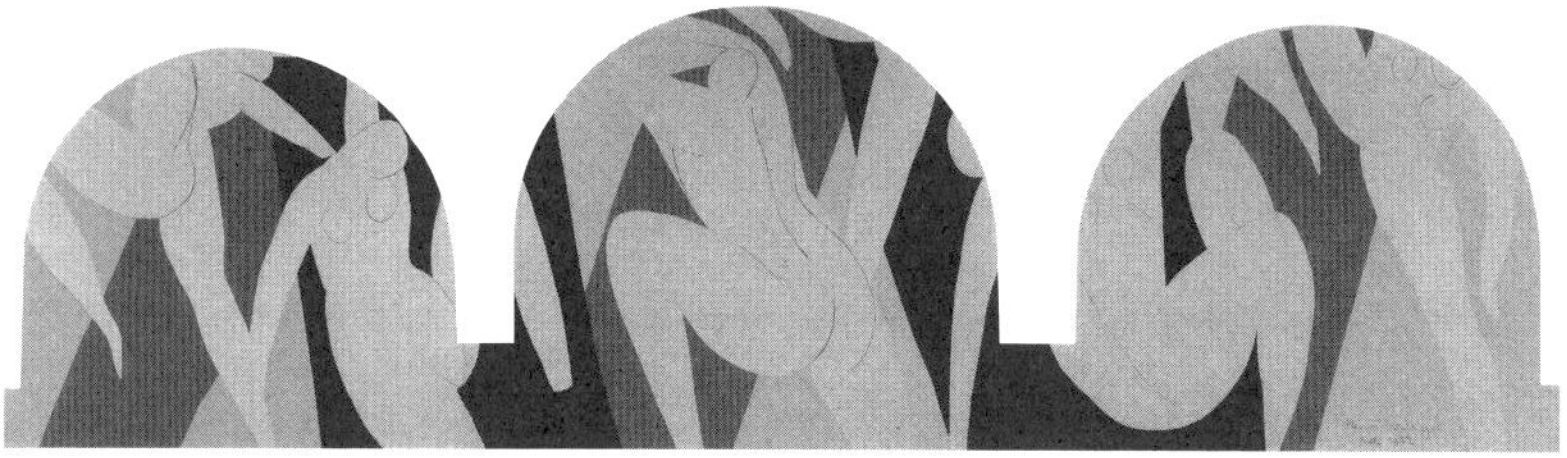

アンリ・マティス
《ダンス壁画》 1931-33年

アンリ・マティス
《水槽で泳ぐ女（ジャズ）》 1944-46年

舞台装置と衣装デザインをするなど、新しい分野の仕事にも取り組んだ。

制作拠点も、ニース郊外のシミエにあるレジーナ・ホテルのアパートに移した。地中海を望む大きな部屋で制作に打ち込んだ。マティスの傍らには、バーンズ財団の壁画制作以来、いつもロシア人女性のリディア・デレクトルスカヤが助手として付き添った。彼女は秘書、モデルをこなし、妻のアメリーに代わって制作上不可欠なパートナーになっていった。

アメリーは、長い間体調不良で制作には携われていなかった。制作上のパートナーを解消することは、二人の関係を解消することを意味した。

最優先は絵を描くことである——マティスはアメリーと離婚した。


一九三九年には、第二次大戦が勃発した。翌年にはパリは陥落し、ナチス・ドイツにフランスは降伏した。そんな中、ニースに留まって生活していたマティスは、体調を崩して腸疾患となった。ひどく悪化し、命にかかわりかねない病気だった。身の回りを整理し、元妻や三人の子どもたちに遺言を書いた。死を覚悟していた。

幸いにも手術は成功した。この手術以後の人生を、マティスは「超過勤務期間」と呼んだ。生きていること自体に幸せを感じ、感謝していた。一度死の淵に立ったその眼には、すべてが新しく、いきいきとして見えた。第二の人生がはじまったかのようだった。

一九四三年からは、ヴァンスの別荘ル・レーブに疎開して療養生活を送った。マティスはどんな形であれ、とにかく制作をやり続けることが大事だと感じていた。主にベッドの上や車いすで、油絵ではなく切り絵を制作した。マティスにとって切り絵は、「色彩のなかに直接切り込んでいく」

ようなもので、「彫刻の直彫りを思い出させる」ものだった。同年には、《ジャズ》と題された切り絵二十点を完成させた。これらは、切り絵集《ジャズ》として一九四七年に出版され、マティスの代表作の一つになった。翌年には油絵を描けるまでに回復し、《赤い室内、青いテーブルの静物》や《大きな赤い室内》などいくつかの室内画を制作した。

一九四〇年代末からは、ヴァンスのロザリオ礼拝堂の仕事にかかりきりになった。療養中に世話になった看護婦で後に修道女になったモニック・ブジョワの紹介で、ステンドグラスから祭壇、上祭服、家具など建物全体のデザインを任された。マティスは「全生涯の到達点」として全身全霊で取り組んだ。四年をかけてロザリオ礼拝堂を完成させた。

現地の修道尼たちは最初新しい礼拝堂に困惑し反発した。だが一年もしないうちに、礼拝堂は「慰めと瞑想を誘う静けさがある」と口を揃えて絶賛するようになった。それからというもの、礼拝堂を訪れた観光客が愚弄したり、意味不明だと嘲笑すると、案内係の修道尼はこう言った。「これがモダンです」と。

八十歳を超えてもマティスは精力的に作品を制作し続けた。一九五〇年にはヴェネツィア・ビエンナーレで絵画部門の最優秀賞を受賞し、翌年にはニューヨークで大回顧展が開催された。周囲がはやしたてても、自分はまだまだ未熟だとなおも向上しようとしていた。なぜ名声を獲得し巨匠とされても、そこまで謙虚だったのか。

その理由は「郵便局の啓示」以来変わらず、自分を超える大きな力があってはじめて作品は完成したからだ。

（礼拝堂を作って）満足な気分ですが、でも、私が自分が作ったもののことでうぬぼれた〝ためしはない〟のです。私が十本の指を使って最善をつくして制作してきたいつの場合でも、何かしらあるものがやってきてそれを成就させます。それは私に属しているものではなく、よそからやってくるのです。できるだけのことはやらないといけない、そしてすべてが済んだとき、何か天からの影響力が仕上げにやってくる。＊1

なんだかわからない力は、目に見えず、理性を超えたものである。それを受け入れる上で、先入観や理屈といったものが邪魔だった。その力を信じる率直さを持つことが大切だったからだ。子どもに意見を聞いていたように、「すべての生活を子どもの目で眺めなければならない」という言葉はマティスにとって金言だった。子どものように本能に従って、自然に自分から溢れ出るように描くことを目指した。

絵を描くとき、マティスは到達点がどうなるかわかっていない。漠然とイメージはあっても、こうだとは言えない。到達点など知らずに、絵画が進展してゆくことでしかわからない観念に押されて進むのである。描くことは、一種の冒険だったと言えよう。その冒険の中に、絵画の〝おもしろさ〟があるとも感じていた。

私の活動は自分にもそれほど明確にわかっているわけではない。それはあまりに複雑で、きわめて自発的な活動だからである。この《きわめて意志的》であることがもっとも重要なものを洞察するときの重大な妨げとなっている——なぜならこの《きわめて意志的》であることが非

常に明白なかたちで現れ出ようとする本能を妨げるからである。＊1

マティス自身、自分が描いた作品に驚き、感動したはずである。自分を超えた大きな力が加わってよい作品ができる。前のレベルを超えようとすると、そこには未知の世界が必ず広がっていた。人間の想像を超えるから、わからないからよいのである。

このことは、マティスの空間認識とも一致している。肉眼の世界と意識の世界が一体となるように、わかるものとわからないものが一体となって成立する。そこに切れ目はない。あらゆるものは連続している。その結果、描き描かされて作品が完成する。

冒頭のエピソードにあるように、マティスは一貫して「子どもが正しい」と言い続けていた。作品に対峙したとき、子どもは素直にそのまま作品全体を受け入れる。理屈抜きで心動かされる。一方で多くの大人は分析したり、解釈したりする。例えば作品の題材、作家、歴史的背景などである。

マティスの根幹には、「あらゆるものは連続している」という空間認識があった。空間は肉眼に見えるものだけでなく、心眼あるいは想像力以上の広がりを持っている。しかし分析や解釈は、そこに人為的に切れ目や境を作ることで、自分に都合よく、自分の枠内で捉えることである。それは本来のありようをゆがめている。真理や本質とは到底呼べないものだ。

意識的にマティスは、未知の世界を含めたところに軸を置いた。子どものようになろうとしたのだ。そうして制作された作品は、実際に世界中の人々を感動させた。創造力の秘密はここにある。

八十四歳のとき、マティスは仕事中に心臓発作で亡くなった。「見えないものだけを持ち続けなさい」と学生たちにいつも助言していたマティスにとって、死は終わりではなかったろう。「開かれた扉」であったに違いない。あらゆるものは連続している、生と死も。死は冒険の途中にすぎない。

マティスの略歴

一八六九年　フランスのカトー＝カンブレッジに生まれる。
一八九〇年　病気療養中に絵画と出会う。
一八九三年　モローの教室に入る。
一八九五年　パリのエコール・デ・ボザール（国立美術学校）合格。
一八九六年　《読書の女》ほか四点を国民美術協会のサロンに出展。
一九〇四年　《豪奢、静寂、逸楽》を制作。シニャックに買い取られる。
一九〇五年　《帽子の女》をサロン・ドートンヌに出品。「フォーヴ」派と名付けられる。
一九〇六年　《生きる喜び》をサロン・デ・ザンデパンダンに出品。
一九一〇年　《ダンスII》、《音楽》をサロン・ドートンヌに出品。
一九三一年　バーンズ財団ための壁画《ダンス》制作。
一九四一年　腸疾患の手術。
一九四七年　切り絵集《ジャズ》を発表。ロザリオ礼拝堂の仕事を始める。
一九五〇年　ヴァンスのロザリオ礼拝堂完成。ヴェネツィア・ビエンナーレ絵画部門最優秀賞受賞。
一九五四年　八十四歳で死去。

世阿弥 「魂に沿うことで人は喜び感動する」

世阿弥《ぜあみ》は（一三六三〜一四四三）は、室町幕府の将軍、足利義満《あしかがよしみつ》や足利義教《あしかがよしのり》に仕え、今日の能を確立した能役者・能作家。

世阿弥は、「能は、人の心を愉快にし、感動を与え、幸せをもたらすもの」と捉え、そのために能の演者は稽古を積むべきとした。

著書『風姿花伝《ふうしかでん》』にある「秘すれば花」という言葉は、よく知られているが、間違って解釈されることも多い。世阿弥はいう。「人はことばですべてを伝えることはできない。こころからこころへ伝わるものこそが花である。そして、それはこころの芯から発するものである」と。

世阿弥はどのように考えて、能を追求していったのであろうか。

芸とは愛のこと

「接待」という言葉を聞いて、あなたはどんなイメージを持つだろうか。

広辞苑によれば、「接待」という言葉には「客をもてなす」という意味の他に、「仏家の布施《ふせ》の一種。路上に湯茶を用意し、往来の人にふるまうこと」という意味もある。これは四国の遍路《へんろ》巡礼の「お接待」から来ている。四国では遍路している人を助けるため、地元の人たちが食べ物や必要品を与えてねぎらう風習がある。背景には、遍路への施しは弘法大師《こうぼうだいし》（空海）への供養・報謝と同じだという感覚があるとも言われている。四国の他に大分の一部の地域でも似た習わしがある。弘法大師の縁日である旧暦三月二十一日になると、菓子などを用意して参拝者に限らず、地元の人にふるまう。子どもたちは袋を持ってお接待をもらい歩くそうだ。菓子をふるまう側は何か見返りを求めているわけではない。日頃お世話になっている人や地元の人たちが喜んでくれたらうれしいというだけだ。言い換えるなら、自分たちがお接待をしたいからしている。望んでしているのだから媚びているわけではない。一種の無償の愛である。

この「お接待」のように人を喜ばす、幸せにする心こそ芸の真髄だと言ったのが、世阿弥である。世阿弥は、今日の能を確立した能役者・能作家である。父は当代一の能役者と評された観阿弥《かんあみ》（本名：結崎三郎清次）。世阿弥は、現在残っている能の曲の半分以上を作り、能の内容と精神、教育方針などをまとめた。それらは今日に至るまで連綿と受け継がれている。

世阿弥が歴史の表舞台に登場するのは十一歳のときである。ときの将軍、足利義満《あしかがよしみつ》が、京都の今熊野で観た観阿弥、世阿弥父子の能をたいそう気に入った。とりわけ将軍は世阿弥に夢中になった。鎌倉、室町時代にかけて、権力者が若い少年を側に置く習慣があった。僧侶にもその習慣があり、少年に気に入られようとする逸話がたくさん残っている。将軍も世阿弥を側に置くことにした。

その寵愛ぶりは比類なきものであったようだ。『後愚昧記《ごぐまいき》』には、「先頃から将軍は大和申楽の児童を甚だしく寵愛され、常に傍らに侍らしているが、かくの如き遊芸の徒は、乞食の所業に等しいものであるのに、臆面もなく可愛がるばかりか、過分の財宝さえ給わっている。したがって、諸国の大名も、こぞってこの子どもの機嫌をとり結び、巨万の富を費やしているのは嘆かわしいことだ」と記されているほどだ。

能の道は「楽」である——少年の頃から世阿弥はそう考えていた。能役者の努めは、「人と人との間柄を『ニコッ』とさせる」ことである。つまり人を幸せにするのが仕事だった。

したがって舞台の上ばかりでなく、日常のことにも心を配るべきなのである。常に人々をどうしたら喜ばせられるかと考え行動することが芸の糧になる。人情・色恋の機微に通じている「色知り」でなくては、本当の芸はできない。「お接待」に見られる〝おもてなしの心〟がなければならないのである。

世阿弥は将軍の身になってどうしたら喜ぶか、なにがうれしいかを常に考えて行動していた。見習ったのは、足利義満の御思人だった高橋殿という女性だ。彼女は終始落ち度がなく、お酒も強いるときは強い、控えた方がいいときは控え、様々に心をつかった。

高橋殿と同じく自分も、寵愛を受けてこその立場であると自覚していた。だからといって将軍に媚びたわけではない。それは世阿弥の作品中に将軍をたたえたものがないことからもうかがえる。自分がお接待をしたいからしているだけだ。恩義は生涯忘れることはなかった。だが、将軍はあくまでパトロンにすぎなかった。

そもそもいかに人を喜ばせるか、幸せにするか、このことは人々に対する基本的態度である。世阿弥は将軍だけでなく、どんな人にも心を配った。能に限らず人間生活全般に通じることだ。そこに世阿弥から学ぶべきことがある。

こころからこころへ伝わるのが「花」

至徳元（一三八四）年、観阿弥が駿河の浅門神社での奉納能後に急逝した。二十一歳の世阿弥は、観世座《かんぜざ》（元結崎座《ゆうざきざ》）の二代目大夫となった。

人を幸せにする能を確立するため、世阿弥は競争相手であろうと、あらゆるものを取り入れた。当時、世阿弥の属する大和猿楽《やまとさるがく》とは別に近江猿楽《おうみさるがく》という一派があった。物まねを重視していた大和猿楽に対して、近江猿楽は内面的な美しさである幽玄《ゆうげん》を重視していた。この芸術的部分に目をつけた世阿弥は、それらをすべて自分の能に取り込んでしまう。内面と外面の美しさの調和を実現し、能を見せ物から芸術へと進化させた。その結果、この近江猿楽は大和猿楽におされ、その一部は吸収され、一部は滅ぶことになった。

三十代半ばになると、亡き父の教えやこれまで習得してきたことを、『風姿花伝《ふうしかでん》』と題した書物にまとめることにした。能をする者、後進者のために秘伝を記した『風姿花伝』は、能の聖典として今日まで読み継がれていく。

秘義《ひぎ》に云はく、「そもそも芸能とは、諸人の心を和《やわら》げて、上下《じょうげ》の感をなさんこと、寿福増長《じゅふくぞうちょう》の基《もとい》、遐齢《かれい》・延年《えんねん》の法なるべし。究め究めては、諸道悉《ことごと》く、寿福増長ならん」となり。（世阿弥＊1）

（現代語訳）

秘訣に「そもそも芸能とは、世人の心を愉快にし、あらゆる階層の人たちに感動を与えることが、同時に幸せを増すもとになり、長生きもできる法なのである。その奥義まで究めてゆくと、どんな道にせよ、みな幸せが得られるという結果になるものだ」と言われる。

能の追求は、人々を幸せにすることの追求である。この考えを基に、『風姿花伝』には能を究める者の心得、工夫が記された。

一方で世阿弥は、「すべてのことを言葉で言い尽くすことができない」と断言している。なぜなら師から弟子へと、脈々と心から心に伝わるものがあるからだ。それを「花」という言葉で象徴的にこう語っている。

心より心に伝ふる花なれば、風姿花伝と名付く。＊1

（現代語訳）

こころからこころに伝えてゆく花であるから、これを『風姿花伝』と名づける。

心において過去と現在が結びつき、過去から継承された伝統が現在に再生される。そのとき「花」が咲く。さらに芸を通じて観客の心にも伝わっていく。そうして「花」は肉眼で見えないが、心のつながりによって確かに伝わり人々は感動する。能を究める者には、この「花」を知り、「花」を究めることが望まれた。


時分の花、声の花、幽玄の花、かやうの条々は、人の目に見えたれども、その態《わざ》より出で来る花なれば、咲く花のごとくなれば、またやがて散る時分あり。されば久しからねば、天下に名望少なし。ただ真《まこと》の花は、咲く道理も、散る道理も心のままなるべし。されば久しかるべし。

この理を知らむこと、いかがすべき。もし、別紙の口伝にあるべきか。ただ、煩はしくは心得まじきなり。まづ、七歳よりこのかた、年来の稽古の条々、物まねの品々を、よくよく心中に当てて分ち覚えて、能を尽くし、工夫を究めてのち、この花の失せぬ所をば知るべし。この物数を究むる心、即ち、花の種なるべし。されば、花を知らんと思はば、まづ種を知るべし。花は心、種は態《わざ》なるべし　＊1

（現代語訳）

時分の花、声の花、幽玄の花などに関することは、人の眼にもよく見えるが、これらはそのわざから生じる花であるから―したがって咲く花のようなものであるから―またいつか散ってゆく時期がある。つまりいつまでも咲いている花ではないので、都で名人と認められることは稀である。ただ、真の花は、咲く道理も散る道理も心次第である。だから久しく花を保つことができる。

この究極の道理を知るにはどうすればよいか。ことによると、別紙の口伝で説くかも知れないが。ただし面倒なものだと考えてはならない。まず、七歳以後の諸稽古や多くの物まねを、よく心中で心得わけ、能の研鑽を尽くし、芸の考究・工夫を極めて後に、枝や葉が落ちて老木になっても散らない真の「花」を体得できる。この各種を究め尽くす心、これがすなわち花の種である。だからこそ、花を体得しようと思えば、まず種が何であるかをさとるべきである。「花は心、種は態《わざ》」である。

花は四季の時節に咲く。人々はそれに感動する。能もその時々に応じて「花」が咲き、やがて散っていく。ただ能では老年に至るまで「花」を究め続けていれば、それを人々が「珍しき」、「面白し」と見る。そのような真の「花」が咲くも散るも、生涯の心持ち次第だった。

応永十五（一四〇八）年、後小松天皇が足利義満の北山第に行幸され、数度猿楽をご覧になった。世阿弥は猿楽の頭としてこれを取り仕切った。しかし同年、足利義満が亡くなる。これを機に、足利将軍家内での権力闘争が絶え間なくなる。世阿弥を巡る環境も著しく変化していく。

足利義満の後、第四代将軍となったのは足利義持《あしかがよしもち》だった。足利義持は、猿楽よりも田楽を好んでいた。田楽の興行が多くなり、増阿弥《ぞうあみ》を引き立てた。

世阿弥は、増阿弥の芸を認め、尊敬していた。真の「花」が咲くためには日々の稽古と工夫あるのみ、ライバルとも言える彼から学ぼうとさえした。能に終わりはなかったのである。

見えるものと見えないものは一体化して存在する

応永二十九（一四二二）年に、二十五歳と芸の盛りにあった長男の元雅《もとまさ》に観世座大夫を譲り、出家した。以後は、執筆活動により力を入れる。五十代後半を迎えた世阿弥は『至花道《しかどう》』、『花鏡《かきょう》』という伝書をまとめた。

『至花道』では心から心へ伝わる「花」について、「体《たい》・用《ゆう》」という言葉で説明している。

能に体《たい》・用《ゆう》のこと知るべし。体は花、用は匂ひのごとし。または月と影のごとし。体をよくよく心得たらば、用もおのづからあるべし。そもそも、能を見ること、知る者は心にて見、知らざる者は目に見るなり。心にて見る所は体なり。目に見る所は用なり　＊2

（現代語訳）
能において、体と用の区別をさとるべきである。例えてみれば、体は花、用は匂いのようなものである。また、体は月で、用は影のようなものだとも言える。体をしっかりと心得たなら、用もしぜんと生じてくるはずである。そもそも真に能をわかっている者は心眼で、わからない者は肉眼だけで見る。心眼で見る対象は体であり、肉眼で見る対象は用である。

「体」は作用の本源であり、「用」はその作用を指す。心眼で見えるものを「体」、肉眼で見えるものが「用」ということだ。この「体」と「用」の区別は非常に大切なことだった。世阿弥は続けてこうも記している。

体・用と云ふ時は、二つあり。体なき時は用もあるべからず。さるほどに、用はなき物にて、似すべき宛てがひもなきを、ある物にして似する所は、体にならずや。これを知ると云つぱ、用は体にあり、別にはなきものと心得て、似すべき理のなきを知ること、すなわち能を知る者なり ＊2

（現代語訳）

体・用というときには、体と用との二つに分ける。しかし、もし体がないなら、用それだけで存在することはない、似せようとしたところで、似せるべき的がないのである。それを、あたかも用が存在しているように誤解して、それを似せることになっては、別種の体になってしまうではないか。この道理を知るとは、すなわち「用は体に伴って存在し、体を離れて用はない」という厳然たる道理を認識すること、これこそ、真に能を知る者である。

「用は体に伴って存在し、体を離れて用はない」とは、花がなければ匂いはないということだ。匂いだけが存在することはない。同様に、月がなければ影はない。影だけが存在することはない。花と匂い、月と影はそれぞれ表裏一体である、しかし本源は、花であり月である。作用の本源は肉眼では見えない。心眼でのみ見ることができる。

魂より出でくる「花」

世阿弥は、「能を知る」とは『花鏡』において以下の言葉で言い尽くせるとした。

出来場を忘れて能を見よ、能を忘れて為手《して》を見よ、為手《して》を忘れて心を見よ、心を忘れて能を知れ　＊2

（現代語訳）
演じぶりを忘れて能を見よ、能を忘れて演者を見よ、演者を忘れて心を見よ、心を忘れて能を知れ

「能を知るとは、能と一体となることである」、そう断言したのである。能を通して、為手（演者）の心が観客の心とつながる。そのとき、演者も観客もすべて能と同化した。

世阿弥は、このような能を「心《しん》より出で来る能」とも称した。注目すべきは、わざわざ原文に「しん」と振り仮名をつけたことだ。この心《しん》はこころという意味ではない。世阿弥のいう心《しん》は、こころの芯のことである。言い換えれば「魂」である。

魂である心《しん》を軸に、行動、対象、演者、観客が統合され一体となっていく。目に見えるものと見

えないものが一体となり、用と体が調和するところに、真の「花」が咲く。

真の「花」を咲かすためには、一生をかけてその時々に応じた稽古と工夫が大事だと考えた。稽古するのは数々の「物まね」である。

物まねの品々、筆に尽し難し。さりながら、この道の肝要なれば、その品々を、いかにもゝ嗜むべし。およそ何事をも、残さず、よく似せんが本意なり。しかれども、また、事によりて、濃き、淡きを知るべし ＊1

『風姿花伝』には「物学《ものまね》条々」という項を設けて、各物まねの説明と心得を記している。これらの物まねは、すべて現在の能の型として伝わっている。

よく似せようという心がけから、数々の物まねを生涯稽古する。そうして一生追求していくとある境地に至る。

物まねに、似せぬ位あるべし。物まねを極めて、そのものに真に成り入りぬれば、似せんと思ふ心なし。さるほどに、面白き所ばかりを嗜めば、などか花なかるべき ＊1

（現代語訳）

物まねに、似せぬ位という境地がある。物まねを究め尽くし、真実そのものになりきってしまえば、（演者と対象が一体となって）もはや似せようという意識もなくなってしまう。そうした境地で面白いことばかりをたしなめば、きっと美しい花が成就されよう。

魂を軸にすべてが同化している境地とも言える。その境地にたどり着くために絶対忘れてはならない心得がある。それは「初心」三箇条である。

一つ目は、「是非初心を忘るべからず」だ。

「若い頃の初心」を常に忘れず、身につけておけば、老後まで様々なよいことがもたらされる。初心を忘れたら、初心へ逆戻りする道理をよくよくわきまえなくてはならない。初心を忘れなければ、後心も必ず正しいものとなり、現在身についている芸が低下することもない。このことは、若い人にも言える。自分の今ある位置を常に「これが初心である」と自覚することは、将来芸が上達していくだけでなく、その初心を生涯覚えておくための目安となる。現在の未熟さを自覚し、生涯初心を忘れない。これが、芸を究める者にとって是非を分別する道理となるのだ。

二つ目は、「時々の初心忘るべからず」である。

これは、芸を始めた頃から老年に至るまで、その時々にかなう芸風を嗜むということだ。過去に演じたその時々の芸の風体を一回きりにすることなく、すべて身につけておく。生涯積み重ねることで、すべてのことに厚みが出てくる。時々の芸を一度に身につけておくことは、その「時々の初心」を忘れないようにすることに他ならない。

最後の三つ目が、「老後の初心忘るべからず」だ。

人間の命には終わりがあるが、能には果てがない。年齢に応じた芸を順々に会得して積み重ね、最後に老人に似合った芸を身につけることを「老後の初心」と呼ぶ。

このような三つの「初心」を生涯忘れずに生き抜けば、芸が後退することもなく、能の果てを見せないで上達し続ける。謙虚に怠りなく、ひたすら芸に励むことが大切なのである。

また「初心」を忘れなければ、「初心」は後世の子孫に伝わっていく。「初心」はその時々に姿を変えながら、過去・現在・未来に絶えずつながっていくのである。

世阿弥は、「まねをする」ということは、能だけでなく、我々が生活していく上でも大切だと考えていた。子どもは何を学ぶにせよ、最初はまねることから始める。そのため、まねをする対象となる他人がどうしても必要だ。同時に、まねるためには他人を受け入れて信頼することも必要である。そうやって誰もが成長していくのだから、我々の生活の多くは、物まねで成立しているとも言えよう。

しかも子どもは、そのような物まねを無心で行う。本能的にそのものを受け入れ同化しているのだ。しかし、知識を持った大人は自然とできなくなりがちだ。最たる例は、自分で限界を決めることだろう。子どもは、自らの限界を決めていない。他方で多くの大人は、知識を盾に「これでいい」、「自分はここまでだ」と限界を設定してしまう。そのような人は、「初心」を忘れてしまった人と同じだ。「初心」を絶対に忘れないようにすることは、「子どもが無意識にやっていることを意識的にやる」とも言い換えることができる。

歴史上の多く賢人がそうしてきたように、世阿弥も子どもを見習った。子どもは理屈をこねない。まっさらな無心の心を持っている。知識や目に見えるものにとらわれないで、子どものように魂と一体となる。魂の存在を認識し、「初心」を忘れることなく生涯向上すれば、真の「花」が咲き、「心《しん》より出で来る能」が実現できた。これを世阿弥はその著書で繰り返し説いたのである。

「無心の心」とは魂に従うこと

『般若心経《はんにゃしんぎょう》』や『論語《ろんご》』を引き合いに『遊楽習道風見《ゆうがくしゅどうふうけん》』の中でこうも語っている。

心経《しんぎょう》に云はく、「色即是空《しきそくぜくう》、空即是色《くうそくぜしき》」。諸道芸においても、色・空の二あり。苗《びょう》・秀《しゅう》・実《じつ》の三段終わり手、安き位に至りて万曲《ばんきょく》ことごとく意中の景に満風する所、色即是空にてやあるべき。しかれども、無風の成就《じょうじゅ》を定位《じょうい》とする曲意の見、いまだ空即是色の残る所、もし未《み》得為証《とくいしょう》にてあるべき。しからば、智外《ちげ》の是非《ぜひ》の用心、なほ以《も》て危《あやぶ》みあるべし。この用心の危みもなく、何となす風曲も闌《た》けかへりて、まさしく「異相《いそう》なる風《ふう》よ」見えながら、面白くて、是非《ぜひ》・善悪《ぜんなく》もなからん位や、もし、空即是色にてあるべき。是非とも面白くは、是非あるべからず。智外《ちげ》の用心もまたあるべからず。

（現代語訳）

般若心経に「色即是空、空即是色」という有名な句がある。芸能の諸道にも色・空がある。

苗・秀・実の三段階を完了し、安定した芸境に至り至って、演ずる曲すべて演者の意中を完全に具現されている境地を、色即是空と言えるだろう。しかしながら、この境地をこの上ないものだとする見解は早合点である。なぜなら空即是色の境地が残されているからだ。従って意識していない所の用心がまだ必要である。この用心の必要がなくなり、どんな演出をしても壮高な芸となり、まさしく「異相の風よ（破格の芸よ）」と見えながら、あまりの面白さに、善悪・是非も超越した境地となる。これこそ空即是色と言えよう。是も非も共に面白ければ、もはや是と非の対立はなくなる。意識・無意識を超越すれば、意識していない所の用心もなくなる。＊2

「色即是空、空即是色」つまり色と空、意識する所と意識していない所が一体となるのが、芸の極まった境地である。我々の意識下（顕在意識《けんざいいしき》）でコントロールされた芸は、「色即是空」と呼ぶ。しかしそれでは、能を究めたことにならない。顕在意識を超えた潜在《せんざい》・深層意識《しんそういしき》、換言すれば心《しん》・魂と一体となるのが、目指すべき境地である。これが「空即是色」である。

その境地に至るには、「何も考えない」ようにすればいいかというと、そうではない。また「考えないように、考えないように」と思って達するものでもない。なぜならそれらは、「考えない」ことを意識的にしているからだ。

求められるのは、顕在意識を超えたところに本質があると認識し、そこに〝ゆだねる〟といった心持ちだ。そのことを昔の人は、私を無にした後に真の私が現れるという「無私の私」と表現した。

別の表現では、心を無にした後に真の心が現れる「無心の心」というものもある。あるいは、「真我」とも「空」とも呼んだ。

つまり世阿弥が取り上げている「空」とは、〝何もない〟ということではない。顕在意識下にはないが、確かに実在するものを指す。魂と一体となることは、魂に沿うことでもある。子どもは無意識にこれを掴んでいるが、大人は自ら再認識することが必要だ。

「器」という一文では、『論語』を用いて説明している。

> 論語に云はく、「子貢問曰《しこうといていわく》、賜也如何《しやいかん》。子曰《しいわく》、汝器也《なんじはきなり》。（孔安国云はく、言汝器用之人也。）曰《いわく》、何器也《なんのきぞや》。曰《いわく》、瑚璉《これん》也。（苞氏《ほうし》云はく、瑚璉《これん》者《は》黍稷《しよしよく》之器也。宗廟《そうびようの》器《き》之《の》貴者也《たつときものなり》。）」
>
> そもそも器《き》のこと、当芸において、まづ二曲三体より万曲となる数達人《しゆたつじん》、これ器用《きよう》なるべし。諸体《しよたい》に渉《わた》りて、広態《こうたい》の見勢《けんせい》を一見多風に所持する力道《りきどう》、これなり。二曲三体の見聞《けんもん》、いづれも延感をなして、不増不滅の得益《とくえき》あらん所、これ器物《きもつ》なり。
>
> 有《う》・無《む》二道にとらば、有《う》は見《けん》、無《む》は器《き》なり。有《う》を現《あら》はすものは無なり。たとへば、水晶《すいしよう》は、清浄体《しようじようたい》にて、色文無縁《しきもんむえん》の空体《くうたい》なれども、火生水生《かしようすいしよう》をなせり。火水《かすい》の別性《べつしよう》の無色《むしき》の空体より生ずること、これ、いづれの縁生《えんしよう》ぞや。ある歌に「桜木《さくらぎ》は砕《くだ》きて見れば花もなし花こそ春の空に咲きけれ」と云へり。遊楽万曲《ゆうがくばんきよく》の花種《かしゆ》をなすは、一身感力《かんりき》の心根《しんこん》なり。ただ水晶の空体より火・水をなし、桜木の無色性より花実を生《お》ふるごとく、意中の景より曲色《きよくしき》の見風《けんぷう》をなさん堪能《かんのう》の達人、これ器物《きもつ》なるべし。
>
> およそ、風月延年《ふげつえんねん》の飾《かざ》り、花鳥遊景《かちようゆうけい》の曲、種々《しゆじゆ》なり。四季折々の時節により、花葉《かよう》・雪《せつ》

月《げつ》・山海《さんかい》・草木《そうもく》、有情《うじょう》・非情《ひじょう》に至るまで、万物《ばんぶつ》の出生《しゅつしょう》をなす器《き》は天下《てんが》なり。この万物を遊学《ゆうがく》の景体《けいたい》として、一心を天下の器《き》になして、広大無風の空道《くうどう》に安器《あんき》して、是得遊楽《ぜとくゆうがく》の妙花《みょうか》に至るべきことを思ふべし。

（現代語訳）

論語の中にこういう言葉がある。―子貢が孔子に向かって、「私を物に例えるなら何でしょうか」と聞いたところ、孔子は「汝は器なり」と答えた。重ねて子貢が、「器といっても、どんな器ですか」と問うと、「瑚璉（祭りの時に供物を盛る器）」といった。

さて、この器のことを、当芸にあてはめて考えると、二曲三体からすべての曲に通じる達人は、器用というべきであろう。どんな曲でも、広く深く身につけ、一身にそなえている芸の力がこれである。二曲三体で習得したものが、いずれも成長し、完全な芸術効果をあげ得るに至った人物が、器物である。

これを有と無にわけて考えると、有は見（目に見えるもの）、無は器（目に見えないがあるもの）と言える。有を現すものは、いつも無の器である。例えば、水晶は清浄無垢な透明体であるが、空体から火水を生じるようなものである。火水という、まったく別の性質のものを、同じ無色透明の空体から生ずるというのは、一体どういう因縁であろうか。またある歌に、「桜木はくだきてみれば花もなし　花こそ春の空に咲きけれ」というのがある。芸の花を咲かせる種となるのは、演者が感得した心根である。水晶の空体から、火水を発し、何もない桜木から花実を生ずるように、心中に画いた形から様々曲を生み出す至芸の持主は、正に器物である。

風流な遊芸に、かざりとして用いられる花鳥風月の類は、沢山である。四季折々の時節により、花葉、雪月、山海、草木、生物、無生物に至るまで、万物を生み出す器は、天地である。この万物を、遊芸の外観とし、自分の心を（天地と一体となって）、それらを生み出す器となして、広大無辺の世界を住家とし、遊楽の美しい花を得ることを念願すべきである。＊２（一部筆者校訂）

『徒然草《つれづれぐさ》』の作者である兼好法師の「鏡には色形なき故に、万づの影来たりて映る。鏡に色形あらましかば映らざらまし。虚空よく物を容る」という有名な言葉がある。これも世阿弥と同じことを言っている。肉眼には、能とは限られた空間で演者が舞う芸術とうつる。しかしそこには目に見えないが、天地と一体となった演者によって、無限の広がりが現れる。そのとき美しい「花」が咲く。

世阿弥によって確立された能の作品構成に、夢幻能というのがある。

神霊、亡霊、精霊など現実世界を超えた人物が現れ、過去を回想して身の上を語って舞う。大半の作品は、以下のような前場と後場の二場面に分かれる複式夢幻能となっている。伝説や歴史のある土地を訪れた旅人（ワキ）の前に、里人（前シテ）が現れる。ゆかりの物語をあたかも見てきたように語る里人を不審に思い、旅人が尋ねると自分こそ今語った物語の主人公の化身だと言って姿を消してしまう前場。後場はその土地の者（アイ）から聞いて事の次第を飲み込んだ旅人が、その者を弔っていると先ほどの人物が在りし日の姿で現れ、思い出話をしたり舞を舞う。その後どこともなく姿を消す。気がつけば、すべては夢の中の出来事であったというものだ。

過去と現在、生の世界と死の世界が舞台上で混在している。観ている方は、彼らが生きている者なのか死んだ者なのか、その区別が曖昧になってしまう。あらゆるものは溶け込み、一体となっている。もちろん観客自身もその中にいる。

目に見えるものと見えないもの、わかるものとわからないもの、生きている者と死んでいる者、それらに区別はあっても、断絶はない。つながっているのだ。

ついつい大人は知識によって線引きしてしまう。だが、子どもにはそうした枠がない。大人は、意識的に枠を壊さなければならない。

世阿弥は、能は以下の言葉に集約されるという。

舞に舞、舞に舞はれ ＊3

世阿弥にとって能を究めることは、人々の幸せを究めることだった。彼の探求は、「魂に沿うことが幸せである」という考えに辿り着いた。

そのために「初心」を忘れず、いつも魂と一体となった子どもを手本にすべきと説いたのである。それは決して特別なことではない。誰もが当たり前のようにしていたことである。人間本来の特性に還れということだ。

世阿弥は、生涯にわたって人の幸せを追求した。その彼が自ら悟り、今日まで心から心に伝わってきたことは、我々が幸せな人生を送る上でほんとうに大切なことである。

現実を受け入れることが幸せの原点

人の幸せを追求する、それは自分自身の幸せを追求することでもある。自分が幸せだからこそ、その幸せが心から心へと伝わる。日常においても世阿弥は魂に沿おうと心掛けていた。その結果はどうだっただろうか。

晩年の世阿弥を取り巻く環境は決して恵まれているように見えない。

正長元（一四二八）年、足利義持が亡くなり、弟の足利義教《あしかがよしのり》が将軍の座に就いた。足利義教は、一度出家していたのを還俗して将軍になった人だったので、自身の権力の確立が必要であった。そこで目をつけたのが、猿楽だった。規模の大きな演能を催して自身の権威を示すと同時に、諸大名や公家の自分に対する反応をうかがった。

この演能を行うために足利義教がひいきにしたのが、将軍になる前からパトロンになっていた音阿弥《おとあみ》だった。音阿弥は世阿弥の甥にあたる。音阿弥を使った権力確立の流れで、反抗的でなかったものの、世阿弥父子は排除されていく。

翌年には仏洞御所での演能を禁止された。醍醐寺《だいごじ》清滝宮の楽頭職も、元雅から音阿弥に代えられた。

このように失脚していく中で、元雅が巡業先の伊勢で急逝した。能を担う息子の死は、世阿弥にとって大きな打撃になった。加えて次男の元能《もとよし》は、芸がよくなかったのか時世に嫌気がさしたのか理由はわからないが、この混乱の中で出家してしまう。そのため観阿弥、世阿弥の血筋は途絶えることになった。（現在の観世流の先祖は、正確には音阿弥である）

足利義教による冷遇は、その後も終わらなかった。

ついには、七十歳を過ぎた世阿弥を佐渡に流すことを決定した。その理由は不明だった。

一連の出来事は不運とも言えるものだ。しかし、世阿弥はこのような逆境にめげない。積極的に現実を受け入れた。どんな状況下でも明るく幸せに生きたのだ。うるさい世間から離れ、むしろ静かな生活を楽しんでいた。佐渡時代は、舞台に立つ機会は与えられなかったが、創作欲は衰えず、『金島書《きんとうしょ》』と名づける一連の小謡を作った。

他人がどう言おうと世阿弥自身は幸せを感じていたのである。どうしてそう思えたのか。

魂を軸にして見ればこう言えるのではないか。逆境は、目に見える世界のことである。目に見えない世界は何も動じていない。何が起ころうと魂は傷ついてさえもいない。しかもやりたいことをやれる、果たしてこれは不幸なことだろうか。自分が幸せであることは揺るぎなかったとも言えよう。

佐渡で十年近く過ごした後、世阿弥は京都に戻った。娘婿だった能役者の金春禅竹《こんぱるぜんちく》の元で数年過した後、八十一歳で亡くなった。

能をはじめ芸術は難しいと言われる。しかし、我々はどんな芸術であってもただ感動することがある。しかもその理由をうまく説明することができない。

芸術によって人を感動させることは理屈ではない。技術や表現力だけでもできない。また想いや心だけでもできない。これらに加えて、本質的な何かがあって、はじめてすべてが響き合い、人は感動する。

その何かとはこころの芯、すなわち魂である——そう世阿弥は確信していたのではないだろうか。

世阿弥の略歴

一三六三年　京都で観阿弥の子として生まれる。
一三七四年　将軍足利義満の前で観阿弥・世阿弥が能を演ずる。以後将軍の寵愛を受ける。
一三八四年　観阿弥の死去により観世座大夫を継ぐ
一四〇〇年　『風姿花伝』執筆。
一四〇八年　将軍足利義満死去。
一四二〇年　『至花道』執筆。
一四二二年　出家。観世座大夫を息子の元雅に譲る。
一四二四年　『花鏡』執筆。
一四二九年　将軍足利義教が世阿弥父子の仏洞御所における演能を禁止。
一四三二年　息子の元雅死去。観阿弥・世阿弥の血筋が途絶える。
一四三四年　佐渡に流される。
一四三六年　『金島書』執筆。
一四四三年　八十一歳で死去。

シュレンマー「有限な身体と無限の意識は表裏一体」

オスカー・シュレンマー（一八八八～一九四三）は、ドイツ人の舞台芸術家。画家・デザイナーとしても活躍した。モダン・デザインの代名詞として知られる芸術学校バウハウスを中心に活動した。

シュレンマーが追求したのは、「人間とはなにか」ということであった。芸術によって空間と人間の関係性を明らかにすることで、「有限な身体と無限の意識は表裏一体」という真理に達した。

見えない、説明できないものの把握

バウハウスは、一九一九年に建築家のワルター・グロピウスによって設立されたドイツの芸術学校である。芸術・生活・産業の統合を目指していた。一九三三年にナチスによって閉鎖に追い込まれるまで、たった十四年間しか存在しなかった。しかしバウハウスの考えや制作物は、ドイツのみならずヨーロッパ、アメリカへと世界中に広まった。絵画・工芸・インテリア・建築など多岐にわたる分野に今なお大きな影響を与えている。

バウハウスの教師には、二十世紀の芸術、デザイン、建築史に名を連ねる多くの先鋭的なアーティストが招聘された。一部を挙げれば、カンディンスキー、クレー、アルバース、ブロイヤー、ミース・ファン・デル・ローエなどである。彼らはマイスター（親方）として生徒を教育した。そのマイスターの一人として活躍したのが、シュレンマーである。

シュレンマーの作品はなかなか触れる機会がなく、日本ではなじみが薄い。バウハウス関連の展覧会などで教師の一人として紹介される程度である。しかし、ドイツやアメリカなどでは一九六〇年代後半から再評価されている。とりわけその人間像に関心が集まっている。

というのもシュレンマーが、バウハウスが示した人間像の形成に大きな影響を与えたからである。現代においてもバウハウスが評価される一端をシュレンマーが担っているのだ。まだまだ研究は進んでいないが、シュレンマーの人間像には確かに時代を超える本質が含まれている。

シュレンマーは、ドイツ・シュトゥットガルトで生まれた。父は菓子職人だった。趣味が演劇の父は素人俳優もやっていた。その父と母が幼い頃に亡くなった。シュレンマーは長姉に引き取られた。幸いにも実業学校に通うことができた。その頃から図画の才能は高く評価されていた。

十五歳になると、シュトゥットガルトにあった象牙細工工房で徒弟奉公をはじめた。その工房の親方もシュレンマーの才能を認めてくれた。親方のはからいでシュトゥットガルト工芸学校に入学する。次第にシュレンマーは絵画を本格的に学びたくなり、翌年には奨学金を得てシュトゥットガルト美術学校に入学した。美術学校では生涯の友人となるオットー・マイヤー＝アムデンとヴィリー・バウマイスターと知り合う機会に恵まれた。

絵画への探究心は高まり続けた。一九一一年からは一年間、当時の前衛芸術の中心地となっていたベルリンに滞在した。色彩と空間観察を研究しようと、シュトルム画廊を中心に様々な画家と交流したり、展覧会や音楽会などを見て回ったりした。とりわけセザンヌやピカソ、キュビスムの作品に感銘を受けた。キュビスムとは複数の視点から眺め、同時的にそれらを合成し現実を把握しようとした思想だ。絵画でしか表現できない空間の創造でもあった。

ベルリンから戻ると早速、バウマイスターと共にアドルフ・ヘッツェルの教室に入り、キュビスムを研究した。一九一四年にケルンで開催されたドイツ工作連盟展で、バウマイスターらと壁画を制作した。

学校外での活動も精力的に行った。二十五歳のときには、ネットカール新美術サロンを開設している。前衛芸術家の展覧会を開くなど、プロデューサー的役割もこなした。制作者でありプロデューサーでもある、この経験が後に活動の中心となる舞台芸術へと結びついていく。

シュレンマーが舞台芸術の創作にも取り組むようになったのは、シュトゥットガルトでダンサーのブルガー夫妻と出会ってからだった。ブルガー夫妻は、リトミック（律動法）の思想からダンスの革新を試みていた。リトミックとは、身体運動と音楽を結びつけてリズム感覚を養う教育法である。今日でも舞踊や体操に取り入れられ、幼児教育としても行われている。このリトミックを創始したのがダルクローズである。ブルガー夫妻は彼のリズム学校でリトミックを学んだ。

「このより小さな、しかしより自由な舞台芸術の領域から決定的な革新が発することであろう」、シュレンマーは夫妻と接するうちにそう信じるようになっていった。あらゆるものが統合されていく舞台芸術にのめり込んでいった。革新を起こすため、芝居やオペラではなく、バレエやパントマイムを取り入れるなど実験を重ねた。

しかし第一次大戦によって活動は一時中断を余儀なくされる。

シュレンマーも測量兵として、約四年間従軍した。地図の製作は意外と楽しいものだった。しかし戦地での作業である。たびたび負傷し、野戦病院に収容された。療養中は、集中的にデッサンや油絵制作に打ち込むことができた。《人間《ホモ》》、《絵画K》、《ピンクの構成》などの作品を描いた。

一九一六年には、所属していた連隊の慈善公演で、自ら制作したバレエ作品の一部が上演されることになった。アルコ・エンリコ・ボッシのピアノ曲が流れる中、ブルガー夫妻が踊った。これを見た宮廷劇場監督はシュレンマーに新しいバレエの創作を依頼した。前衛的なデビュー作は上々の評価だった。

この上演後、シュレンマーは舞台芸術の目的を明確にしていく。

有機的なるものと数学の安定した秩序を結びつけることによって現象世界の非合理的なるものを掌握し、可視的なるものの背後の理念を透視し得るようにすること。（シュレンマー＊2）

この理念に基づいて、自身の構想を《トリアディック・バレエ》と題して制作していく。代表作となる《トリアディック・バレエ》は、三人の演者が、金属や針金などを使った幾何学的な十八のコスチュームで、十二のダンスを踊る構成となっている。バレエは三部に分かれており、それぞれに象徴する色彩が設定された。

ダンスの平面の幾何学と運動する身体の立体幾何学、直線、対角線、円、楕円のようなエレメンタールな基本形態とそれらの相互の結合を追求することによって必然的に生じるにちがいないあの空間の次元的性格を生み出す。＊3

統合は新たな価値を生む

戦争が終わって美術学校に戻ると、恩師のヘルツェルはすでに退職していた。学生会委員長となったシュレンマーは、ヘルツェルの後任としてパウル・クレーの招聘に動いた。クレーと言えば、幻想的でユーモラスな抽象画家として知られる。彼の代名詞はその色彩表現だが、当時は素描の方を高く評価されていた。シュレンマーもそのすばらしい線描をクレーから教わりたかった。だが、学校当局の反対でクレーの招聘は見送られた。

そこでシュレンマーは一度環境をリセットし、自分の進路について考えることにした。学校を去り、シュトゥットガルト近郊のカンシュタットに引っ越した。引き続き《トリアディック・バレエ》の制作を進める傍ら、彫刻にも取り組んだ。

舞台芸術以外の仕事も舞い込んだ。ワイマールの書店ユートピアからは絵画作品の複製を依頼された。またドレスデンのアーノルド画廊とベルリンのシュトルム画廊で、バウマイスターとの共同展覧会を開催することになった。

次第に「舞台芸術の仕事を続けながら田舎暮らしをしよう」と思うようになっていた。この考えを伝えた上で、一九二〇年にヘレナ・テュータイン（トゥート）とも結婚した。

転機は、展覧会で巡回した際に当時ワイマールにあった芸術学校のバウハウスを見学したことだった。

バウハウスは、前年にグロピウスによって設立されたばかりであった。芸術・生活・産業の統合を目指し、多くの先鋭的なアーティストを次々と迎えていた。見学の折グロピウスは、「自由に使えるアトリエを用意するからマイスターになってくれないか」とシュレンマーを誘った。その熱意は相当なもので、ワイマールを離れた後も強く請われた。
最初は断ろうと思っていたが、クレーがバウハウスの招聘を承諾したことで決心が変わった。尊敬するクレーと同僚になれるならやってみようと思ったのである。

一九二一年、シュレンマーはバウハウスのマイスターに就任した。石彫工房と壁画工房を担当し、裸体デッサンの授業を受けもった。翌年からはカンディンスキーの招聘に伴い、壁画工房から木彫工房担当に変わった。
工房では幾何学的人間像を制作していた。それらは、様々な形を組み合わせた抽象的なものだった。観た者が思わずくすっと笑ってしまうユーモアがある。

バウハウスにも舞台工房があった。バウハウスにおいて舞台芸術は建築と同じく、「個々の部分が再統合されて新しく統一体をもつもの」として考えられていた。校長のグロピウスも舞台芸術を大変重視していた。シュレンマー招聘時、すでに表現主義の舞台芸術家ローター・シュライヤーが担当していた。シュライヤーは、舞台芸術における新しい人間像の創造を目指していた。あらゆる要素を分解し、同列に扱って再統合を試みていた。

一九二三年、これまでの成果を内外に発表するバウハウス展が開催された。
シュレンマーは学生たちと協働して、幾何学的な人間像と壁画の制作を行った。この壁画は、建築・絵画・彫刻を統合した空間形成として高く評価された。

このバウハウス展でもう一つ大きな出来事があった。それは、シュライヤーの辞職である。舞台工房はバウハウス展で、《月の芝居》を上演する予定だった。しかし《月の芝居》の演出は試演の段階において不評だった。バウハウス内部で理解を得られなかったのである。シュライヤーはこの反応を受けて、バウハウス展開催前に辞職する。

舞台工房を引き継いだのはシュレンマーである。バウハウス着任後も、シュレンマーは独自に舞台芸術に取り組んでいた。一九二二年には《トリアディック・バレエ》をシュトゥットガルトで初めて上演し、成功を収めていた。バウハウス展では、イェーナで《トリアディック・バレエ》と《メカニック・バレエ》を上演した。

以後六年間、シュレンマーは舞台工房の担当として、舞台芸術の研究と創作を行うことになる。同時にバウハウスの身体教育も彼に引き継がれた。

> 舞台！ 音楽！ 僕の情熱！ しかも領域の広さ。ぼくの素質に対応した理論的可能性。なぜならそれがぼくには自然だからだ。想像力に自由な道。ここでぼくは新しくなり、抽象的になれるし、すべてになることができる。＊3

シュレンマーにとって、舞台芸術はあらゆるものを統合する芸術だった。舞台工房では、空間、形態、運動などについて様々な実験を行い、その都度作品として上演した。実験舞台は総計十二種類に及んだ。

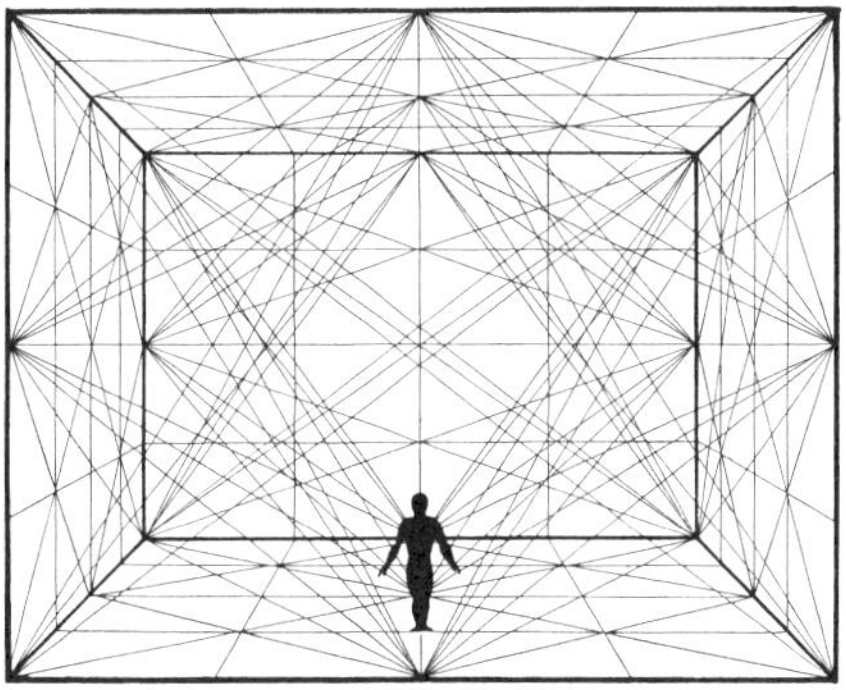

オスカー・シュレンマー
『バウハウスの舞台』より

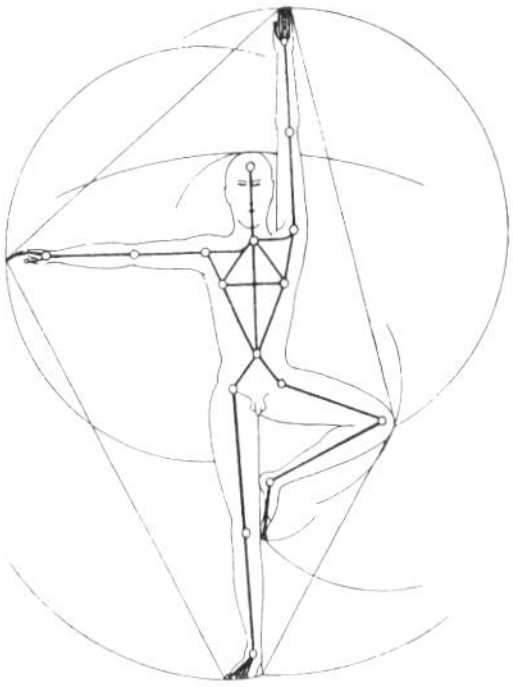

オスカー・シュレンマー
『バウハウスの舞台』より

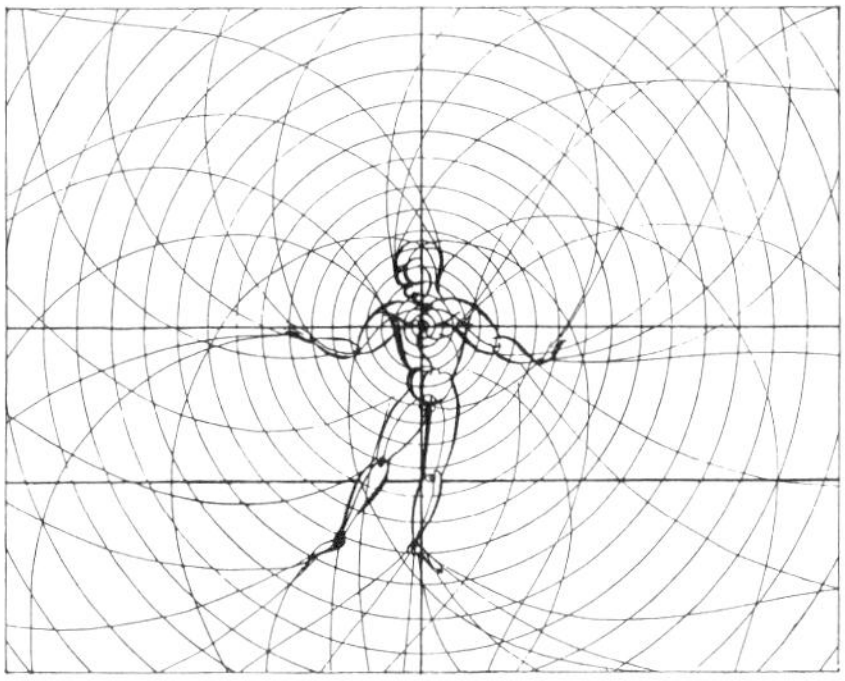

オスカー・シュレンマー
『バウハウスの舞台』より

空間・意識・身体を法則化する

バウハウス展から二年後、バウハウスはその目標、立場、および現代芸術や建築の問題点を検証する「バウハウス叢書」シリーズを刊行することになった。シュレンマーは、その中の一冊『バウハウスの舞台』を同僚のモホリ・ナギと担当した。

『バウハウスの舞台』では、自身の舞台芸術論を展開している。とりわけ、人間の身体と空間の法則について論じている。

シュレンマーによれば、空間において我々は二つの法則によって支配される。

一つ目は、「立体空間の法則」である。

立体空間の法則は平面幾何学的および立体幾何学的な関係の目に見えない線の網である。この数学は、人間の身体に内在する数学と対応し、その本質からして機械的にかつ悟性によって規定されている運動を通して平衡をつくりだす。これは身体運動、リトミック、体操の幾何学である。これは正確な釣合の軽業において、またスタジアムにおける集団体操の陳列において空間を意識していなくても表現される身体的作用（これに顔の型にはまった表情が加わる）である。＊1

人間は重力によって地に立っている。重力なしに生きることは不可能である。この重力を受けているのが、我々の身体だ。

そこで空間においては、人間を身体という一要素として扱う。宇宙的な座標系に位置づけられることにもなるので、数学的かつ幾何学的に規定される。このことは同時に、身体を一切の事物の尺度にすることができることを意味する。人間は、あらゆるものを身体との関係から把握することが可能なのである。例えば黄金比率やプロポーションなどがそうだ。

幾何学、黄金分割、プロポーションの理論も、それが体験され、感じられ、知覚されたものでなければ死んだものであり、不毛である。

我々はプロポーションの不思議と、数比と一致の素晴らしさにおどろかされ、このような結果から法則を作らなければならない。＊2

身体に体験されてはじめて物事は実在する。眼に見えない厳格な法則も、身体によって体験することで、見えなくとも確かに〝ある〟となる。そもそも理論や法則は、体験の積み重ねの結果として導き出されるものだ。我々にはどうしても身体が必要なのである。

二つ目の空間法則が、「有機的人間の法則」である。

有機的人間の法則は、心拍、血流、呼吸、脳と神経の活動といった内的なものの見えない諸機能のうちにある。それらが決定的であるとすると、中心は人間であり、その運動と作用が想像的空間を創り出すのである。それゆえ立体的抽象的空間はこの流体のための水平的垂直的な骨組みにすぎない。これらの運動は有機的かつ感情規定的である。これは偉大な俳優と長大な悲劇の群集場面において表現される心的作用（これらに顔の顔まね表情が加わる）である。＊1

身体を使った運動と作用は、周囲の環境や運動に働きかけて相互関係を再構築する。その結果、空間は変容する。舞台芸術において人間は、造形されるべき対象であると同時に、造形する主体でもある。

では、空間の変容をいったい誰が認識しているのか。

答えは人間自身である。人間には身体と共に意識が備わっている。舞台空間を思い浮かべてほしい。舞台空間は演者一人が把握するものでなく、観客も一緒に把握して初めて成立する。演者の意識と観客の意識がつながり、一体化することで空間が創り出される。

この実現はまた観客である人間の内的改変によって始まるのであり、人間はあらゆる芸術的行為の最初にして最後の前提であるが、この前提自体、芸術的行為の実現に際して受け入れる精神的用意が見出されぬ間は、ユートピアに留まるほかない。＊1

「人間の内的改変」という言葉は、世阿弥の「心より心に伝ふる」と同じである。意識のつながりによって舞台芸術の空間を作り出すという認識は、シュレンマーと世阿弥の共通点である。世阿弥は、演者も観客もすべて能と同化する。そこに真の「花」が咲くと考えた。「能を知るとは、能と一体となること」という世阿弥の言葉は、能を舞台芸術に置き換えれば、そのままシュレンマーに当てはまる。行く道は違っても、二人は同じところに到達したのである。

また意識は身体運動とつながっている。身体は意識によってその方向へ反応し運動する。だからといって身体よりも意識が優位というわけではない。身体があって人間は存在する。意識することも身体があってはじめてできる。様々な運動や空間の変容が可能なのは、身体と意識の両方があるからだ。

このことをシュレンマーは、「立体空間の法則と有機的人間の法則の両方に従う」という表現で説明したのである。

これら法則のすべてに不可視的に織り込まれているのが舞踊人である。彼は身体の法則にも空間の法則にも従う。自己自身の感情にも空間の感情にも従う。

彼は連続する表現のすべてを自分自身から生むのであるから—自由な抽象運動のうちに自己表現しようと意味暗示のパントマイムのうちでそうしようと、簡単な舞台面の上であろうと彼のために建てられた環境のなかであろうと、語ることになろうと歌うことになろうと、裸であろうと覆っていようと—彼は重要な演劇的世界に上り行くのである……。＊1

すなわち意識と身体は表裏一体の関係にある。これこそシュレンマーが気づいた摂理だ。

人間は大いなる存在の内にある

シュレンマーは、絵画、彫刻、舞台芸術とその活動を広げている。しかし、追求する本質はなにも変わっていない。

私は肖像画ではなく、人間の類型を創造したい。室内ではなく、空間の本質を創造したい。
＊4

空間を造形すると共に、空間に造形される人間とは何か——これが常に主要なテーマだった。一九二八年からは、講義「人間」を開講した。人間の形態的部分、生物学的部分、哲学的部分を総合的に扱い、人間の全体性を把握しようと試みた。レオナルド・ダ・ヴィンチやデューラーまでさかのぼり、心身の両面にわたって人間を研究した。

人間を研究する上で、シュレンマーは機械化という問題にも取り組んだ。人間において機械化可能な部分は、時代が進むにつれてすべて機械化されてきた。その結果、マリオネットやロボットなどが誕生した。一方で機械化可能な部分を把握することは、機械化不可能な部分を把握することにもなる。

人間の機械化不可能な部分、それは無限の意識の世界を持っていることだった。意識の世界では、人間は重力や空間を超えることができる。では、どうしてそれが可能なのか。

シュレンマーはこの神秘の源を、人間を超えた大いなる存在「自然」だとした。人間は身体だけでなく、意識においても自然の内に生きている。人間は、意識の世界を完全にコントロールできない。根源とも言うべき大いなる「自然」の管理下に置かれている。だから無限であると考えた。人間を超えた何か大いなる存在が必要不可欠なのである。自分より大きなものが常になくてはならない。

シュレンマーの座右の銘にこういうものがある。

我々の魂の想像力や神秘から生まれでる芸術作品にとっては、厳格な法則性が最も重要なのだ。＊5

これは、ドイツ・ロマン主義の画家オットー・ルンゲの言葉を引用したものである。「厳格な法則性」とは、常に大いなる自然の管理下にあることが前提だという意味だ。「厳格な法則性」は、無限の意識の世界にあって目に見えない。我々は、無限の意識の世界をコントロールできない。また法則をつくることもできない。しかし体験して存在を確認することはできる。

シュレンマーにとって芸術作品は、無限の意識の世界で見つけられたものを、身体で体験できるように表現したものである。

〈絵画に名誉と賞賛あれ〉きょうは祝祭の日だった。ぼくはなんといっても本質は画家なのだ——無限なるものと一体化した調和と満足の幸福の状況。ぼくはここで要するに水を得た魚なの

だ。＊2

有限な身体と無限の意識、この両方が表裏一体となって存在しているのが人間だった。そしてそれは、人間よりも大きな存在が常にあることで可能となった。

このことは、空間の法則とも確かに一致するものだった。立体空間の法則は、人間が大いなる存在によって位置づけられることを明らかにしている。他方で有機的人間の法則は、有限な身体と無限の意識が表裏一体となって存在することを示しているからだ。

我々は、大いなる存在について、どこにいるか、どんなものかを、説明することができない。ただ確かに存在するということだけは示される。我々は、いつも大いなる存在の内にあるということを。

身体と意識は表裏一体

シュレンマーは、生涯「人間とは何か」という問題を追求し続けた。このテーマは、何も芸術に限った問題ではない。多くの古今東西の賢人たちが取り組んできたものである。だからこそ現代の我々が、シュレンマーから実生活に役立つ真理を学ぶことが可能だ。

今日の神々の去った世界において記念碑的な絵画や彫刻のような偉大なるテーマの芸術は見捨てられているといえる。かつそれを担っていた基礎は揺るがされ消失した。すなわち民族意識や倫理や宗教は。新しいものは産みの苦しみのなかにある—異論を呼び、価値を認められずに。にもかかわらず大きなテーマは残っている。きわめて古く、永遠に新しく。すべての時代の絵画の対象であり造形者、すなわち人間、人間像が。人間については、それはいっさいの事物の尺度であるといえる。（中略）像の根源的なものは典型である。その創造、究極にして最高の課題。＊2

人間像の探求を振り返って、こんなことを言っている。

　独創的なものはたいてい基本的なものと一致し、そしてこれは単純なものと一致する。ひとは繰り返しＡＢＣから始めることができ、繰り返し芸術の諸要素を熟考することができる。なぜなら単純のなかにこそすべての本質的な革新が根ざす力が存在しているからである。内部から有機的に多様なもの、独自なものが発展する根源的なもの、典型的なものとして理解された単純、白紙として、すべての様式と時代の折衷的な付加物の一掃として理解された単純は、未来と呼ばれる道を保証するに違いない。＊3

シュレンマーが空間と人間の関係から辿り着いた真理は、単純かつ基本的なものだ。「身体と意識は表裏《ひょうり》一体《いったい》」ということだった。

立体と有機、身体と意識、有限と無限、見えるものと見えないもの、それぞれは表裏一体の関係にある。両者にまたがって存在するのが、人間だった。そしてその関係の前提となるのが、人間を超える大いなる存在であり、シュレンマーの言う根源としての「自然」だった。

このシュレンマーと同じ考えを古代インドに発見することができる。古代インドの神秘思想ウパニシャッドによれば、個体の本質である自我（アートマン）と全自我の究極なる最高実在（ブラフマン）が合一するのが、「梵我一如《ぼんがいちによ》」である。これこそが、本当の自己であるとした。

我々は要素・対象かつ主体である。あらゆるものと結合し全体を構築する。その全体の根源がシュレンマーの言う「自然」であり、ウパニシャッドの「ブラフマン」なのである。

大いなる存在の内にいるということは、混沌《こんとん》としているような世界に、実は厳然《げんぜん》たる摂理《せつり》が存在するのである。この世にあるものは偶然存在するのではない。摂理に従って存在する。また根源と一体化したときには、万物共通の全体性が生まれてくることにもなる。ウパニシャッドでは「梵我一如」を体現する者にとって、すべてのものは一体となっている。そのため自他の区別がつかないと言う。

このような体験を我々がしようとするならば、それは瞑想《めいそう》することである。坐って目をつぶり、思い浮かんでくることを否定するのではなく、ただそれらを評価せずに流しながら深く呼吸する。このとき何とも言い難い、心も体も穏やかで気持ちよい境地になるだろう。

では、この境地とは、果たして身体が感じているからそうなるのか、それとも意識が感じているからそうなるのだろうか。

そのどちらとも言えない、意識と身体が一体となっている境地がここにある。意識と身体が表裏一体であるということは、片方だけでは成立しえないことを意味する。意識は身体によって動く、身体は意識によって動く。両方あって初めて人間として成立するのだ。

人間は、根源としての「自然」によって統合されて生きている──これこそシュレンマーが掴んだものだ。そのような認識に至れば、大いなる存在の下、身体と意識は表裏一体であると同時に、人間を含めてあらゆるものは一体となるだろう。

時代を超える本質的な認識に至るとき、世界はどのように捉えられるか。そのヒントが生前最後に記した日記にある。そこにはリルケを引用してこう書かれている。

オスカー・シュレンマー
《バウハウスの階段》 1932年

芸術とは世界から選びだしたものだ、と考えるのではなく、むしろ世界自体があますところなく輝かしいものへと変化することである、と考えるように……　＊6

我々も世界自体もいつでもあますところなく輝いている

バウハウスでシュレンマーは多くの舞台芸術を創作し、各地で公演を行った。《トリアディック・バレエ》も一九二六年のドーナウエッシンゲンの音楽祭を皮切りに、デッサウのバウハウス劇場、エッセンでは一部を上演し、ベルリン、ブレスラウ、フランクフルト、バーゼルを巡回した。これに伴ってバウハウスの舞台工房と現代舞踊の評判はどんどん高まっていった。

ところが、一九二八年、バウハウス創立者グロピウスが校長を辞任する。バウハウスに一定のめどがたったので、自身の建築家の仕事に専念したいという理由からだった。

グロピウスの後任の校長には、建築家のハンス・マイヤーが就任した。マイヤーは、建築を中心とした工科大学へと改革しようとした。工房は再編され、舞台工房の位置づけは曖昧になった。グロピウスというよき理解者を失い、舞台芸術の先行きが怪しくなったため、シュレンマーもバウハウスを去ることにした。バウハウスの舞台芸術はここに終わりを迎える。

シュレンマーの行き先は、現ポーランドのブレスラウ美術工芸アカデミーだった。ブレスラウでも舞台芸術科を担当し、「空間と人間」の授業を行った。またブレスラウ市立劇場と共同で演劇活

オスカー・シュレンマー
「トリアディック・バレエ」ベルリン・メトロポール劇場でのレヴュー　1926年

オスカー・シュレンマー
「トリアディック・バレエ」
ワイヤー・コスチューム　1922年

動を行った。一九二九年にはストラヴィンスキーの《サトナギドリ》や《ライムケ狐》を演出した。

この頃は次第に絵画でも「人間とは何か」という問題に取り組むようになっていった。エッセンのフォルクヴァング美術館の壁画九点と、彼も特に愛した代表作《バウハウスの階段》など、多くの絵画をこの時期に制作している。


しかし時代は第二次大戦前夜。不穏な空気が漂い始めていた。

まずブレスラウ美術工芸アカデミーは大統領緊急令で一九三二年に閉鎖される。そこでシュレンマーはベルリンの国立美術工芸学校に移ることにしたが、さらに険しい道が待っていた。移転先のドイツでは一九三三年ナチス政権が成立した。ナチスは、イデオロギーに合致しない近代芸術を攻撃した。ナチスが認める健全な「ドイツ芸術」以外は、道徳的・人種的に堕落し、ドイツ社会にとって害悪であるとみなしたのである。そうした非公認の芸術は、「頽廃芸術《たいはいげいじゅつ》」と呼ばれた。シュレンマーをはじめとする前衛芸術家たちは、教職から追放され、展覧会も禁止された。圧力はますます高まり、「頽廃芸術家」の烙印まで押された。その結果、絵画が売れなくなり活動もできなくなった。

シュレンマーは、妻と三人の子どもを養うために国外移住を考えた。イギリス・ロンドンで個展が開かれていたし、アメリカでも評価されていたからだ。

しかし彼はドイツに留まった。かつて抱いた田舎暮らしをしながら仕事をする夢を今実現することにしたのだ。バーデン地方のゼーリンゲンや故郷のシュトゥットガルトなどを転々とし、ペンキ塗りの仕事をして生活した。五十二歳のときには、ヴッパータルにあったクルト・ヘルベルトのラッカー工場に移った。工場にはナチスに追放された芸術家たちが集まっていた。ラッカーの実験に携わったり、バレエを演出することもできた。
シュレンマーは、そうした仕事を厭々やっているわけではなかった。当時妻にこんな手紙を送っている。

だれでも簡単な手段で、何かとても魅力的なものを作ることができる。ただ、着彩して、漆を塗っただけの厚紙から、球や棒ができる。劇場のバレエとコスチュームを着て歩くことよりも、偉大なダンス狂のほうが問題にはならないだろう。わたしはそれは考えたとき、とても暖かい感情をもった。だから、いくら使っても駄目にならない素質のように見える。＊7

今置かれている現実は、確かに芸術家として活動しにくい環境である。しかし、まったく活動できないわけではない。仕事も芸術活動もできている。シュレンマーは、できないことよりも、できることに目を向けた。できることに目を向けると、そう悪いことはない。むしろ感謝すべき状況にあった。

我々人間を含めた世界（現実）は、一つの統一体を成している。統一体は「あますところなく輝いている」。輝きはそれ自体が発しているのであって、人間が輝かしているのではない。人間は輝きに気づくかどうかだけである。今自分が見える範囲で判断することは、統一体の部分について判断しているにすぎない。

シュレンマーの晩年は、はたからみれば恵まれた状況であるとは言いにくい。しかしそれは一面にすぎない。本人は人生を楽しみ、よりよく生きようとした。困難に思える現実を受け入れる態度は、世阿弥のそれと同じである。見えるものと見えないもの、身体と意識、有限と無限は一如であり一体である。そういう世界観が彼らの根底にある。

この世界観からすれば、自分のこだわりやプライドなどは些細なことにすぎない。宇宙的視点から捉えてみよう。空間を縦横無尽に動いてみれば、世界はいつも輝いている。「意識と身体は表裏一体である」ことに裏付けされた世界観を獲得することは、よりよく生きるための道の一つである。シュレンマーは、世阿弥とは異なる舞台芸術と西洋文化の文脈でそれを整理した。

自分を超えて、宇宙的視点から見れば、現実世界は一つの統一体を形成している。統一体はすでに輝いている。統一体自体が放つその輝きを、人間は知ることができる。

ラッカー工場に来て一年後、工場主ヘルベルトの絵画技術関係の出版にも協力することになった。シュレンマー自身もこっそりと十八点の《窓の絵》シリーズを制作することができた。

だがシュレンマーが再び表舞台に立つことはなかった。まもなく病気を患い、一九四三年にバーデン＝バーデンにて五十五歳の若さで亡くなったからだ。彼の作品のほとんどは、第二次大戦で行方不明となった。一方でシュレンマーが築いた人間像は脈々と受け継がれていった。

シュレンマーの略歴

一八八八年　ドイツ・シュトゥットガルトで生まれる。
一九一一年　ベルリンに滞在し、見聞を広げる。
一九二一年　バウハウスのマイスターに就任（金属工房、彫刻工房の形態親方を歴任）。
一九二二年　《トリアディック・バレエ》初演。
一九二三年　バウハウスの舞台工房主任に就任。
一九二五年　『バウハウスの舞台』刊行。
一九二七年　バウハウスにて「人間」の授業開講。
一九二九年　ブレスラウ美術工芸アカデミーの教授に就任。
一九三二年　ベルリンの国立美術工芸学校に移る。
一九三七年　イギリスにて初の個展。ナチスにより「頽廃芸術家」の烙印を押される。
一九四〇年　ヴッパータルのヘルベルト・ラッカー工場に勤務。
一九四一年　ヘルベルトの絵画技術関係の出版に協力。
一九四三年　五十五歳で死去。

第三章　生かされて生きていることの自覚

道元「無常の中で常なるものを知る」

道元《どうげん》（一二〇〇〜一二五三）は、鎌倉時代の禅僧で、日本曹洞宗《そうとうしゅう》開祖として知られている。日本にはじめて禅宗《ぜんしゅう》を伝えたのは臨済宗《りんざいしゅう》の栄西《えいさい》だが、本格的に導入したのは道元であると位置づけれている。著書で、「仏教の本質を明らかにする書物」を意味する『正法眼蔵《しょうほうげんぞう》』は、多くの人に読み継がれ、仏教以外の分野でも大きな影響を与えてきた。

道元は教養や身分を問わず、人は誰でも仏法を悟るべき能力を備えていると考えていた。そしてすべての人が元々持っている仏性は自力で目覚め、発揮できると説いた。

人間は皆無常である

「祇園精舎《ぎおんしようじや》の鐘の声、諸行無常《しよぎようむじよう》の響きあり。沙羅双樹《さらそうじゆ》の花の色、盛者必衰《じようしやひつすい》の理《ことわり》をあらはす。奢《おご》れる人も久しからず、唯《ただ》春の夜の夢のごとし」

この『平家物語《へいけものがたり》』の冒頭は、無常《むじよう》観を表しているとされている。「栄えあるものは必ず衰退する、おごれる人は久しからず」、そういう意味で「無常」を理解している人が大変多いかと思う。

江戸城を築城したことで知られる戦国時代の武将に、太田道灌《おおたどうかん》という人がいる。若い頃あふれる才気にまかせて何事にもおごれる様子があった。心配した父親は、『平家物語』の「おごれる人も久しからず」という言葉を書いて、諫めたそうだ。すると道灌は筆をとって、その横に「おごらざる人もまた久しからず」と書いた。これを見て父親は何も言わず、自分の部屋に戻っていったと伝えられている。

おごれる人も、おごらざる人も皆久しからずなのである。つまり、人間皆無常である。人は生まれたら必ず死ぬ、それが道理だ。

これは至極当たり前のことだ。子どもでもわかることだという意見もあろう。しかし、このあまりにもありきたりな道理を我々は知らない。いや、知ったつもりでいる。

明日死ぬとしたらあなたはどうするか。

「嫌だ、それは困る」とか「今死んだら後悔する」、あるいは「どうしたらいいかわからない」、「明日死ぬならもうどうでもいいや」、大体はこのような反応があると思われる。しかし人間は必ず死ぬのだから遠い先かもしれないし、今日明日といった近いうちに死ぬかもしれない。上述のような反応が起きるということは、自分が死ぬという現実を受け入れているとは到底言えまい。どのように生きるべきかという問いかけは、死があるからこそ意味を持つ。よりよく生きるとは、よりよく死ぬことと裏表の関係にある。

道元は、村上源氏《むらかみげんじ》に連なる貴族の子として生まれた。父は内大臣《ないだいじん》の源（久我）通親《みちちか》あるいは源通具《みちとも》とされ、母は摂政《せっしょう》の藤原基房《ふじわらのもとふさ》の娘だろうというのが通説である。誕生後は京都・宇治地方の木幡《こはた》にあった母方の家で育てられた。

村上源氏の家系は、学問と文筆を継承してきた名家であった。父の可能性を指摘されている源通具も、『新古今和歌集《しんこきんわかしゅう》』の選者の一人で、歌仙と称されている。三歳のときに源通親が亡くなり、源通具の元で教育されることになったが、この伝統を道元も受け継いだ。四歳で唐の詩人李嶠《りきょう》の百詠《ひゃくえい》を読み、七歳のときには歴史書『春秋左氏伝《しゅんじゅうさしでん》』、儒教の五経の一つ『詩経《しきょう》』を読んだという。その文才は高く評価されていた。

道元七歳の承元元（一二〇七）年、母も亡くした。母の死は大きな衝撃だった。早熟な少年は、このとき人間の命のはかなさを感じた。人間はいつか必ず死ぬ、ならばいかに生きるべきだろうか――道元は自問自答した。まずは母を弔いたいという思いにかられた。早速仏典の読誦や研究をはじめ、出家学道を望むようになっていった。

同じ頃、祖父とされる藤原基房は道元を養子にしようと考えていた。聡明な孫ならば朝廷の重臣に据えられるかもしれないと、孫に家の再興を託そうとしたのである。

この動きに道元は反発した。こっそりと木幡の家から抜け出すと、比叡山《ひえいざん》にいた伯父の良顕《りょうけん》を訪ねた。出家の手助けを頼んだのである。道元の純粋な道心に感動した良顕は、一族の間をとりなしてくれた。翌年、晴れて天台座主《てんだいざす》の公円について比叡山延暦寺《えんりゃくじ》に入った。

しかし比叡山は著しく世俗化していた。当時は天台座主職を巡って分裂し、世俗権力の庇護を受けて多くの派閥が生まれていた。比叡山など当時の寺社勢力は、独自の経済基盤を持っていた。直接商品を製造するわけではない。油や醬油《しょうゆ》などの製造・販売の許可を与えること、つまり許可書で収入を得ていた。許可を与えられた業者は収益の一部を上納金として寺社に納めた。

さらに寺社に無許可でやろうとする者がいれば、僧兵によって彼らを排除した。現代では想像もつかないかもしれないが、比叡山をはじめとする多くの寺社では有名な武蔵坊弁慶《むさしぼうべんけい》のような僧兵《そうへい》がいた。僧侶が武装するのは当時の常識であった。

こうして寺社勢力は許認可権と僧兵によって、寡占的に収益を上げるシステムを築いていた。彼らが日本の経済を握っていたのである。内部抗争が生じれば、幕府や朝廷の世俗権力も絡んで内紛は激しいものになっていった。

こうした状況下では、多くの僧侶は学問や修行以外の活動に精を出す始末であった。僧兵の中には横暴な者もあり、鎌倉幕府によって統制が厳重に行われていたほどだった。このことに危機感を覚えた一部の僧たちの間では、仏教本来の姿に還ろうという気運が高まる。そうした中から、法然の浄土宗や栄西の臨済宗が生まれた。

さて道元である。師匠たちの教えは「朝廷から大師号を授かるように天下に名声をとどろかす」ことが第一だった。この名聞利達《みようもんりたつ》の気風に飲まれた。知識を持った名僧になることが目標だった。しかし経論や伝記などを精読していくうちに、目指していた高僧や仏法者はそのような志を持っていないことに気づく。彼らはただ真理の道を求めていた。真理を正しく掴んで人々を幸せにした結果、名声を得たにすぎなかった。

師匠たちの教えが間違っていることに気づくと、これまでの姿勢を深く反省した。本当の仏道とは何か、改めて仏祖や大陸の正法の研究にいそしんだ。

そのうち道元は「人間は生まれながらにして仏性を持つ、つまりそのまま真の自分である」と思うようになった。研究をすればする程その思いは強くなっていった。そして今後の人生における根本的な問いを発見した。それは、「生まれながらに仏性を持つのに、どうして改めて発心し、悟りをひらくために、人格完成の努力をするのか」ということだった。

この問いを明らかにすること、それが道元の主要なテーマとなった。すぐに比叡山の周りの諸師に聞いてみるが、満足の行く答えは得られない。そこで、時折下山しては各地の賢者を訪ねた。出家から二年後、三井寺の公胤《こういん》のもとに参学したのを機に比叡山を辞去した。公胤は「この問題はたやすく答えられるものではない。理で尽くせるものではない。中国の宋に正法を伝える禅というものがあるから、宋に行ってはどうか」と勧めた。道元も「自ら体験してこそ問題は解決できるのではないか」と強く共感した。そしてこれも公胤の提案で、まずは当時禅を伝えていた鎌倉の建仁寺《けんにんじ》を訪ねることにした。

大事なのは今このときをどう生きるか

建保五（一二一七）年、道元は建仁寺に入る。開創者の栄西《えいさい》の後を受け継いだ明全《みょうぜん》に師事し、臨済宗黄龍派《りんざいしゅうおうりゅうは》の禅の修行に精進した。建仁寺では禅だけでなく、顕教《けんぎょう》、密教《みっきょう》、三宗を兼修し、律蔵を学んだ。

建仁寺での修行生活も四年を過ぎた。この頃には、仏祖や大陸の正法への憧れから、宋に入って修行をしたいと強く願うようになっていた。

そんな最中、宗教界も二分した朝廷と幕府の抗争である承久の乱が起こった。これに深い関心を寄せていた道元は、乱世において自らが悟ることと正法の伝来による衆生救済の必要性を痛感した。

そして二十四歳のとき、師の明全と共に宋に渡ることになった。

ところが、入宋準備が整いつつあった矢先、明全の師である明融阿闍梨《みょうゆうあじゃり》の病気が重くなった。明融は看病してもらうことを望み、明全はそのために入宋を断念するべきかという問題に直面した。まもなく明融の弟子たちが集まり評議することになった。彼らは看病のために入宋を延期した方がよいだろうと、明全を説得した。

道元は「大事なのは仏法悟道である」とした上で、「日本でこのまま修行をしても悟りを開けるならば、日本に留まった方がよい」と師匠に意見した。

対して明全は「このまま日本で修行を続けていれば、よもや悟りが開かれないこともないだろう」と周囲の意見に理解を示した。「しかし私の意見は違う」と切り出した。「人間はいずれ皆死ぬ。

私が留まっても師匠の心を慰めるだけのことである。しかしそれは自分の求法の志とは無関係である。限られた貴い自分の人生を空しく過ごすのは仏意にかなうまい。かえって志を妨げたために罪業の因縁となるかもしれない。もし自分が宋に渡って志を遂げ、一分の悟りでも開いたならば、たとえ一人の迷情に背いても、多くの人の得道となるはずだ。この功徳がもしすぐれているならば、師への報恩になる」と。明全の決意は揺るぎなかった。すぐに渡航のため、道元を伴って博多に赴いた。

この明全の話は、平安時代の僧である空海と通じるものがある。

名家に生まれた空海は官吏として立身出世していくことを望まれていたが、真理を探究していくことを志して大学を中退した。こうした空海の行動を、親戚一同は忠孝の道に背くものだと批判した。対して空海は、「真理というのは忠孝に背くものではない。真理は人間の大道である。真の忠孝は真理に一致するものであるから、真理を追究することは真の忠孝を追求することになる」と反論した。

今このときを大切にし、真理に沿うことが大切である――この思いを空海も明全も強く持っていたのである。この師の言動を目の前にして、道元は自分の考えの浅はかさを恥じた。自分はまだまだ本質がわかっていないと痛感した。以後、この一件を時折思い出しては、自らを戒めたのだった。

日常の体験に真理がある

二人は無事に宋の明州《みんしゅう》慶元府《けいげんふ》（現在の浙江《せっこう》省《しょう》寧波《にんぽー》）に着いた。明全はすぐに天童寺《てんどうじ》で修行生活に入った。一方道元は、手続きのためか三カ月間船の中に留まることになった。

ある日、年老いた阿育王山《あいくおうざん》の典座《てんぞ》（禅寺で台所を預かる役職）が訪ねてきた。端午の節句の準備のため、日本産の椎茸を買いに来た。道元は、せっかくの機会なので老典座を留めて語り合いたいと思った。茶を勧めて、彼を船内に招き入れた。

しかし、老典座は次の日の食事の準備があるのですぐに帰ろうとする。道元は、「大きなお寺なんだからあなた一人いなくても大丈夫でしょう」と引き留めようとした。老典座が「これも修行の一つですから」とかわすと、さらに道元は「あなたはずいぶんお年の身なのに、どうして坐禅弁道し、また公案《こうあん》・祖録《そろく》を参求することなしに、典座といったわずらわしい職務を務めているのですか。なにかよいことがあるのですか」と述べた。

それを聞いた老典座は大笑いし、「立派な外国の方、あなたはまだ弁道《べんどう》（一心に仏道を修行すること）がなんたるかおわかりではない。そして文字がなんたるかもご存じでない」と言った。道元はこの言葉を聞いてふと恥ずかしくなり、「どのようなものが文字ですか、どのようなことが弁道ですか」と問うた。すると「もし、その質問の脚下を踏みはずさなければ、それが文字を知り、弁道を知った真の学人でありましょう」と答えた。道元は、老典座の言葉の意味がよくわからなかった。その様子を見て、老典座は「いつかまた二人で語り合いましょう」と言って、そそくさと帰っていった。

この一件から二カ月後、ようやく道元は明全と同じ天童寺で修行生活に入った。間をおかずに、郷里に帰る阿育王山の典座が訪ねてきて、約束通り二人で語り合った。そこで道元が、「文字とはいかなるものか」と尋ねると、老典座は「一二三四五（これが文字だ、仔細はない）」と答えた。そして「弁道とは具体的にはどんなことか」と尋ねると、典座は「偏界かつて蔵《かく》さず（真理は昔から蔵《かく》されることなく、宇宙全体にありのままに現れている）」と述べた。

かつて船で会ったとき、道元は坐禅をしたり、公案・祖録を読むことを本務、典座の仕事を雑務と区別していた。しかし本来、弁道の対象は目前に存在することすべてである。そのすべては真理につながっている。それゆえ、誰もが日常生活のあらゆることから学ぶことができる。本務と雑務の区別はない。これを理解したとき、自分の周りの世界は一変する。老典座との出会いで道元はそのことに気づいた。

寺に入った後もこんなことがあった。ある日、昼食の後に廊下を通っていると、別の年配の典座が焼けるような暑さの中で椎茸を干していた。汗を流し、苦しそうにしながらも作業を行う姿を見て、道元は「どうして行者や人足などを使わないのですか」と尋ねた。「他人のやったことは自分のつとめにならぬ」と答えた。さらに「どうしてこんな陽ざしが強いときにやらなくてもいいのではないか」と言うと、「今でなく、いったいいつ椎茸を干すときがあろうか」と答えた。それ以上、道元は尋ねなかった。

道元はいっそう修行に励んだ。当時の住持（住職）であった無際了派《むさいりょうは》の嗣書《ししょ》を読む機会を得たものの満足せず、無際了派が亡くなると同時に諸山遍歴の旅に出た。しかし、なかなかこれといった人物に会うことはなかった。一年程過ぎたある日、当時全盛の臨済宗ではなく、曹洞宗《そうとうしゅう》に属していた異色の禅師である如浄《にょじょう》が天童山の新たな住持になったことを知る。

再び道元は天童山にのぼり、如浄のもとで厳しい坐禅生活に入った。如浄は、五欲煩悩《ごよくぼんのう》から離れて身心脱落《しんじんだつらく》し仏性《ぶつしょう》に目覚めるため、ひたすら坐禅することを求めた。この間に明全が亡くなった。明全の意志を継ぎ、衆生救済のため正法を身につけなくてはと道元は邁進した。

あるとき如浄が、坐禅中に居眠りする僧に「参禅はすべからく身心脱落でなければならない。ただ眠っていて何ができるか」としかりつけた。身心脱落は、心と身体の執着、己を忘れて無心になることを求めているとされる。ならば、「無心になろう、無心になろう」と意識するのはかえって正しくない。それではまだ無心になろうという執着から逃れていない。（このことは世阿弥の項でも記している）だからといってすべてを忘れようと、眠ってしまっては自覚できない。

思慮分別をなくすのではなく、それを超えたところでなお思慮の働きを行う真の自我のありようを認識するのが、身心脱落である。傍らで坐禅を組んでいた道元はこれに気づき、はっきりと身心と脱落の一如なる至高の境地を体験して悟った。

この年、道元は如浄から仏祖正伝菩提戒脈《ぶっそせいでんぼだいかいみゃく》を授けられた。そして自ら体験した正法を伝えるため、安貞元（一二二七）年に帰国した。

暴風の中、無事に熊本県の川尻《かわじり》に着岸した。太宰府で帰朝手続きを済ませ、すぐに京都に上った。当時の日本は、北条泰時《ほうじょうやすとき》による徳治《とくち》の時代を迎えていた。

京都の建仁寺に入った道元は、四六騈儷体《べんれいたい》の漢文で格調高く書いた『普勧坐禅儀《ふかんざぜんぎ》』で自らの立場を宣言した。それは、自分が体験して得たように誰もが正法を悟ることができるというものだった。帰国から三年後、道元は建仁寺を出て、深草《ふかくさ》の安養院《あんよういん》に移った。多くの人々が集まってくるようになり、この地に興聖寺《こうしょうじ》を建立した。「在家や出家、そして男女の別なく、平等に得法をする」と説いたことも大きかった。

この頃から仏祖や祖師の語録・行実に加え、自らの体験を引用して真理を記した『正法眼蔵《しょうほうげんぞう》』を書き始める。全七十五巻にわたる『正法眼蔵』は以後死ぬまで執筆と修正を重ね、その都度人々に説いた。

戒律を守るから悟るのではない

道元は、参禅学道の人の心得についていくつもの文章を残している。それらは自らを律するための綱領《こうりょう》と位置づけられている。その流れで道元を〝厳格な戒律《かいりつ》主義者〟とする評価もある。果たしてそうであろうか。

当時の多くの僧が華美で淫逸《いんいつ》な風潮に流されて腐敗していた。道元は、まず世間の欲や名利から離れるための戒律を訓示している。僧は仏祖たるものであり、人々に正しいことを伝える立場にある。自分自身が整っていなければ、間違ったことを多くの人々に伝え、かえって迷いを増やすことになってしまう。だからこそ彼らにはより自己を律し、真の自分たることが求められた。

僧の方が在俗の人々より偉いとか優位とか、そういう次元の話ではない。そもそも真理の下において人間は皆同じである。誰もが悟ることができる。出家したかどうか、性別や年齢も関係ない。道元はたとえ四歳の幼い子でも教わるところがあれば喜んで教えを請うという立場を取った。ただし、各自の役割は違う。僧には僧の役割がある様に、求められるものが異なるというだけだ。

しかし、いつの時代でも世間の欲や名利におぼれがちなのが人間である。この克服が難題であるだけに、それ自体が目標となってしまう。

同時代、そして後世の僧たちは、僧として指導的役割を求められること、戒律があることに名誉を感じる者もいた。戒律を他人に説くこと、守ることを第一にする者もいた。「〜すべき」、「〜しなければならない」と言われているうちに、戒律それ自体があたかも真理のごとくなってしまったのである。

しかし、戒律を守っていれば悟るわけではない。自ずと自己を正しく整えたらそれに越したことはない。だが多くの者がそうはいかない。そこで道元は、悟りを開く者はどのような人かを具体的に戒律という形で提示した。戒律を守ることが真の目標ではないのだ。

戒律を真理と誤解した人々は、源泉たる道元を「厳格な戒律主義者」とすることで自らを正当化した。その結果、一部分だけが突出する道元のイメージが形成された。そうして歴史上何度も繰り返されたように、自らの正当性を主張し、立場の違う者を排除して争いが起きた。とうてい人々の幸せを求める者の行動には思えない。

ただ真理として正しい法がある――ここが出発点である。その上で各人が自力で真理を掴む。悟りとは一瞬である。今このとき気づけば、一瞬で悟れるのである。だが人の心はそれぞれ異なるので、一日二日で悟る者もいれば、数十年たっても悟れない者もいる。戒律を守れば悟れると思っている者は後者である。たとえ在家だろうと、四歳の子どもだろうと悟る者はたくさんいる。日常の体験からそれぞれ真の自分を知ることが可能なのである。

次第に道元の名は知れ渡り、その影響は貴族の間にも及ぶようになった。前関白の近衛兼経《このえかねつね》とも懇意になったようで、近衛殿で法談を行っている。さらにこの訪問後、『護国正法義《ごこくしょうぼうぎ》』を著述し朝廷に奏聞《そうもん》するに至る。『護国正法義』は自己の宗旨を立て、他の宗派の所説を論破していた。比叡山をはじめとする既存の宗教権力にも凜然とものを申していた。

だが『護国正法義』の是非は、権威ある比叡山の佐法印《すけのほういん》が判別することになっていた。佐法印は「師なくて悟った独覚による独善的な主張にすぎないから重要視して沙汰に及ぶ必要はない」と結論づけた。道元の奏聞は無視・却下されたのである。

比叡山の僧侶たちは道元の成功を快く思っていなかった。嫉妬にも似た感情を持っていた。彼らにとって奏聞の是非は、道元をつぶすよい機会だった。彼らは興聖寺の取り壊し、さらには道元の京洛からの追放をも主張した。朝廷もこれを認めた。

京都を追われた道元の行き先は、越前《えちぜん》（現在の福井県東部）だった。ここには、在俗の信者である波多野義重《はたのよししげ》の知行地《ちぎょう》があった。寛元元（一二四三）年、弟子たちと知行地内の古寺の吉峰寺に入った。はじめて体験する北越の厳しい冬を乗り越え、精力的に『正法眼蔵』を執筆した。わずか一年の間に三十余巻を完成させている。

まもなく波多野義重らによって吉祥山大仏寺が建立され、寛元三（一二四五）年、永平寺《えいへいじ》に改称した。道元は死ぬまでこの永平寺を拠点にした。永平寺では、『正法眼蔵』の諸巻を説き、弟子と日夜厳しい坐禅修行に励んだ。

四十八歳のとき、一時永平寺を離山して鎌倉に赴いている。波多野義重らの鎌倉行化《ぎょうけ》の要請に加えて、鎌倉幕府執権《しっけん》の北条時頼《ほうじょうときより》からも法談の要請があったからだ。約半年間の鎌倉滞在で、道俗男女に正法を説き続けた。権勢におもねることをしなかった道元は、北条時頼相手にも真理に即して説いた。何度か法談を重ね信頼を得たのだろう。北条時頼からは寺院を建立し開山祖師として招請された。しかし道元はそれを断って永平寺に戻った。世俗や政治にかかわるよりも、純粋に真理を求めようとした。

建長四（一二五二）年秋頃から健康が優れず、活動も徐々に減った。翌年にはなんとか『正法眼蔵』の「八大人覚」の巻を書き上げたが、病状は悪化するばかりであった。そこで波多野義重の勧告に従って、京都にあった高辻西洞院《たかつじにしのとういん》の俗弟子覚念《かくねん》の邸宅で療養生活を送ることにした。だが好転することはなく、五十四歳で道元は亡くなった。

道元は一つの宗派とみなされたり、一つの宗派を広めた人とされることを頑なに否定していた。誰もが自分と同じように、自ら体験することでよりよく生きることが可能だと考えていた。そのため道元の影響は時代を超え、禅宗に限らず多岐に及ぶことになった。

現象は同意同質で成り立っている

あらゆることに真理は現れている。だから誰もが日常生活から真理を学ぶことができる、そう道元は説いていた。ではどのように日常生活を捉えればいいのだろうか。

道元は、多くの人が正法を認識できるように、仏祖や祖師の言葉や自ら坐禅を通じて体得したことなどを引用して、真理を様々な形で表現した。それが、『正法眼蔵』である。『正法眼蔵』の第十七「恁麼《いんも》」では、現象についてこう語っている。

我々が知っている現象の世界（実相《じっそう》）は全体の一部分にすぎない。仏の視点（悟りの境地）から見た世界（空相《くうそう》）の全体は我々の世界観をはるかに越えている。（道元＊1）

現象は、実相と空相によって成り立っている。実相とは、目に見える実際の現象あるいは身体に実感した現象のことを指す。他方で空相とは、顕在だけではなく潜在・深層を含めた意識あるいは心の現象と言ってよいだろう。さらに深く理解するために、以下のような例を挙げている。

あるとき、風が吹いて鈴がなっているのを聞いて、第十七代祖師、僧伽難提《そうがなんだい》尊者が弟子の伽耶《かや》舎多《しゃた》に質問した。

「これは風がなる音か、鐘が鳴る音か」

「風が鳴るのではありません、鐘が鳴るのでもありません、私の心が鳴るのです」

「おまえの心とはなにか」
「三者は共に寂静《じゃくじょう》そのものでありますから」
「善きかな、善きかな、私の仏道を嗣ぐべき者は、お前でなくて誰であろうか」

僧伽難堤尊者はこの後、ついに伽耶舎多に正法眼蔵を伝授した。

これは、風はひとりでは鳴らない。鈴もひとりでは鳴らない。風も鈴も心が聞かなければ鳴ることはない。すべてが因縁和合の法理を説いていることを学ぶべきである。心はたとえ風鈴の音に共鳴するとしても寂静である、三者は共に寂静である。＊1

この話をあなたはどう理解するだろうか。

道元は「心が鳴ることを風鈴が鳴り耳がそれを受け取り、風鈴が鳴ったというおもいが起きる」と理解するのは間違いだと言う。確かに自分に起きた現象は、自分の心がないと成立しない。しかし、自分の心が鳴ることを受け取ったから鈴が鳴ったとするのは間違いである。なぜなら風・鈴・心の三者は寂静である。寂静とはいずれにも傾かない状態を言う。一現象を受け取る心が寂静であるならば、心が鳴るのは風が鳴るからではない。また心の鳴る音は鈴が鳴る音でもない。はたまた心が鳴るわけでもない。

事態の根本は心ではないのだ。自分の心は、風や鈴、もしくは身体を従属させ、それらより優位にあるものではない。風、鈴、身体、心は各々独立したものであり、それぞれが出会ったときに、「鳴る」という自分にとっての一現象が起きる。自分の中の心の動きも、風の動き、鈴の動きと同位同質のものである。いずれも欠けることなく風が動き、鈴が動き、心が動き、身体が動き、みんなが動いたことで自分自身が鳴る。風や鈴と同様に、自分の心を客体視するとき、「鳴る」という現象が自分自身に存在する。

つまり自分の心なり意識は、我々自身から離れている。遠くでも近くでもない。離れて独立している。それゆえ風、鈴、心は、客体視され、同位同質となる。

現象から真の自分に気づく

ここで新たな疑問が生じる。一体それらを客体視しているのは何かということだ。

結論を先に言えば、それは魂とも呼べるものだ。潜在意識、あるいはもっと深い意識の世界に存在する真の自分と言ってもいいだろう。仏教では「真我《しんが》」とも言う。道元は、「現成公按《げんじようこうあん》」の中でこう言い切った。

> 自我によってすべてを認識しようとするのが迷いなのだ、諸々の現象のなかに自我のありようを認識するのが悟りである。＊1

ここでいう自我とは、我々が普段「自分である」と考えるところの意識である。顕在意識上の自分と言える。これを本当の自分であると思い、それに執着することが迷いとなるのだ。

人間は自ら迷いを作ってしまう。迷いを断つためには、真の自分を再発見する必要がある。「恁麼」で示された道理を正しく認識していれば、現象の中の一要素としての心、そして現象を構成する要素を客体視する真の自分を発見することができる。それが悟りというものだった。真の自分は目に見えない。しかし、確かに存在する。それは文章を読んだり、他人に教えられてわかるものではない。自ら体得するものだ。その一つの方法として坐禅が存在した。

『正法眼蔵』の第三十七「春秋」の中に、このような話がある。

洞山悟大師《とうざんごだいし》に、あるとき僧が質問した。

「寒暑が来たらどのように避けたらよいでしょうか」

「どうして寒さ暑さの無いところに行ってしまわないのか」

「寒さ暑さのないところはどのようなところでしょう」

「寒いときはあなたを寒さそのものにする、暑いときはあなたを暑さそのものにする」

＊1

気温が高いから暑いのではなく、気温が低いから寒いのではない。現象自体には何も評価がついていない。それをどのように人の心が受け入れるかである。寒さ暑さを感じた意識が、寒さ暑さの反応を身体に起こすのである。暑いとする心が起きたとき、現象は暑いとなる。同様に寒いとする心が起きたとき、現象は寒いとなる。

寒い暑いだけでなく、良いか悪いかの判断もそうである。他のものと同位同質の心がそこに起こることで、すべてが一如となって現象が成立する。

自分の身に起こる現象から、自分の心だけでなく真の自分に気づくことができる。他人が気づくことは不可能である。気づくのは本人以外ない。道元が創造した「生まれながらにしてそのまま仏性であるのに、つまりそのまま真の自分であるのに、改めて発心し、悟りを開くために、人格完成の努力をしなくてはならないのか」という問いの答えはここにある。

無常の意味を正しく理解する

さて道元によれば、我々人間は魂（真の自分）を基本にして、心や肉体などの要素が複合して存在している。しかもそれらは授けられるものである。

道元は言う、「この世に生まれることは奇跡である。生きている、それだけで最善最良のことだ」と。この与えられた最善最良の生を全うするのが人生である。

ここでは『曹洞教会修証義《そうとうきょうかいしゅしょうぎ》』の言葉を取り上げる。明治時代に編集された『曹洞教会修証義』は、すべて『正法眼蔵』からの引用で書かれている。また編集者の言葉は一字一句も加えられていない。それゆえ、本質がつかみやすいと考える。まず第一章総序の第三節から引用する。

無常《むじょう》憑《たの》み難し、知らず露命《ろめい》如何《いか》なる道の草にか落ちん、身已《すで》に私《わたくし》に非ず、命は光陰《こういん》に移されて暫《しばら》くも停《と》め難《がた》し、紅顔《こうがん》いづくへか去りにし、尋ねんとするに蹤跡《しょうせき》なし、熟《つらつら》観ずる所に往《おう》時《じ》の再び逢ふべからざる多し、無常忽《たちま》ちに到るときは、国王大臣親暱従僕妻子《こくおうだいじんしんじつじゅうぼくさいし》珍宝《ちんぽう》たすくるなし、唯独《ただひと》り黄泉《こうせん》に赴《おもむ》くのみなり、己れに随《したが》ひ行くは只是善悪業等《ただこれぜんあくごうとう》のみなり。

（現代語訳）
時間の流れを我々は止めることはできない。知らない間に生命は道の草と消え、からだはすでに自分を離れてしまう。真の命である魂は、たちまち時間の流れから外れて仏の下へ還る。誰もが若いときへ戻ることが出来ないし、よいときへ戻ることは不可能である。時間はたちまち過ぎ去り、肉体が滅びるとき、どんな身分も財産も家族も持っていくことは不可能である。仏の下へは、ただ自分自身の（魂）と善悪の業のみが還るのである。

＊4

「無常の風」とは、時の流れのことである。我々はそれをコントロールできない。肉体は「無常の風」にさらされるのでやがて滅びる。つまり死を迎えるわけだ。

一方で真の自分たる魂は無常の風にさらされない。なぜなら時の流れと同じく、大いなる意思の管理下にあるものだからだ。死ぬということは肉体が滅びることであり、魂が死ぬことではない。死は、今世の生を完結することとなる。肉体が死んだ後、魂は大いなる意思の下に還り、別の肉体と再び結合して新たな人間として生まれ変わる。何度も生まれ、何度も死ぬ。これを仏教では「輪廻転生」と言う。

人間が死ねば魂もなくなると考える人もいる。しかしその根拠は、肉体が滅びるというたった一つの理由にすぎない。充分な根拠とは言えないだろう。

『曹洞教会修証義』の第三十節にはこうある。

光陰は矢より迅《すみ》やかなり、身命《しんみょう(めい)》は露よりも脆し、何《いず》れの善巧方便《ぜんぎょうほうべん》ありてか、過ぎにし一日を復《ふたた》び還《かえ》し得たる、徒《いたず》らに百歳生けらんは、恨むべき日月《じつげつ》なり、悲しむべき形骸なり、設ひ百歳の日月は声色の奴婢《ぬび》と馳走《ちそう》すとも、其中一日の行持《ぎょうじ》を行取《ぎょうしゅ》せば、一生の百歳を行取するのみに非ず、百歳の他生をも度取すべきなり、此一日の身命《しんみょう(めい)》は尊ぶべき身命なり、貴ふべき形骸なり、此行持あらん身心自らも愛すべし、自らも敬《うやま》ふべし、我等が行持に依りて諸仏の行持見成《けんじょう》し、諸仏の大道通達《だいどうつうだつ》するなり、然《しか》あれば則《すなわ》ち一日の行持是《こ》れ諸仏の種子なり、諸仏の行持なり。

（現代語訳）

時間はまたたく間に過ぎ去る。生命は露のように脆いものである。過ぎ去った一日は決して戻ってこない。いたずらに百歳まで生きていても、無為に費やした日々は何もならない。たとえ百歳の月日を快楽に耽ったとしても、その中の一日でも仏の道理に沿って生きれば、それは百歳を生きることと同じであるばかりか、来世の分まで生きることになる。この一日の生命は尊ぶべきものである。喜ぶべき結果である。この一日の自分を愛し、敬うべきである。わたしたちの正しい行いは、仏と通じ、仏とひとつになる人々とも通じ、すべてが連携してよりよい方向に働く。正しい一日の行動は、あらゆる幸せの種子となる。

＊4

我々は、時の流れも生き死にもコントロールできる立場にはない。できることは、生きている今をどう生きるかということだけだ。人生を楽しむのも楽しまないのも自由である。しかし必ず終わりがある。だとしたら、与えられた生を喜び、楽しんで全うした方がよい。こう道元は言ったのである。

生きているときに生きる喜びを楽しまないで、いざ死ぬときになって死を恐れるような生き方は、正しい生き方といえるだろうか。もし真の自分を認識していれば、死は決して恐れるものではない。だからこそ道元は、「無常迅速《むじょうじんそく》、生死事大《しょうじじだい》」という言葉をよく使った。

無常の中で常なるものを知る

現象が成立するには、肉体や心といった諸要素、それを客体視する魂（真の自分）、そして何よりも自分やあらゆるものをつつみこみ、一つにまとめて成立させる大いなる意思の存在が大前提となる。人間は大いなる意思に生かされている。真の自分を知ることは、常なる存在を知ることであると言える。

人間は皆無常である。生まれたら必ず死ぬ。生死を含めてすべての現象は、常なる自然の理があって存在することが明らかになった。現象は、無常なるものと常なるものの両方があって成り立つ。常なるものがあっての無常である。無常を正しく理解することは、無常の常の部分も理解することになるのだ。

今このとき我々は呼吸している。呼吸をしていない人はいない。空気がなければ生きていけないことは、誰にでもわかるはずだ。小さな子どもでも、お風呂で息を止めて潜ってみればわかる。空気を吸わせてもらって我々は生きているわけだ。しかし「空気はなんてありがたいんだ」と普段から思っている人は少ないだろう。

我々はいかに上手に正しく生きようかと考える。しかし、その前に空気を吸って自然があるから生きているということを忘れていないだろうか。もし空気や自然がなくなればおしまいである。

いかに生きるかの前に、常なるものを認識しているかどうか、これが大事なのである。いつでも人間より大きなものがあって、その中に自分が存在する。生かされて生きている。それゆえ、生きていることは奇跡であり、最善最良のことなのである。道元が、現世の今このときが重要だと繰り返し説いたのはこのためだ。

今生きているこのときが、どんなにありがたいものだということに気づくことは、幸せなよりよい人生への扉を開くことになる。その扉を開くのは自分自身に他ならない。道元が確信した真理をどう活かすかも私たち次第である。

道元の略歴

一二〇〇年　京都に生まれる。
一二一三年　出家。
一二一七年　比叡山を下りて建仁寺に入る。
一二二三年　宋に渡る。
一二二五年　天童山にて如浄に師事。
一二二七年　帰国。
一二三〇年　建仁寺を出て、深草の安養院に移る。
一二三一年　『正法眼蔵』を書き始める。
一二三三年　興聖寺建立。
一二四三年　比叡山からの圧力により、弟子と共に北越入山。
一二四四年　越前に大仏寺（後に永平寺に改称）建立。
一二四七年　鎌倉にて活動。北条時頼に法談。
一二五三年　五十四歳で死去。

ヤスパース「幸せに生きることは、幸せに死ぬこと」

カール・ヤスパース（一八八三〜一九六九）は、ドイツの実存《じつぞん》哲学の代表者として知られる哲学者。人間は限界状況に直面して自らの有限性を自覚し、超越者《ちょうえつしゃ》の存在を感じることができるとした。ヤスパースは、実存をこの超越者との関わりから捉えた。西洋哲学の立場ながら、東洋哲学への理解が深かった。とりわけ日本では一九三〇年代から研究が進み、東西共通の問題を我々に意識させ、東西の哲学が合流する手引きとして位置づけられた。

幼いころから病気に悩まされていたヤスパースは、医者となり、患者の立場から研究を行っていた。精神病理学や心理学の研究に取り組み、心の奥深い部分まで探求するようになって哲学者になった経歴を持つ。ヤスパースにとって哲学とは「いかに幸せに生きるべきか」の探求であった。

いかに現実を捉え、受け入れるか

ヤスパースはドイツ北部のオルデンブルクで一八八三年に生まれた。ヤスパースは自らを「フリージア人に属する」と規定している。オルデンブルクのあるフリージア地方は、オランダからドイツを経て、デンマークのユトラント半島に至る北海沿岸と、それに沿う列島を指す。北海沿岸は低湿地帯《マルシェ》で、視界を遮るものがないほど平坦である。また低湿地帯は肥沃な土地であった。おかげで、農民はゆとりがあり、自由な気風を育んでいた。

ヤスパースの父は法務を経て、三十歳の若さでこのフリージア地方のブトヤディンゲン地区の知事になった人だ。しかし役人生活は合わなかったことと、実家の家運が傾いていたこともあって、より収入の多い職業に転職を考えた。ヤスパースが生まれる二年前に、オルデンブルク州立銀行重役に転身した。その後頭取に昇格し、銀行経営に成功した。そのため、ヤスパース家は非常に裕福になった。

ヤスパースは、子どものころから非常に病弱だった。そのせいもあって性格は引っ込み思案。両親は日々「人生はいかによいものか」ということを我が子に教え、勇気づけた。毎年フリージアの島々に行ったり、父の趣味である狩猟《しゅりょう》にもよく連れていった。海や森林といった大自然に浸り、ヤスパースは〝人間を超える無限の何か〟を感じた。これらの体験は、生涯消えることはなかった。

ギムナジウム（高等学校）卒業に際し、父は「うんと稼ぐことは考えず、芸術史の研究など自分が満足できるものを学びなさい」と進言した。しかし彼は、父と同じ法律を学ぶことにした。

同じ頃、ヤスパースは一家の友人であるフレンケル博士と出会った。

フレンケル博士は、心疾患治療に強心剤の静脈注射をする療法（ストロファンティン療法）を創始し、後にハイデルベルク大学教授となる。博士は、遊びに来たヤスパースを一目見るや、「病人の顔をしている」とすぐに診察した。そこで〝慢性の気管支拡張症〟と診断した。博士は即刻休学を進め、これまでの医療措置を改めた生活指導を行った。以後博士が主治医となった。二十年以上にわたって検診と忠告を随時受けることになった。

この病によってヤスパースは、しばしば高熱や疲労困憊に陥り、生活は制限された。「この病と向き合い、いかに生きていくか」、これが生活の中心となっていった。

翌年、ヤスパースは体調を崩した。スイスのシスル＝マリアで転地療養に臨むことになった。最初のうちは医学の見解に従っていたが、ヤスパースは徐々に医学的治療の限界を感じるようになった。当時精神的な医療は無効とする風潮が支配的だった。医者の指示は絶対的だったのである。しかしヤスパースは患者自身が意志を持ち、決断し、実行して治療することの方が大切に思えた。自分の病や身体と向き合えば向き合うほど、この医療の問題を解決したいと思うようになった。

スイスから戻るとヤスパースは、すぐに医学部に転部した。ベルリン大学、ゲッチンゲン大学、ハイデルベルク大学の三つの大学を転々としながら医学を学んだ。体調を崩しながらもなんとか一九〇八年に大学を卒業して医学博士を取得した。同年には国家試験も合格し、ハイデルベルク大学精神科病院の助手となった。

助手といっても、病弱なヤスパースは、診察業務や寝泊まりをしない無給助手だった。ただフレンケル博士の口利きもあって、自分の研究をするための一室を与えられただけでなく、他人が行っていることを自由に見たり調べたりすることが許された。こうして精神病理学や心理学の研究に取り組むことができた。

当時無効とされた精神医学の分野は当然停滞していた。医者であり患者でもあったヤスパースは、肉体だけでなく、心の問題が病人にとって非常に大きいことを痛感していた。患者それぞれの心の現象、内的体験に光を当てることを研究方針にした。過去の精神医学の文献をあたり、臨床されていた数少ない実体験の部分をとりあげた。また内的体験の認識には、心理学や哲学も有効だと取り入れた。そのため様々な研究者と交流し、彼らから学ぼうとした。例えば二十世紀を代表する社会学者・哲学者のマックス・ウェーバーもその一人である。

ウェーバー以上に、ヤスパースの人生に影響を与え続けた人と会ったのも、同じ時期だった。その人物とは、哲学の研究者で、後に妻となるゲルトルート・マイヤーである。友人の姉で、ユダヤ人の旧家出身だったゲルトルートとは一九〇七年に出会った。三年間の婚約期間を経て、二人は結婚した。ヤスパースは自身の研究を進めていく上で、夫婦で対話し熟考する過程を踏むようになった。

一九一三年、哲学や心理学を取り入れ、これまでの精神医学を新たに整理・統合した『精神病理学総論』を発表した。この本が高く評価され、ヤスパースは心理学の教授資格を取得した。さらに哲学部で心理学の講義を開講することになった。

ヤスパースには、何より「病という現実をいかに把握して生きるべきか」という心の問題を解決する目的があった。結果を出すためには、方法はどんなものでもよかった。だから分野にとらわれることなく、様々な領域を横断して研究することができた。後にこう振り返っている。

《魂がいわばすべてである》というアリストテレスの命題を拠りどころとして、意を安んじて、心理学の名のもとに知られるものには何であろうと、あらゆることに私が打ち込み始めたということでありました。（ヤスパース＊1）

自分という存在の認識が変わると、見方や行動が変わる

第一次大戦の最中もこの考えをもとに妻と研究し、一九一九年に『世界観の心理学』としてまとめた。この研究を通じてヤスパースは、「科学や科学的認識はなくてはならないものだが、それだけではすべてを説明できない。真に科学的であるとは、己の限界を知っている批判的な知である」と感じるようになった。それと同時に、

哲学とは科学の知らざる真理要求を満足させるものであり、科学の関知せざる責任に立脚し、およそ科学が到達しえざる何ごとかを成しとげるものである。＊1

と認識した。

歴史を振り返ると、人間の内的体験の奥深くにある心の部分、いわゆる魂を考えてきたのは、哲学だった。今までやってきた精神病理学や心理学などは哲学の下に統合されるのではないか、という問いがふつふつと湧きあがってきた。

私にとって「哲学すること」においては、人間と彼の思想内容は引き離しえない。人間から遊離しうるような哲学の問題というものは存在しません。哲学する人間、彼の根本経験、彼の行動、彼の生きた世界、日常の心構え、彼から語りかけてくる影響力、こうしたことどもは、彼の思想をたどってみる場合、省みないわけにはいかないのです。＊1

ヤスパースにとって、「いかに生きるべきか」という問題の探求は、哲学に他ならないことがいよいよ明白になってきたのだった。

三十九歳のとき、ヤスパースはハイデルベルク大学の哲学部教授に就任した。哲学博士の学位を持たず、しかも医師上がりの心理学者が就任したのは異例だった。哲学者たちは嫉妬し非難した。

一方ヤスパース自身は、哲学を生涯の職に定め、自らを信じて研究に取りかかった。「幸せに生きる上で重要な本当の哲学がなんたるかを立証し、若い人々に本当の哲学への自覚を促すこと」を自らの使命とした。以後十年間、講義やゼミナールを通じてこの使命に取り組んだ。

一九三一年には、これまでの思索をまとめて『現代の精神的状況』、『哲学』三巻を発表した。学者だけでなく、一般の人々にも受け入れられてベストセラーとなった。一躍ヤスパースは世界的にも有名な哲学者となった。

一九三三年、ドイツにナチス政権が誕生した。

これを機に、ヤスパースを巡る環境が著しく変化していく。ナチスはユダヤ人排斥を実行し、大学でも多くのユダヤ系の学者が罷免された。ヤスパースはドイツ人だったが、ユダヤ人の妻がいるということで大学の運営から外された。さらに〝非国民〟というレッテルを貼られ、日常生活でも風当たりが厳しくなっていった。

しかし国際的な名声から当面の出版は許された。一九三五年には『理性《りせい》と実存《じつぞん》』を出版している。自身の哲学の根本としての「包越者《ほうえつしゃ》」の存在をこの本で明らかにした。

「包越者」とは、我々人間を含めてあらゆるものを包み込み、根底で支える超越的な絶対者を指す。主観と客観の対立を超えて、それ自体対象になることはない。我々が自分だと意識する存在（現存在・意識一般・精神・実存）の根源であり、我々を包むところの存在自体（世界と超越者）でもある。

われわれであるところの包越者、それ自身は何によっているのであるかという問いにおいて、自己の別の限界をもっている。すなわち存在は、たとえ間接的にでも、科学的経験には決して現れない超越者である。超越者はまったく包括する者として、厳として「存在する」ものであると同時に、見られないものであり、永久に知ることなきものである。＊2

ここで人間の限界を説くと同時に、「包越者」は「科学で解明できず、眼に見えないけれど存在する」と論じた。すべてのものは、この「包越者」につながっている。したがって真の自分を知るとは、「包越者」とつながっている自分を知るということだった。

そして以下のように認識すべきだと論じた。

包越者の自由な空間を保持せよ、知られた存在となることによって自分を見失うなかれ、超越者から離れるなかれ。＊2

またこうも表現した。

あらゆる認識可能な世界現存在に対して、私が私自身であり、それと同時に自ら創造せられた私の自由において、私が超越者によって定位されているということ。＊2

では、「包越者」と我々はどのようにつながっているのか。

ヤスパースは、「意識の世界でつながっている」と考えた。あらゆるものの根源である「包越者」は、目に見えない意識の世界の根源でもある。そのため、科学的知識ではなく、哲学することが大きな意味を持つ。哲学することで、意識の世界で「包越者」とつながっている真の自己を見出すことになるからだ。

それは、自らの存在意識が変わることでもある。

哲学的思想の目的は、したがってまたその意義は、ある対象についての知ではなくして、むしろ存在意識と事物に対する内的態度の変革である。＊2

哲学することで認識が変われば、物事の捉え方が変わる。捉え方が変われば、行動も変わり、結果も変わるのである。「いかに生きるべきか」の方向付けをするのが、哲学だった。ヤスパースにとって、哲学することと生きることは、同質のことだったのである。

生かされている自分を知る

一九三七年、ヤスパースのようなユダヤ人と結婚している教授は全ドイツの大学で一斉に免職になった。翌年には、一切の出版と公共の場での談話が禁じられた。

ナチスの脅威については、すでに政権成立前から女弟子のハンナ・アーレントが何度も忠告していた。だがそれに耳を貸さず、「ナチスは無害だ」と取り合わなかった。ようやくこのときになってヤスパースは、「突如として監獄の中にいるのを見出した」のであった。

この年からナチスによるユダヤ人拘引、大量虐殺がはじまった。ナチスは、ヤスパースに妻との離婚を強要した。与えられた選択肢は二つだった。妻や友人を見捨て国外に逃亡するか、妻と共に生命の危機にさらされながら国内に残るかだった。ヤスパースが選んだのは後者だった。離婚に断固反対し、妻の強制収容所送致を阻止するために自宅に立てこもった。

海外亡命の誘いをすべて断り、秘密警察とナチス当局に常時監視される暮らしがはじまった。家に訪れる友人も次第に減り、関係を絶つ者もいた。ひたすら慎重に目立たぬように生活し、思索に没頭した。

死を覚悟してヤスパースは日記を記している。以下にいくつか抜粋する。

一九三九年三月十七日
ある特定の瞬間にはゲルトルートと一緒に死ぬのだという心構えが私にできている場合にだけ、私はここに留まってよいことになる。今日以後の生活はこのことを基準とし、この危険をおかすものとならざるをえない。

一九三九年三月二十七日
究極的に意義があり目的となることはただ一つ、ようやくここ数年完全になった私の哲学史思惟を客観化する場を得るということである。—この世界で私たちの成就しうることはこのほかには何もない。—この真理を直接に表現することこそ唯一の課題である。そしてそれはあらゆる犠牲を払って現実生活としての生を永らえることではなく、実りある現実生活を生きることである。—その場合の前提、唯一の前提とは、ゲルトルートと私とただ一緒に共同してはじめて著作を生み出すことができ、さもなければ全然著作できないような二人として互いに忠実に親密で信頼しあったままであり続けるということである。

一九三九年四月一日

私たちの生活態度は違ったものにならねばならない。すなわち死の心構えを日々に確認するという態度が必要である。……私たちの人生はそれが超越者に根拠をもつ場合にのみ可能である。

一九四〇年十一月十六日

ゲルトルートは自分一人で死にたい、私をも同時に破滅させたくないという考え方を再三起こしている。—彼女を苦しめているのは、私が死ぬということであって自分が死ぬということではない。彼女は一人でこの世を去ってもよいという承諾を私から得たいと思っているのである。しかし私は、彼女が私を置いて死んでゆくことは堪えられない。彼女を死へと追いやる権力は私を殺すことになる。私たち二人のこのつながりは絶対的なものである。……私はゲルトルートを助け、ゲルトルートは私を助けるということ、このことだけが、この世界の中で我々を守ってくれるのである。

＊3

極限状態の中でヤスパースは、このような恐るべき現実に対して、古今東西の賢人たちはどう考え、どのように生きたのかを知りたくなった。それは、単に研究のために理論や思惟形式を学ぶことではなかった。実際に今直面している現実生活の問題を解決するために彼らから学ぼうとしたのである。ギリシア・ローマ時代から近代に至る西洋の哲学者だけでなく、東洋の哲学者も研究した。例えば仏教を創始した釈迦《しやか》（ブッダ）や、仏教中興の祖で空を説いた竜樹《りゆうじゆ》（ナーガールジュナ）などがそうだ。

ヤスパースは、彼らが言い回しは異なっているが、同じことを説いていると感じた。同じこととは、「真の自己は根源は包越者である。このことは完全には言い表すことはできないが、己の意志次第で覚知することができる」ということだった。真の自己を覚知することは、「包越者」によって生かされていることを確信することでもある。そのため覚知した人は、一見困難な現実にも惑わされることがなかった。

ヤスパースは、これまで「包越者」の覚知が大切だと考えてきた。その考えが、古今東西の賢人たちと一致することがわかり、自信を深めた。死と隣り合わせの状況下で、忍耐し沈黙した。「包越者」によって生かされている自分を確信していたからこそ、この現実を受け入れ、いかに生きるべきかと知恵と工夫を働かせることができたのだった。

一九四五年、ナチスが崩壊して第二次大戦が終結した。

ヤスパースは妻と共に、十二年にもわたるナチス政権下の時代を生き抜いた。

哲学は個人が自力で行うもの

生きながらえたとはいえ、ヤスパースは負い目を感じていた。ユダヤ人が連行されていったときに、何もできず身を潜めていたことに責任を感じていたからだ。その考えをもとに、戦後すぐに『責罪論《せきざいろん》』を発表した。自らを含め、ナチス政権下における消極的態度への反省とドイツ人全体の戦争責任問題について言及した。

しかし、全くと言っていいほど受け入れられなかった。かえって国賊呼ばわりされる始末だった。なぜなら終戦直後の多くのドイツ人にとって、ユダヤ人一般の問題はあまり関心を持つものではなかったし、戦前のユダヤ人への偏見がまだ残っていたからだった。

ヤスパースは大学再建のメンバーに選ばれたが、同じ考えを持つ者はいなかった。戦争が終わっても、完全に孤立していたのである。

一九四七年末、スイスのバーゼル大学から教授就任を依頼された。ヤスパースは、ナチス政権下の一九四一年にも招聘に動いていたバーゼル大学の申し出を受け入れることにした。お金の問題でも、自分の大学での影響力の問題でもなかった。戦後も偏見に苦しむ妻に安らぎを与えたいというのが一番の理由だった。

年が明けるとスイスに移住し、正式にバーゼル大学の教授に就任した。バーゼルで安息と自由を得たヤスパースは、積極的に執筆活動に打ち込んだ。この年には『哲学的信仰』を、翌年には哲学の歴史を論じた『歴史の起源と目標』を発表した。

一九四九年には、バーゼル放送局の依頼で十二回にわたって、『哲学入門』と題した講演を行った。哲学とは何であるかを一般の人々に語り、次の年に一冊の本にまとめられた。『哲学入門』は八カ国語に翻訳され、世界中で大きな反響を呼んだ。

ヤスパースは、哲学は学者だけがやるものではなく、あらゆる人がすべきものだと主張した。

> あらゆる哲学は現実化を通じて定義されるものであり、何が哲学であるかという定義は人それぞれが試みねばならないことなのである。かくして哲学とは、生きた思考を遂行することでもあり、この思考に対する熟慮（反省）でもあり、おのれの内的行為、ならびにその行為について語ることでもある。この世界でわれわれにこれこそ哲学だと思えるもの、それは各人固有の哲学する試みの中からはじめて知ることのできるものなのである。＊4

このことは、哲学という言葉の本来の意味を辿れば理解できる。日本で「哲学」という言葉が初めて用いられたのは江戸末期。西周《にしあまね》と津田真道《つだまみち》がフィロソフィアの訳として用いたのが原点だとされる。彼らは、「希哲学」、「希賢学」という字を訳に当てた。意味は、「賢哲《けんてつ》であることを希《こいねが》う学問」ということだ。それが時を経て、「希う」が省略されて「哲学」と呼ばれるようになった。希うこと、これは学者だけがするものでもない。また希うのは他の誰でもない、自分が行うことだ。個人個人が自力で行うのだから、集団でするものでもない。今はこうした部分が抜け落ちて哲学が理解されていると言える。

「包越者」の存在を確信する

我々人間は、哲学を通じて、自分は本来どういう存在であるか自覚しようとしてきた。ヤスパースは、古今東西の賢人たちが「いかなる時代にもそうであるように、包越者にもとづいて哲学」していたことを明らかにした。自分と「包越者」、一対一の関係で行われてきたのである。ところが、根源とされる「包越者」を言葉で完全には表現できない。言葉で語ることのできるものは、主体である自分と対立した客体として捉えることになるからだ。自分の根源である「包越者」を客体とすることは、主客分裂に陥ってしまうのである。

一方でヤスパースは、「包越者」を書き記せないが、その存在を「覚知する」ことはできると説いた。古今東西の賢人たちを例にこう論じた。

数千年の昔から、中国やインドやヨーロッパの哲学者たちは、伝達様式はさまざまに異なってはいても、あらゆる場所で、かつあらゆる時代をつうじて同一であるような内容について言い表わしてきた。それはすなわち、人間は一切の対象的なものが消滅し自我が解消してゆく過程で、主客分裂をのりこえて主体と客体とが完全に一体化する境地に達しうるということである。その境地においては本来存在が開かれており、そうした状態からめざめたときには、言いつくしがたいきわめて深い意味を持った意識があとに残るのである。この境地を経験した者からすれば、この主客一体化のほうこそ真にめざめた状態であり、主客分裂をもった意識にめざめるのはむしろ眠ることを意味するのである。＊4

この主客一体の境地に達する上で、彼は瞑想の重要性を指摘している。我々は、日常の中で他者と交わって生活している。他方で、自己を確認するには独り熟慮する瞑想の時間も必要だというのだ。

こうした瞑想の過程で、私が生きる根拠、しかもよりよく生きることのできる根拠である包越者が覚知されるなら、この瞑想は、際限なく働いていて技術的装置のなかに引きこまれているときでさえ私を一日中支えてくれるような、根本的気分となって広がることになる。なぜなら、その日その日のすべての気分や運動の背後になお常に現前していて私の心をひきしめ、私が道をはずれて混乱に陥り情欲に動かされる場合にも私はまったく地盤のないところに没落させることのないような根本的態度が獲得されるということ、このことこそ、いわば私が私自身に還帰する瞬間のもつ意味であるからである。というのも、こうした瞬間によってこそ、現在のもののうちの同時に回想と未来とが存在することになり、互いに相関を保って持続しつづけるようなものが存在することになるからである。＊4

しかし、瞑想をし続ければ覚知できるものではない。瞑想する前に、まず「包越者」の確信がなければならなかった。

この（瞑想）の試みにあっては、断固として人生に押し入ってゆくこと、最悪の事態に対してもわが身をさらしておのれを糊塗《こと》しないこと、ものを見たり問うたり答えたりするに当たっては制限なしに誠実さを支配せしめること、こうした態度が肝要である。それは、全体を知ることがなく本来的なものを明確に所有することがないままにおのれの道を歩んでゆく生き方ではない。また、この世界から直接客観的に超越者を見ることができるようなのぞき窓というべきものを偽りの議論や欺瞞《ぎまん》的な経験によって見出したり、直接明確にわれわれに語りかけてくる神の言葉を聞いたりすることでもない。むしろ、事物の常にあいまいな言葉である暗号を聞きとりしながらも超越者を確信している生き方、こういう生き方こそ肝要なのである。＊4

実際にヤスパース自身も、瞑想によって覚知した人であった。では、彼のように「包越者」を確信した人の生活はいかなるものだったか。

こうした態度によってこそ、疑わしい現実生活にあって人生はよいものとなり、世界はすばらしいものとなり、現実生活そのものが充実したものになるのである。＊4

幸福に他ならなかったのである。その手助けをするのが、真の自分を知る方法としての哲学だった。

哲学するということは、根源を目覚めさせておき、おのれ自身に立ち戻り、内的行為によって力のかぎりおのれ自身を助けようと決断することだ。＊4

常に還るべき根源を確信している人は、どのような現実にも立ち向かうことができた。事実、ヤスパース自身が、それを証明している。そこには、絶望というものは存在しなかった。

自由は常に与えられている

驚くべきことにヤスパースは、「常に自由だった」とも感じていた。あの極限状態においてさえもだ。なぜなら自由もまた、「包越者」によって与えられたものだったからだ。これから引用する文中でヤスパースは「神」という言葉を使っている。この「神」は宗教的な神を哲学的に深めた超越者である。「包越者」と同じ意味である。

　現実におのれの自由を意識している人間は、同時に神を確信する者でもある。自由と神とは不可分であるが、それはどうしてであろうか。
　私は私の自由において私自身を通じて存在するのではなく、この自由のただなかにあって（超越的なものから）贈与されたものであるということ、このことは私にとって確かなことである。というのは、私は私に到来しないこともありうるし、私の自由を私に強制することができないからである。私が本来的に私自身であるところにおいて、私には、私は私自身によってそうあるのではないということが確信される。最高の自由は、世界からの自由のただなかにありつつ同時に最も深いところで超越者に結びあわされていることだということ、このことが明白に知られるのである。

人間の自由のあり方をわれわれはその人の実存と呼ぶ。神は、私の実存する場面である決意性とともに私に確信される。知識内容としてではなく、実存に対して現前してくるものとして、神が確信されるのである。＊4

生涯生命の危機と向きあい、制限された生活を送ったヤスパースが、このことを「実際に体験した事実だ」と言っているというのは、大きな意味を持つ。

われわれはおのれの自由において（超越的なものから）贈与されているのである。われわれは、愛することなく、またなすべきことがわからない場合、おのれの自由を無理に働かせることはできない。自由に決意し有意義な生を選びとる場合、われわれは、そうした自分自身の力によるものでないことを意識している。自由の高みには、自分の行為を必然的なものだと感じる―といっても、自然法則に従う不可避の生起という外的強制によってではなく、ほかのようにはまったく意欲しようがないことの内的承認として、そう感じるのである。そしてこの自由の高みにあっては、われわれは、おのれのこの自由において超越者から与えられたものとしておのれを意識する。人間が本来的に自由であればあるほど、神はそれだけ確実なものとなる。私が本来的に自由であるところでは、私は私自身によってそうなのではないということが確信されるのである。＊4

その上で、「包越者の確信と自由は一体である」と断言した。

神との関連はもっぱら自由と一体のものであるから、各人が単なる生命的な現存在維持から自己自身へと飛躍を遂行する場合にはじめて、その関連が各人に輝いてくるのである。そして自己自身への飛躍とはすなわち、人間が世界から真に自由でありつつ今はじめて世界に対しておのれを開くようになるところへの飛躍であり、また、神と結びあって生きるがゆえに彼が世界から独立的でありうるようなところへの飛躍である。私が本来的に実存する程度に応じて、私にとって神が存在するようになるのである。＊4

「包越者」が存在することで、自分が存在し、自由がある。このような位置づけは自然に成立している。このような本来自然に成立していることを、哲学によって自覚するのである。

哲学は信仰を与えるのではなく、ただ、信仰するように覚醒させうるのみであり、──かくしてわれわれが（神的なものを）想定し確定し保持するのを助けることができるのみである。人はそれぞれ、本当はすでに知っていたことを哲学において理解するのである。＊4

この放送以降、ヤスパースは毎年著作物を出版し、精力的に活動した。一九五八年には、監禁時に取り組んだ古今東西の賢人たちの研究をまとめて『偉大なる哲学者』を出版した。いかなる時代も偉人たちは、「包越者」にもとづいて哲学していると説いた。

またこの年には、当時の冷戦における政治の思索も発表し、『真理・自由・平和』や、ラジオ講演をもとにした『原子爆弾と人間の将来』を出版した。翌年にはエラスムス賞を受け世界的名声を確立した。一九六〇年出版の『自由と再統一』ではドイツ政治にも一石を投じた。

一九六二年にバーゼル大学を退職した後は、『哲学的自伝』や『運命と意志』など自伝を発表した。これまでの人生を振り返り、「子どもの時から少しも変わっていない」と感じた。常に「人間たちがそれぞれの信仰の多様性にもかかわらず結びつけるところの根本知」を探求し伝えてきたことが、年齢を重ねるにつれて明白になっただけだった。ヤスパース自身も人々に説いたように、「本当はすでに知っていたことを哲学によって理解した」のだった。

与えられた生に感謝する

八十歳を超えても日々仕事にはげむヤスパースは、あるとき友人に死についてどう考え、どう対峙するのかと問われてこう答えた。

わたしはわたしに依然贈られてくる各瞬間に感謝しております。毎日新しい朝を迎えるのは思いがけない幸せ、賜物であって、人間が与えるものではありません。世界の豊饒と刻々新たな美と共に、現在は私たちに贈られています。……何かまだ？　＊5

人間の命ははかない。我々は与えられた有限な人生を生きる。今生きているこのときはかけがえのないものである。与えられた今このときの生に感謝し、幸福に生きることが、人にできることであろう。ヤスパースは死を知っていたからこそ、質問に対して「与えられた生に感謝する」と答えたのである。

ヤスパースは、今このときを生きていることの大切さを人々に訴え続けた。『哲学入門』の中でもこう説いている。

　哲学することの意義は現在性という点にあるからである。われわれはただ一つの現実、いまここでの現実があるだけである。回避することによってなおざりにしたものはけっして二度とはもどってこない。しかし自分を浪費する場合にもまた存在は見失われる。毎日毎日が高価なのであって、この一瞬が一切でありうるのである。＊4

そして『哲学入門』は、こういう言葉で締められている。

　過去のことや未来のことに耽ってばかりいる場合には、われわれは自分の課題に負い目をもつことになる。現在の現実を見通すことによってのみ、時間を超越したものが手に入れられるのであり、時間を捉えることによってのみ、一切の時間が消滅するようなところに到達できるのである。＊4

一九六八年夏、ヤスパースは脳卒中で倒れた。病状は徐々に悪化し、自らの死期を悟った。病床でヤスパースは、「人生の幾度の困難を乗り越えられたのも哲学によって生命の根源を確信したからこそである」と再認識した。彼にとって哲学は、単に抽象的なものを思索したり議論したりするものではなかった。現実生活を幸福に生きることができるという〝結果〟を伴うものだった。自分や妻、そして人々を幸せにする結果をもたらさなくては意味がなかった。

そのような哲学の自覚を訴え続けたヤスパースは、翌年八十六歳で亡くなった。

最愛の妻ゲルトルートは長生きし、五年後に九十六歳で亡くなった。二人とも、与えられた生、天寿を全うしたのだった。

人はいかに生きるかを考えていたとしても、いかに死ぬかは考えていない。どんな人にも必ず死はやってくるにもかかわらず、その意識は希薄である。

鎌倉時代後期の僧、無住《むじゅう》は、説話集『沙石集《しゃせきしゅう》』の中でこう説いている。「古人は『無常迅速《むじょうじんそく》に、生死事大《しょうじじだい》なり』と言っていた。人が生きていられる歳月は、ほんの一瞬にすぎない。四大からなる幻のような現身が、どうしていつまで続くことがあろうか。一刻一刻死が近づき、一歩一歩変化していく。息が出入りするわずかな間も、死は待ってくれない。今朝生きているからといって、翌朝生きていられるとは限らない。稲妻や水に浮かぶ泡はその姿を留めていない。わずかな間のものである。草におりる露のはかない命は、日が昇るまでのものである」と。百年生きるつもりで財産をたっぷり貯え込む人がいるが、死んだらいくら財産があろうと持って行けない。「あらゆる人間がわかったような顔をして、実にわかっていないのが、死である」と。

我々には、死という到達点とする生しか与えられていない。誕生したその瞬間から、一刻一刻死に近づいているのである。

生を考えることは、必然的に死を考えることになる。ソクラテスは「哲学とは、死の学びである」と言った。孔子《こうし》も「未《いま》だ生もわからず、いずくんぞ死を知らん」と言っている。彼らにとって、いかに生きるかということは、いかに死ぬかということでもあった。

ヤスパースもまた同じであった。死があるから幸せに生きることができる。「いかに幸せに生きるか」は、「いかに幸せに死ぬか」ということだった。ヤスパースの実体験において何一つ矛盾するものでなかった。ヤスパースにとって死は、よりよく生きるための知恵だったのである。

哲学することが死を学ぶことであるというのであれば、この場合、死ぬことができるという能力は正しく生きるための条件に他ならない。生きることを学ぶことと死ぬことができるということは同一のことなのである。＊4

ヤスパースの略歴

一八八三年　ドイツ北部のオルデンブルクで生まれる。
一九〇一年　慢性の気管支拡張症と診断される。
一九〇二年　法学部から医学部に転部。
一九〇八年　医学博士取得。ハイデルベルク大学精神科病院の助手に就任。
一九一〇年　ユダヤ人の妻ゲルトルートと結婚。
一九一三年　『精神病理学総論』発表。心理学教授資格取得。
一九二二年　ハイデルベルク大学で哲学正教授就任。医師から哲学者に転身。
一九三三年　ナチスにより大学運営職務から排斥。以後国内で妻と監禁生活。
一九三五年　『理性と実存』出版。
一九三七年　大学教授免職。
一九四五年　十二年にわたる監禁生活が終わる。大学職務復帰。『責罪論』出版。
一九四八年　スイス・バーゼルに移住。バーゼル大学教授に就任。
一九四九年　『哲学入門』の講演を行う。
一九五九年　エラスムス賞受賞。
一九六九年　八十六歳で死去。

ブランクーシ　「無私が大いなる力を引き寄せる」

コンスタンティン・ブランクーシ（一八七六～一九五七）はルーマニア人。二十世紀を代表する彫刻家である。代表作としては《接吻《せっぷん》》と《空間の鳥》両シリーズなどがある。現在、パリのポンピドゥー・センターで再現された彼のアトリエで作品を見ることができる。彫刻は大理石やブロンズなどであるが、素材感を消してしまうまで磨き上げられている。そしてフォルムは究極まで単純化されている。

ブランクーシは、それまでの具象彫刻とは全く異なった作品を生み出し、現代彫刻の祖とされる。その後の多くのアーティストにも大きな影響を与えた。しかし、彼自身は「自分の作品は抽象ではなく本質を表現した具象である」と語っている。周囲の解釈とは正反対なのである。そうした解釈も、彼にとって不要なものであり、削ぎ落とされるべきものだった。

ものをつくる喜び

ブランクーシは一八七六年ルーマニアの農村ホビツァで、農民の父と聖職者の家系の母との六男として生まれた。父親と兄たちのいいなりになるのが嫌だった少年は、早くこの農村から出たくて仕方がなかったようだ。早くも七歳のときに家出をしてトゥルグ＝ジェの街に出ている。このときは母に連れ戻されて村の小学校に通うことになったが、ブランクーシは家出の機会を狙い続けていた。まもなく学校を抜け出して樽屋の見習いになることに成功した。だが、またもや発見されて別の小学校に入学させられた。

十歳になる前に父が亡くなった。望み通りブランクーシは学校を辞めることができたが、父の仕事を受け継いで羊飼いとして働くことになった。結局農村の狭い世界から出ることはできなかったのである。

他人のいいなりになる人生などごめんだ―ブランクーシは羊飼いの仕事に耐えられなかった。ブランクーシはものをつくるのが好きだった。幸い手先も器用であるからそのような仕事に携われたらと、再度トゥルグ＝ジェに出た。まずは染物屋の住み込みの見習いとなった。もはや帰るべき家はない、食料品店や宿屋などで寝る間を惜しんで働き、なんとか食いつないだ。

数年後、ようやく輸入雑貨店で木を使っていろいろなものをつくる仕事につけた。彼が作ったヴァイオリンは非常に澄んだ音色を奏でて評判だった。雇い主や顧客はブランクーシの才能を高く評価し、工芸学校で学べるように援助を申し出てくれた。

そうして十八歳のとき、クライイヨヴァ工芸学校に入学する。木彫をはじめ、力学、指物《さしもの》、鋳造技術も学んだ。二学期からは第二学年に編入し、奨学金を得て寄宿生となった。作業に熱中し、成績も優秀だった。夏休みには、クライイヨヴァの同業組合の支援を得て、ウィーンの家具師ロートのもとで働いた。おかげで職人の免許も得ることができた。

クライイヨヴァ工芸学校を卒業すると、首都ブカレストの国立美術学校で引き続き彫刻を学ぶことにした。作品はそれなりに評価されていた。クライイヨヴァで開かれた地方美術展で、《古代風の胸像》が二つの名誉賞を受賞していた。しかし、生活は相変わらず苦しかった。貧しい若者四人と共同生活をし、皿洗いをしてなんとか学業を続けている状況だった。

その後もコンクールでいくつかの作品が賞をもらった後、美術学校を卒業した。卒業してからも学校の道具や設備を借りて制作活動を続けた。生活費は、周辺の村で大工仕事をしたり、ブカレストの軍付属病院から依頼された胸像を制作したりして稼いだ。

次第にブランクーシはブカレストでも物足りなくなってきた。そこで一九〇四年、芸術の中心地パリで学ぶことを決心する。母に別れを告げると着の身着のままで出発した。ブダペスト、ウィーン、ザルツブルク、ミュンヘン、チューリッヒ、バーゼルといった都市を経て、数カ月かけてパリに到着した。その道のりは壮絶だった。資金が途中で底をついたため、汽車ではなく徒歩の移動が大半だった。バーゼル近くでは豪雨に遭って肺炎にもなった。危うく命を落としかけたが、リュネヴィルの修道女姉妹に助けられた。ブランクーシは親切なこの姉妹に感謝の印として、十字架を彫って贈っている。彼女たちを始め、農民たちから食べ物や水などをもらいながら、なんとかパリへ辿り着いたのだった。

生活も作品も自分の内的感情から生まれる

パリではブカレスト時代の学友たちと生活した。「道端で倒れないように、壁によりかからなければならなかった」ほど、生活は厳しかった。教会やルーマニア政府から得ていた報奨金や助成金は微々たるものだった。平日は皿洗い、週末はルーマニア正教会の聖歌隊の先唱者代理をしながら彫刻作品を制作していた。

別のことをしていれば、お金は手に入れられたでしょう。けれども私は彫刻することを選びました。私がパリに着いて、あのような生活をしたということは、私がそう望み、そうしたかったからです。私の賭は私のものです。（ブランクーシ＊1）

一年後、国立美術学校に見事合格してアントナン・メルシェに師事した。「成績は優秀、すばらしい資質がある」と評価された。この年にはいくつかの作品が入選し、パリでも認められるようになった。サロン・ドートンヌ（秋の展覧会）では、《子供》、《プライド》らが入選した。サロン・ド・ラ・ソシエテ・ナショナル・デ・ボザール（国民美術協会展）では《M・Gの胸像》が入選した。後者では、オーギュスト・ロダンが審査委員長を務めていた。ロダンは、《地獄の門》や《考える人》などを制作し、〝近代彫刻の父〟と称される人物である。

ロダンはブランクーシを高く評価していた。一九〇七年一月に、ブランクーシはロダンの弟子になる。本人の知らないところで、友人やパリの上流社会に属するルーマニアの貴婦人たちが推薦してくれたからだった。ロダンも喜び、ブランクーシがアトリエに来てすぐに、「自分の助手にならないか」と誘うほどだった。

しかしそれから三カ月後、ブランクーシはロダンのもとを去る。

大樹の下には何も育たない。＊1

と、考えたからだった。後に、ロダンとの生活をこう振り返っている。

ロダンのところでは一日に一点の彫刻を制作した。私は彼と同じようにしていたのだ。私は無意識に模倣をしていたのだが、下手な模倣であることはわかっていた。私は不幸だった。あのときが一番苦しい時代だった。探求の時代、私自身の道を見出さなければいけない時代だった。私はロダンと別れた。彼を怒らせたに違いないが、自分の道を探さなければならなかった。私が手に入れたのは、率直さ、平和、喜びだった。＊1

ブランクーシは、自分の人生は自らの手で切り開くべきだと考えたわけだ。他人の言われた通りに過ごすことは、彼にとって人生の放棄でしかなかった。自分がやりたいことをやろうと独立したのである。怒らせたと思っていたロダンも、「実際のところ、彼は正しい。私と同じくらい彼は頑固者だ」と理解を示してくれた。

独立後、早速ルーマニアのブザウにあるドゥムブラヴァ墓地に設置する《祈る人》の制作を依頼された。これと同時に、《大地の知恵》、《接吻《せっぷん》》の制作に取り組んだ。

中でも《接吻》は、重要な意味を持っていた。なぜなら《接吻》はロダンも同題で一八八六年に制作していたからだ。ブランクーシの《接吻》はロダンの作品とは全く異なっていた。形態は単純化された。象徴的な抱擁する姿と共に、石の量塊をも感じさせる。

以後《接吻》シリーズは、四十年にわたって制作し続けた。亡くなる直前の一九五六年には、一九〇七年制作の《接吻》についてこう語っている。


いつもと同じように、この彫刻の制作にも大変長い時間がかかってしまいました。私には、二人の人間の表面的な形の反映が、本質的な真実とはとても遠いところにあるものだという限界がわかっていましたし、また、これらの彫像が、人間の悲劇であり喜びでもあるという重大な出来事、つまり誕生とどれほど異質なものであるかということもわかっていました。それは、生と死の崇高さといったものをほとんど映してはいないのです。実際、私はこの彫刻によって一組の男女ではなく、死ぬ前、つまり現世において愛し合うすべての男女を表したかったのです。私の作品はどれも、このような〝内的感情〟から生まれているのです。＊1

目に見えるもの、表面的なものが真実なのではない。むしろ目に見えないものこそ本質であり真実である、そう断言しているのだ。ブランクーシは、そのような本質を捉えて表現しようとした。

コンスタンティン・ブランクーシ
《接吻》 1908年

一九一〇年には、《祈る人》をサロン・ド・ラ・ソシエテ・デ・ザルティスト・ザンデンパンダンに、《大地の知恵》をブカレストの「芸術の青春展」に出品した。

制作に関してブランクーシは非常に厳格な姿勢を貫いた。生活も禁欲的であったため、周囲は彼を仙人のような存在に仕立て上げた。しかし世間と没交渉だったわけではない。

パリの生活にも慣れると、多くの芸術家と交流するようになった。フェルナンド・レジェやマルセル・デュシャンをはじめ、マティス、ピカソ、モディリアーニと知り合うこともできた。ブランクーシの作品に感化されたモディリアーニは、ブランクーシから直接石彫技法を学んでいる。絵画で有名なモディリアーニだが、この時期は彫刻家として活動していた。二人は親交を深め、モディリアーニの故郷であるイタリア・リヴォルノに一緒に旅するほどだった。

ときには女性を同伴して飲みに出かけたり、劇場やダンスホールにも足をのばした。友人のペギー・グッゲンハイムの証言によれば、ブランクーシは「フランスのとても上品なホテルに泊まるのが好きで、農民の格好をして出掛け、できるだけ贅沢なものを注文する」ような茶目っ気がある人物だった。

無私《むし》が大いなる力を引き寄せる

いかに物事の本質を表現するか、それが中心課題だった。探求に探求を重ね、徹底的に形態を単純化するようになっていった。たまねぎの皮を一枚一枚剥くように、余分なものを削ぎ続けたのである。その上では自分の感情や自我も不要だった。願わくば〝無私《むし》〟になることだった。〝無私〟を追求すれば、ものごとの奥にある本質、自然の神秘を見出すことができると考えていた。それゆえ常に「自分自身との断絶の方法、自我の放棄の方法」を見出そうと懸命だった。

個人の自我と虚栄は消滅されなければならない。自我の完全な排除によってのみ、あらゆる現象の背景に不変に存在する真実の奥深い原理を発見し、実感することができる。自我の廃絶に至れば、自然の隠された心臓の鼓動を聞き、自然の神秘にあずかることが完全にできるのだ。＊1

自我を捨て無私になり、本質それだけを求めてひたすら仕事をする。そうすると、そこに神とも呼ぶ、人間を超えた存在の大いなる力が働いて作品が完成する。

私たちの仕事を創造的なものだと言うことは、非常な傲慢を示すことである。それは仕事であって、それ以上のものではない。創造するのは神しかいない。私に関しては、私は石によって仕事をし、磨く……だが石のうちに形態を見い出してからのことだ。＊1

作品は大いなる力があってはじめてできる。ブランクーシは、なんでもかんでも自分の力や才能でできるとは決して思っていない。古来より「神託《しんたく》」という言葉があるが、ブランクーシはまさに「神託」によって制作していた。謙虚に自分よりも大きな力に対して祈って、その力を与えてもらう。創作者たるブランクーシは、その大いなる力がうまく働くように、無私となってその力の意向に沿うだけなのだ。

それは、作品を〝作る〟というよりは、〝作らせられる〟と言うのが正確だろう。

ブランクーシは、そうした〝作らせられる〟姿を職人に見た。職人は、ただよいものを作ろうとする。ただそれだけを念頭に置き、仕事を実行する。そこには一種の無私がある。彼らと同じく、ブランクーシも職人だった。直彫りし、何年もの間ひたすら研磨作業を行う仕事を実行した。よく自分の作品の前にたたずみ、ブランクーシは、こう言っていた。

これ、お気に召しましたか。これ以上よくすることはできないのですから、お気に召すに決まってますね。＊1

ブランクーシは大いなる力に語りかけていたのだ。

目に見えない本質は現実にある

ブランクーシの作品の多くは、大理石やブロンズなどを彫って削られている。そして素材感を消してしまう程長年にわたって磨き上げられた。本質を伝えるために余分なものを徹底的に削ぎ落としたのである。

単純さは、芸術の目的ではない。しかし、事物のリアルな感覚に接近してゆくと、知らず知らずに単純さに到達するのである。単純さは、その底に神秘さを秘め、その意義を理解するためには、その本質によって成長しなくてはならない。＊2

そうして卵形、立方体、それら二つを統合したもの（卵形と立方体、球形と立方体）など完全に純化された諸形態を産み出していった。レオナルド・ダ・ヴィンチの言葉にあるように、「洗練を突き詰めると簡潔になる」のである。

徹底的に単純化されたブランクーシの作品は、それまでの具象彫刻とは一線を画していた。そのため彼が求めた目に見えない本質や、イメージを理解できない人は大勢いた。

一九一三年、ニューヨークでの国際近代美術展「アーモリー・ショウ」が開かれた。前衛芸術の展覧会だったため、伝統的な美術家、観衆、メディアに衝撃を与えた。アングル、ドラクロワ、セザンヌ、マティス、ピカソらと一緒に、ブランクーシは作品五点を出品した。

翌年の秋には、シカゴでも同じ展覧会が開催された。そこでは反対派が、ブランクーシとマティスの人形を街頭で燃やすという抗議活動を行った。「アーモリー・ショウ」のような事件は、以後も度々起こった。

次の騒動は、一九二〇年にパリで起きた。サロン・デ・ザンデパンダンで《王妃X》が、反対派から「男性器のようで卑猥である」と訴えられたのだ。訴えを聞いた警察の命令で撤去させられることになった。罵りと励ましが入り交じった群衆の声を聞きながら、人垣をかき分けてブランクーシは作品を持ち帰った。

もちろん評価してくれる人もいた。同じ年には、アルフレッド・スティーグリッツとエドワード・スタイケンの企画で、初めての個展がニューヨークのフォト・セセッション・ギャラリーで開催された。この個展でジョン・クインと出会い、彼はブランクーシの作品のもっとも熱心なコレクターとなった。

こうした騒ぎがあっても、ブランクーシの制作活動が揺らぐことはなかった。彼の代表的作品として位置づけられている《空間の鳥》シリーズの制作を、一九二三年から開始した。ブロンズの量塊が単純化され、磨き上げられた結果、美しい輪郭を描いて立っている。以後約十年にわたって制作された。

この《空間の鳥》でも騒動を引き起こした。一九二六年に、《空間の鳥》がニューヨークに着いたとき、アメリカの税関は芸術作品とせず課税対象の金属品とした。徹底的に抽象化された作品が、材料と同一視されたのである。これに対してブランクーシは、アメリカ合衆国を相手取って訴訟を起こした。

鋳造所から金属の塊が出てきてから後の作業はすべて手作業だった。機械は一切使っていない。黄金のように輝くブロンズの光沢は、「長い時間をかけて非常にやさしく、小さな槌で叩くことによって」得られたものだった。文字通り、ブランクーシの手で産み出された芸術作品である。

ブランクーシの助手を務めていた彫刻家のイサム・ノグチはこう証言する。作品を出品したときは、毎週会場に派遣されて、「銅や真鍮製品のように」作品を研磨したと。さらに「仕上げの問題は彼（ブランクーシ）にとってオプセッション（偏執）でした。偶然に混じり込んだ不純なものを完全に除去して、材料の純粋な本質を捉えることを望んだのです」とも語っている。

二年間の裁判の結果、ブランクーシ側が勝利した。一連の出来事で、「芸術とは何か」が問われたと言える。


騒動は反対派だけでなく、支持者の中にも引き起こした。というのも、ブランクーシは二十世紀の彫刻家の中でも大変多くの研究がなされている人物である。結果、様々な解釈が入り乱れている。近代美術を純粋化の過程として捉えるモダニストたちは、ブランクーシを革新者として位置づけた。彫刻史において抽象化の道を開いたのだから抽象彫刻の大家というわけだ。アメリカに端を発したこの評価は日本にも展開し、抽象彫刻家としての位置づけは強固になった。

一方で、西洋社会から見れば特異で神秘的な面に注目する人々もいた。故郷ルーマニアの人々は、ルーマニアの民族芸術を作品の中に観た。その原始的な純粋さを強調するため、神話、原始宗教、アフリカ芸術と結びつける者もいる。

非西洋的な要素を並べることは、そこに神秘的な雰囲気を醸し出した。ブランクーシは幅広い知識を持っていたことで知られる。輪廻転生を信じ、仏教や老子など東洋文化・思想にも造詣が深かった。そのためブランクーシはまるで仙人のような存在として伝説化した。

こうして様々なブランクーシ像が形成されていったが、果たしてそれが実像と一致するかというと大いに疑問である。批評家はブランクーシを理解していると自負しているだろうが、実際は都合よく解釈しているにすぎない。

では、ブランクーシ自身はどう考え、どう信じていたのだろうか。ブランクーシは自らの作品を抽象的だと位置づけていなかった。

私の彫刻について考えたすえに、抽象だという結論にゆきつく人は、まったく見当はずれであり、そういう人は何もわかっていないし、またこれからもわかる見込みはないでしょう。なぜなら、私の作品が目指しているのは何よりリアリズムなのです。私が追求しているのは、内なる現実、隠された現実、物のそれぞれの現実になかにある存在それ自体なのです。そして、それこそ根本的な現実であり、私の作品の発展に関係のあることなのです。＊1

物事の奥にある目に見えない本質、これをブランクーシは捉えようとした。その本質は、目に見えなくとも確かに存在した。したがってそれは抽象的ではなく、現実の極みにあるものだった。

この物事の本質という点に注目した研究者は、ブランクーシとプラトンの哲学と重ね合わせた。プラトンは、不可視な世界にある普遍の実在、もののかたちそれ自体を意味する「イデア」論を展開した。例えばあるものが美しいのは、そのものが「美のイデア」にあずかる限りにおいて、美しいのである。これにあずからなくては美しくない。「イデア」は原型あるいは、典型と言い換えることができる。

ブランクーシもこのプラトンの哲学についてはよく勉強していた。《空間の鳥》シリーズを説く

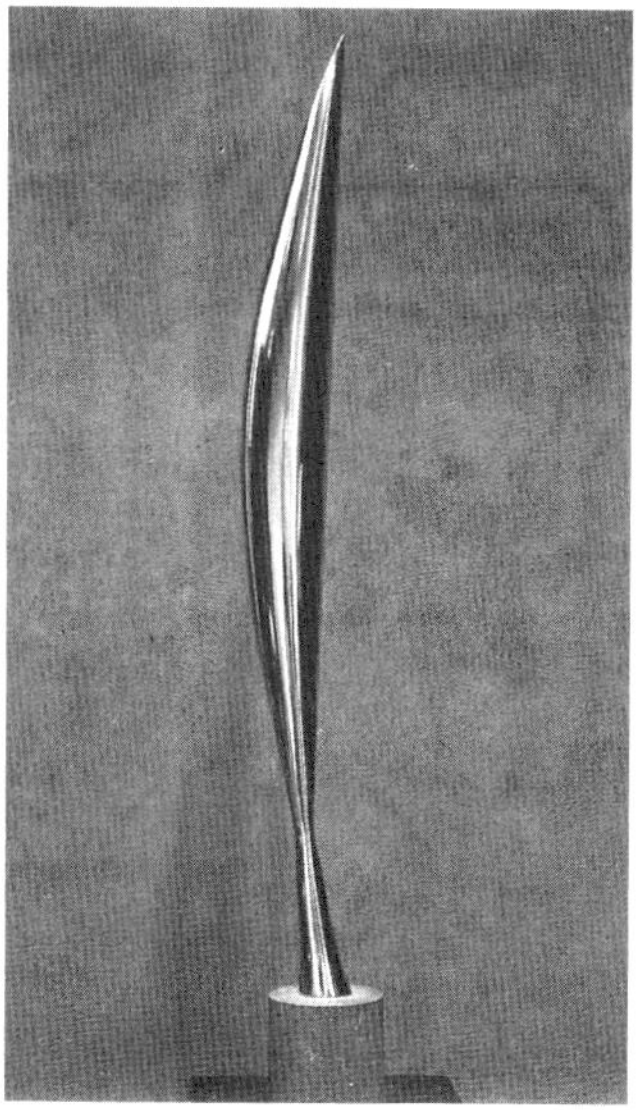

コンスタンティン・ブランクーシ
《空間の鳥》 1928年頃

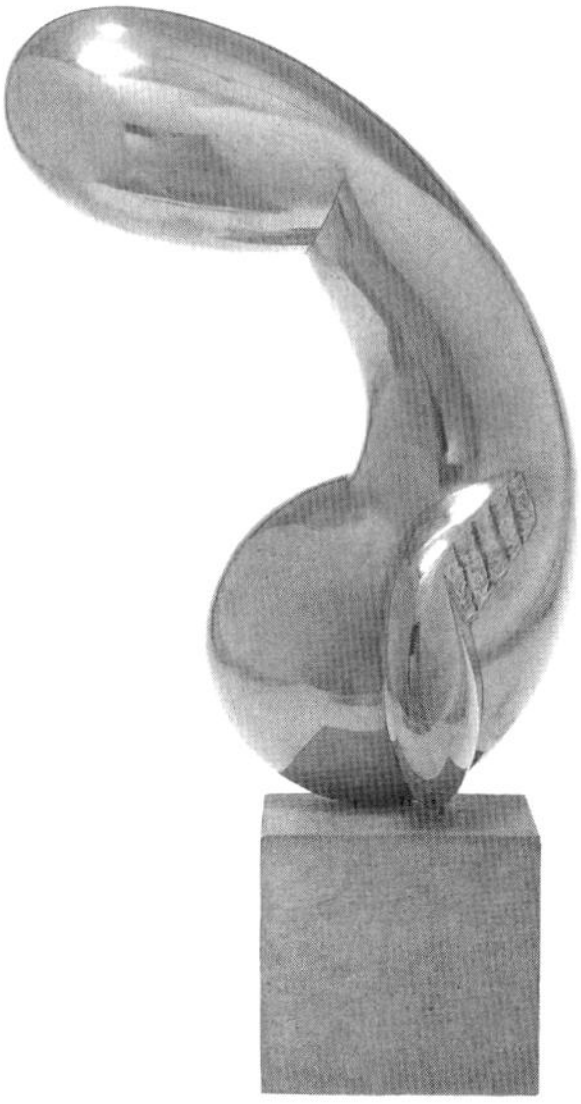

コンスタンティン・ブランクーシ
《王妃 X》 1916年

上で、イデア論にも言及している。

この彫刻は、どの時代のものでもありうる。特定の時代と結び付けられるような特徴はすべて剥ぎ取った、本質的な形態だからだ。＊1

《空間の鳥》は、単に鳥を彫刻したものではなかった。彫刻したのは、鳥の本質たる飛翔《ひしょう》であった。

《鳥》の本質だけが残っているのです。イデーと精神です。わずかの線と、ある角度、湾曲、それらが目も眩むような上昇感を表すのです。《鳥》のイデー、つまり飛翔だけが残るのです。私は翼と嘴、爪と鶏冠、目と脚すべて省略しました。＊1

さらに制作における考えを、以下のように述べている。

《鳥》は、不活性な物質の限界から人間を解放する飛翔の象徴なのです。同時に、私は、これらすべてを一つにまとめなければならなかったのです。まさに、相容れない要素が、新たな、そして、最終的な全体のなかでひとつにならなければならなかったのです。《鳥》の同体のこの楕円形によって、私は、ふたつの絶対的な動きを区別すると同じに結びつけたのです。私は、他人の力を借りずひとりで、この《鳥》に軽々と飛翔するような感覚を与えるために、どのようにしてこれらのフォルムを結びつけるか自らに問いかけていました。＊1

飛翔によって美を体験してほしいと考えていたのである。飛翔を彫刻した結果、徹底的に純化された作品形態になったというわけだ。

《魚》という作品にはこのような表現で言及している。

あなたは魚を眺めるとき、あなたはそのウロコに注意はしない。そうではないでしょうか。あなたは水面下の動き、その遊泳、その肉体のきらめきを考える……そうです。私が表現したいと思うのはこれです。もし私がそのヒレ、眼玉、ウロコを再現するとすれば、私は動きを殺してしまい、現実のパターン、あるいはその外形を得たことにしかなりません。私がとらえたいのはその精神のきらめきなのです ＊2

こう見ると、ブランクーシを〝プラトン主義者〟とする解釈はもっともらしく聞こえる。しかし、「無私を追求したブランクーシの作品になぜ個性を感じるのか」という疑問には答えていない。この観点でさえも、こぼれ落ちているものがあるはずだ。

無私の先にある魂の個性

美を体験する飛翔について、もう少し深く見ていきたい。

ブランクーシと同じく、「飛翔」という表現を使って、美の体験を語ったのが、古代ギリシアの大哲学者ソクラテスだ。プラトンの著した有名な『パイドロス』や『パイドン』の中で、「飛翔」

についての説明がある。

ソクラテスは、真善美《しんぜんび》という言葉があるように、美とは真と善と一致するものだと考えた。この真善美の本体は神の下、天に属するものだった。人間を超越した天に属するので、人間が有するものでない。またわかるものでもない。人間はその存在を知っているだけにすぎない。

「無知の知」を説いたことでも知られるソクラテスは、真の知は「神より外に誰も知る者がない」ものと断言している。人間を超越した天の存在を認識し、人間の無知と限界を知ったとき、はじめて「無知《むち》の知《ち》」を理解できる。

したがって天を認識せずして、真の知に触れることも真善美の観得《かんとく》もできない。

しかし、真善美は不可視である。どのようにして美に触れることができるのだろうか。

我々が肉体を介して対象を知覚したのを機に、思慮が想起《そうき》される。思慮とは目に見えず、顕在意《けんざいい》識《しき》よりももっと深い潜在《せんざい》・深層意識《しんそういしき》にあるものだ。ほとんどの人は自覚していないが、この潜在・深層意識の世界には、わたしたち一人ひとりの魂もある。我々人間は、目に見える肉体と目に見えない魂の両方が存在して生きている。この魂には翼があって、それは真善美に類する天にゆかりある性質を持っている。言うなれば、誰もが翼を持っているのだ。魂がこの世界からかの世界（天）の美の本体へ「飛翔」することで、美を体験することになる。そうソクラテスは考えた。

美を体験することは、そのまま真善美を体験することになる。真善美を観得したとき、我々は喜びに満たされ、幸福を感じる。ソクラテスの言う「飛翔」とは、天上へと魂が飛翔することを意味した。

生涯ブランクーシは無私になることを重んじた。では、無私と魂の活動・飛翔は同時に成立することなのだろうか。

ブランクーシが指摘する自我は、我々が「私」と考えるところの顕在意識である。普段我々は、自分の考えや感情を意識しているが、それらは顕在意識であり、自我もまたその中にある。

無私になることは、その自我をなくすことである。しかし、それは自分を完全に捨てたり、否定したりすることと同じ意味ではない。顕在意識下の自我は、自分という存在のほんの一部にすぎない。

真の自分とは肉体や心といった諸要素を客体視する魂である。我々は、肉体と顕在意識下の自我だけでなく、潜在・深層意識下の魂があって生きている。そして真の自分たる魂があるからこそ、真善美を観得でき、幸福を感じることができる。

すなわち無私になることは、魂までなくすことではない。無私によって作られたブランクーシの作品が、「確かにこれはブランクーシの作品だ」と個性を感じることができるのは、魂の痕跡《こんせき》が存在するからである。これこそ真の個性とも言えるものだろう。

芸術作品を通じて作者の魂を感じるのもまた、見る側の魂である。ときに我々は感動する。そこには自我や立場、考えといったものはない。理屈抜きにただ対象に見入ってしまう。それは分析できるものでもないし、完璧に言葉で言い尽くせるものでもない。感動したとき、気づかぬうちに我々は無私となっている。無私なのに感動しているのは、真の自分たる魂がふるえているのである。例えばブランクーシの《鳥》に感動したとき、見ている人の魂は「飛翔」している。

私が表現したかったのは鳥ではなくて、その才能の、飛翔、上昇感なのです。私はこの試みが成功するとはまったく考えていませんでした。……神はどこにでもいます。人は自らを捨てたとき、神になるのです。そして、謙虚になり、もし自らを捧げれば、神はあなたの作品のなかに宿るのです。作品とは不思議なものです。ニューヨークではそれを感じて、私の《鳥》のうちの一点に跪き涙を流したご婦人がいます。わたしは天へむかってゆくものが好きです。

＊1

それゆえ作品は、必ず「聖性に到達しなければならない」ものだった。作品を通じて見る者は、目に見えない世界にある真善美、人間を超えた大いなる存在を認識するのである。飛翔こそ至高の喜び」だとブランクーシは言う。喜びや幸福を体験できるのは見る者の魂があってこそなのだ。

我々は、顕在意識下の自我と潜在意識下の魂の両方があって〝自分〟を形成している。魂は普段意識されることがほとんどないが、自我をなくすことで感じることができる。逆説的だが、無私の先に真の自己たる魂が現れるのだ。すなわち「無私《むし》の私《し》」なのである。

これはソクラテスの「無知の知」と、本質的には異ならない。というのは、どちらも人間を超越した天の存在を認識することになるからだ。ブランクーシの目指した、天に属する真善美を体験できる作品は、作者の魂と見る側の魂が必要不可欠である。なおかつ両者とも魂だけでなく、天を自覚する体験があってはじめて作品は成立する。無私は魂と天の認識につながる、これがブランクーシの作品の根底にある。

芸術作品は理解するのではなく体験するもの

ブランクーシは、作者の形跡を少しも残さない完全犯罪のような作品を作った。しかし、彼の作品を観ると、「これはブランクーシの作品である」と感じる。これでもかと単純化された形態であるのにもかかわらず個性があるのだ。そして子どもだろうと大人だろうと、ただ美しいと感じる。そこには解釈など必要ない。

作品をどうしたら解るかと考えるのではない。大事なのは理解するのではなく、体験することである。絵画のような芸術作品ならばまず見る、そして感じることが大事である。そこに知識は必要ない。

ブランクーシはいろいろな人から様々な解釈を与えられた。しかしそれらは彼にとって不要なものであり、削ぎ落とされるべきものだろう。こんな話がある。

あるとき、ブランクーシは写真家のマン・レイに自分の作品を自分で撮影した一枚の写真を見せた。マン・レイにいわせると「光の加減といい質感といい完璧なもの」だった。しかしブランクーシは「写真としてはみごとだが、自分の作品を表していない」と言った。しばらくすぎたある日、ブランクーシは再びマン・レイに自分の作品の写真を何枚か見せた。撮影者はブランクーシ自身だった。それらはピンボケで、露出はオーバーか不足、しかも疵や汚れだらけだった。それでも「ほら、作品はこういう風に撮らなくちゃいけなかったんだ」と言い放った。できるだけ素朴に、撮影者の解釈や効果などつけずに自分の作品を見せたかったのである。

知識や解釈など要らない。ただ子どものように純粋に、無私で体験すればいいのである。

もはやこどもでなくなったとしたら、すでに死んでいるのです＊2

ブランクーシのこの言葉の持つ意味をかみしめるべきである。一九三〇年代に制作したトゥルグ＝ジュのプロジェクトにまつわる話はそのことがよく現れている。五十代後半に差し掛かっていたブランクーシは、「近代における偉大な作家の一人」と世界的に評価されていた。戦争の勃発によって実現しなかったが、インドールの大君から依頼された《瞑想の寺院》の建設計画など次第に大きな計画も舞い込むようになった。そして代表的な作品となったのが、故郷ルーマニアに第一次大戦の英雄たちを記念してトゥルグ＝ジュに、《無限柱》をはじめとするモニュメント群を立てる計画である。これは、一九三五年に当時の首相夫人らが参加した婦人連盟から依頼されたものだ。

トゥルグ＝ジュのモニュメントは、《沈黙の円卓》、《接吻の門》、《無限柱》から構成されている。全体の長さは一六五三メートルにわたり、《接吻の門》から《無限柱》まで一四九三メートル離れている。《無限柱》はメッキされた鉄製の十六個の構成単位で組み立てられ、高さは約二十九メートルに及ぶ。ブランクーシは、実際に《沈黙の円卓》から《接吻の門》を通って《無限柱》に至る神秘的体験によって見る者の存在意識が変化していくことを意図していた。立案から落成まで四年

コンスタンティン・ブランクーシ
《レダ》 1925年

コンスタンティン・ブランクーシ
《世界の始まり》 1920年

足らずでできあがった。
ブランクーシは、トゥルグ＝ジェのモニュメントを見た友人のエピソードを、喜びながらこう語っている。

親しい友人のひとりが、最近、私に次のようなことを打ち明けてくれました。私の友人は、《無限柱》がその場所に建てられたことによって初めて《沈黙の円卓》と《接吻の門》が設置された公園の美しさ、および、オルテニアの平野の広大さ、カルパティア山脈のトゥルグ＝ジェの町の空を背景に描く稜線の優美さに、気がついたそうです。つまりその時に初めて、彼の目が本当に開いたわけです。＊1

ここに重要な示唆が隠れている。先に示したように芸術作品とは、理解するものではなく、体験するものだということだ。

人はいつも何かを理解しようとするが、理解すべきものは何もない。目の前にみることのできるものには、長所がかならず一つだけある。それを体験によってしか知ることができないということだ。＊1

一九五七年ブランクーシは八十一歳でその生涯を閉じた。その人生は本人曰く「奇跡の連続」であった。彼が生涯表現しようとした本質とは、目に見えないが確かにあるものだ。それは、体験す

ることでしか知ることができない。真の自己である魂が体験するものであるからだ。作品を通じて
作者の魂を感じると共に、自らの魂の存在を感じるのである。

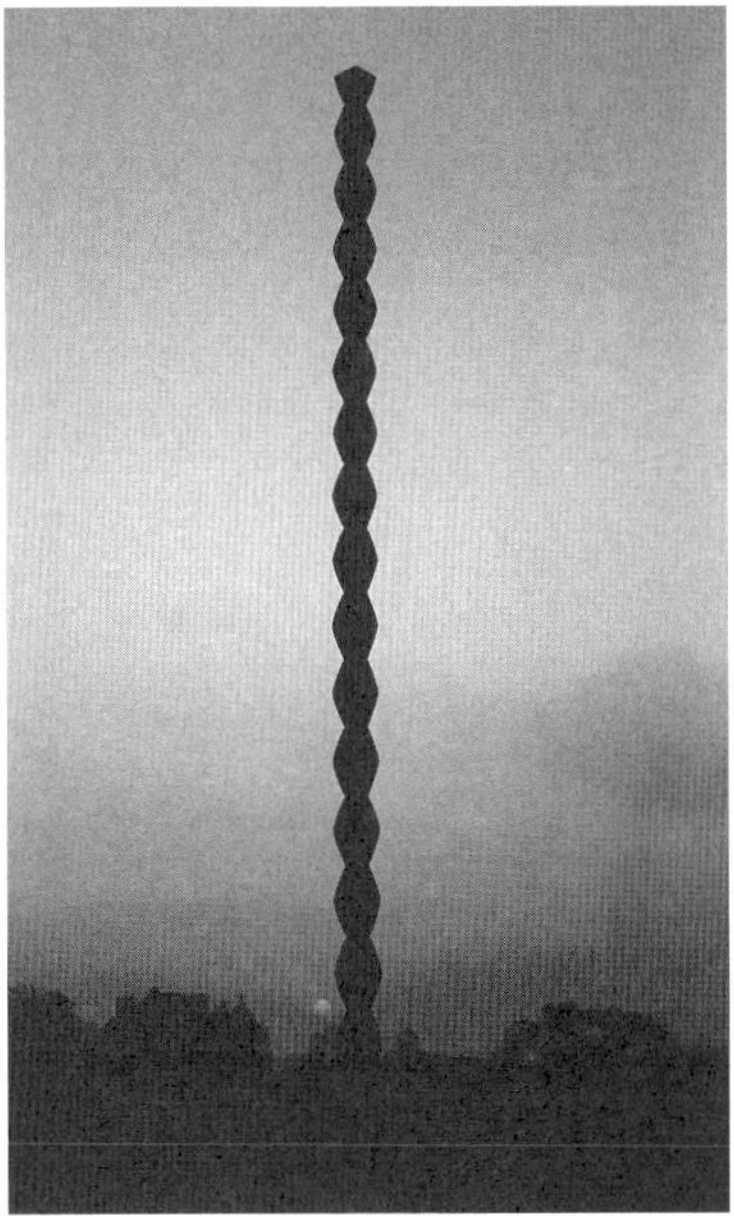

コンスタンティン・ブランクーシ
《無限柱》 トゥルグ＝ジェ (ルーマニア)

ブランクーシの略歴

一八七六年　ルーマニアの農村ホビツァで生まれる。
一八九四年　クライヨヴァ工芸学校に入学。
一八九八年　ブカレスト国立美術学校入学。
一九〇四年　パリに出る。
一九〇七年　ロダンの弟子になるが三カ月で退く。《接吻》シリーズ、《祈る人》制作。
一九一三年　ニューヨークでの国際近代美術展「アーモリー・ショウ」で話題に。
一九二〇年　サロン・デ・ザンデパンダンで《王妃X》が警察の命令で撤去される。
一九二三年　《空間の鳥》シリーズ制作開始。
一九二六年　アメリカの税関で《空間の鳥》が芸術作品と認定されず。訴訟問題に発展。
一九二八年　《空間の鳥》を巡る裁判に勝訴。
一九三八年　ルーマニア・トゥルグ＝ジェにモニュメント制作。
一九五二年　フランス国民になる。
一九五六年　ブカレスト美術館で、ヨーロッパで初の個展開催。
一九五七年　八十一歳で死去。

第四章　自然と自分のつながりを再認識する

トルストイ「幸福とは自然と共にあること」

レフ・トルストイ（一八二八〜一九一〇）は、十九世紀を代表するロシアの小説家・思想家・教育者である。代表作は『戦争と平和』、『アンナ・カレーニナ』など。

トルストイは、生涯「いかによりよき生活をなすべきか」と自らに問い続けてきた。彼がたどり着いた境地は今を生きる我々にも有益なヒントになるはずである。

実践しないとわからない

トルストイは、ロシアのヤースナヤ・ポリャーナで伯爵《はくしゃく》家の四男として生まれた。一族は、ピョートル大帝に仕えていた名門貴族だった。祖父の代に一時傾いたが、ナポレオン戦役後に軍人をやめた父と、名門ヴォルコンスキ公爵《こうしゃく》家の財産をすべて相続した母が結婚したことで再興した。当時の貴族たちと同じく、森林と田畑の広大ないくつかの領地を所有していた。その土地を領地内に住む農奴たちに耕させ、農作物を収穫させた。

早くに母を亡くした四男一女の兄妹は助け合い、非常に仲がよかった。父も子どもたちをかわいがった。狩猟の季節になると、ヤースナヤ・ポリャーナの森林に家族で行くのが慣わしだった。自然の中で過ごしたこの経験は、トルストイにとって幸福な思い出になった。

幼少期のトルストイは涙もろくよく泣いたので、〝泣き虫レフ〟と呼ばれた。感受性が豊かであると同時に、抜群の記憶力を持っていた。八歳のときには、百八十行にもなるプーシキンの『海に』と『ナポレオン』の詩を、すらすらと感情を込めて暗誦したほどだ。

一番上の兄ニコライが十五歳になると、大学受験のため一家はモスクワに移り住んだ。ところが移住してすぐ、父が亡くなった。父の急死による混乱は三年近く続いた。元カザン県知事に嫁いでいた叔母が後見人になってようやく収拾した。これに伴ってモスクワから八百キロ離れたカザンに引っ越した。カザンには当時ロシアに六つしかなかった帝国大学があり、数学と東洋語で有名だった。

兄弟は皆このカザン大学に進学した。語学だけは得意だったトルストイは、東洋学部アラビア・トルコ語科に進学した。将来は外交官になりたいと思っていた。だが、どうもなじめない。法学部に転部して心機一転を図るも面白くない。欠席がちになり、自分の好きな哲学書を読むか、酒・女・賭博の放蕩生活を送っていた。

一八四六年、兄妹は法的に後見人の手から離れた。両親の遺産が分配され、トルストイは自ら希望してヤースナヤ・ポリャーナの領地を相続した。

領主となっても乱れた生活は変わらない。遊びすぎがたたって大学病院に入院したほどだ。さすがにこのときは反省した。入院中は以前通読したルソーの全集や音楽事典などを読み、日記を付けた。

そしてヤースナヤ・ポリャーナのことを考えた。カザン移住後も幾度も訪れていた領地の農場は、当時ひどく荒れていた。その原因は、「農民が貧しいからだ」とトルストイは結論づけた。正しく指導できない小作人や管理人に代わって、農民を貧しさから救うために改革を行う。それが、領主である自らの使命だと強く思うようになった。もはや意味がないと大学は退学した。退院してすぐにヤースナヤ・ポリャーナに帰った。

まず「農業経営を学ぶには実地だ」と、村のあちこちを歩き回って家々を訪ねた。その上で農奴たちが苦情や要望を何でも申し出られるように村組合を設立した。他にも新しく農場を拓き、改革のモデルとして石造りの小屋も建てた。

しかしこの行動は、召使いだけでなく、農奴からも理解されなかった。もともと偏見や反感を持っていた農奴たちは、かえって心を閉ざしてしまったのだ。改革は失敗に終わった。

新米領主は逃げるようにしてモスクワに出た。毎日酒を浴びるようにのみ、カルタ賭博にふけった。そのうちモスクワにも飽きて、ペテルブルクに向かった。賭博では負け続け、借金がふくれた。領地の森林の一部や持ち馬を売って金策をめぐらした。それもいよいよ首が回らなくなるまでになると、再びヤースナヤ・ポリャーナに戻った。

一年半ぶりに自分の領地に戻ったトルストイが、次に実行したのは農民の教育だった。小さな学校を開き、農民の子どもを自ら教えようと考えた。まずロシアの民話や伝説を読み聞かせることからはじめた。おそるおそるやってきた子どもたちも次第に心を開いてくれた。軌道に乗るかという矢先、親たちから「学校に行くくらいなら百姓をやってもらいたい」という類の苦情が相次いだ。親の意向で徐々に子どもたちは来なくなり、学校は閉鎖された。

しかし、トルストイには一種の満足感があった。子どもたちの偏見のない素直さ、熱心さを感じられたからだった。後に『人生の道』でこう書いている。

子どもは大人よりも聡明である。子どもは、人間に地位や身分のあることを理解しない。子どもは、自分のうちに住んでいる霊と同じ霊が、どの人間のうちにも住んでいることを心から感じ取るのである。（トルストイ＊1）

秋になると、ヤースナヤ・ポリャーナのあるトゥーラ市の県庁で、書類に判を押すだけの事務官の職に就いた。一定の収入を得られ、勤務時間が短かったからだ。

この頃は音楽理論を勉強していて、一時芸術愛好家の優れた指導者になろうかとも思っていた。だが、生活の隙間は再び賭博が埋めた。ヤースナヤ・ポリャーナ、トゥーラ市、そしてモスクワを転々としては、各地で博打《ばくち》三昧だった。

「いかに生きるべきか」を自分に問う

こんな生活がまずいことは承知していた。嫌気もさしていた。何か別に生き甲斐のある別の道を歩まなくてはと思いを巡らせた。

以前ペテルブルクで会った長兄の友人で作家のウラジミールのことを思い出したとき、ふと「作家になろう」と閃いた。才能があるかどうかわからないが、書くことは好きだった。テーマは、「過ぎし日の物語」。自分が実際に体験したり、自分の周りに起こった出来事を小説にするのがよいだろうという考えからだ。

相変わらず賭博はやめられなかったが、なんとか一八五一年に一篇の小説『昨日の出来事』を書き上げた。自分ではよく書けたと思った。ただしこの作品は世間に発表するわけではなく、生前に刊行されることもなかった。

同年四月、ヤースナヤ・ポリャーナに長兄のニコライが長期休暇で帰省した。ニコライは、コーカサス旅団第二十砲兵旅団の将校になっていた。この兄の帰省が大きな転換点となる。

コーカサス地方とは、東はカスピ海、西は黒海とトルコ、南はイランに接するコーカサス山脈周辺の地域を指す。現在はアゼルバイジャン、グルジア、アルメニアの南コーカサス三国と、ロシア連邦のチェチェン、イングーシ、ダゲスタン、北オセチア・アラニアなどの共和国がある。コーカサス地方はヨーロッパ、中東、アジアの中間点に位置し、多様な民族・宗教・言語・文化が混在する歴史を持っている。

当時この地域はロシア帝国領になったばかりだった。キリスト教を信仰するオセチア人やアルメニア人は親露感情を強く持っていた。その一方でイスラム教を奉ずるチェチェンやイングーシに代表される山岳民族は強硬に抵抗していた。

ニコライの所属する軍は、チェチェン人と戦っていた。兄からコーカサス地方の自然環境や戦闘の話を聞き、トルストイはこの別世界に心惹かれた。

ついには、志願兵としてコーカサスに行くことを決心した。生活を立て直す意味もあった。

コーカサスを訪れたトルストイは、雄大な自然に息をのんだ。自然と共に生きているこの地方の人々にも心を打たれた。彼らは「コサック」とも呼ばれる。領主も農奴もなく、皆平等でのびのびと暮らしていた。トルストイの理想郷が確かにそこに存在していた。

トルストイは、砲兵士官として戦闘に参加する傍ら、コサックの生活を研究したり、執筆作業をした。自伝的小説『幼年時代』を四度の書き直しの末に仕上げることができた。無名の作家なのだから駄目でもともとなのを承知で、この小説をペテルブルクの代表誌「現代人」に送ってみた。

原稿を受け取った編集長の詩人ネクラーソフは「非常に面白いし、作品も作家も優れている」と返事をよこし、すぐに掲載が決まった。秋に『幼年時代』は発表されるやいなや、大変評判となった。ツルゲーネフやドストエフスキーらも高く評価してくれた。二十四歳にして、トルストイは作家として輝かしいデビューを飾った。すぐに『幼年時代』に続く『少年時代』や、『ロシア地主物語』に取りかかった。

もはや軍人はこれまでと思った。しかし、時勢はそれを許さなかった。一八五三年、ロシアはオスマン・トルコと開戦した。翌年イギリスとフランスがトルコに味方し、ロシアはクリミア半島にあるセヴァストーポリ要塞《ようさい》で、それを迎え撃った。ここにクリミア戦争が勃発した。

トルストイの退役願は取り消され、セヴァストーポリの後援部隊に配属された。激戦が繰り広げられる最前線で、作家として自分が実際に見て体験したことを書きとめた。「十二月のセヴァストーポリ」と題されたその戦記は、「現代人」に掲載されて強い関心を集めた。戦争中に新たに即位したアレクサンドル二世も愛読者の一人だった。その後も『セヴァストーポリ物語』として、「現代人」に連載した。

一八五五年、セヴァストーポリ要塞は陥落した。ロシアは敗戦した。

常に生死の問題に直面する戦争を体験し、トルストイには「いったい何のために戦争をしたのか。戦争に真実はない。真実は平和の中にこそある」という戦争否定の思いだけが残った。次の年の秋、中尉で軍隊を退役した。

戦後、何か新しいものを吸収したいとフランス、スイス、ドイツを回る五カ月の旅行に出かけた。だが、見るべき所はあまりなかった。都会よりも農村のような豊かな自然の中で暮らすことが自分にとって幸福だと気づいたことが収穫だった。帰国後はヤースナヤ・ポリャーナで、昼は畑仕事、夜は執筆と読書をする生活を送った。

さらに以前失敗した学校をもう一度開いた。前回と違い、「勉強したい子はおいで」と気軽な形ではじめた。読み書きや歴史などを教えるだけでなく、畑を耕したり森へ遊びに出かけたりもした。子どもたちもトルストイを領主として見ず、親しみを感じていた。今回は親たちも理解を示し、文句を言うようなこともなかった。

教育熱心なトルストイは、三十歳のときヨーロッパ各国の教育事情を調査する旅に出た。この旅にはもう一つ目的があった。胸を患いドイツで療養していた長兄ニコライの見舞いだった。しかし訪ねたときにはすでに衰弱しており、まもなく亡くなった。この四年前には三番目の兄ドミートリイも亡くしていた。敬愛していた兄たちの相次ぐ死は大きな衝撃だった。

生死の問題は何も戦争に限ったものではない。どのような状況下でも、人間には避けて通れない。兄たちの死は、「生きている自分は、いかに生きていくべきか」という問いを、生涯問い続けるきっかけになった。

旅行から帰ると早速、近隣の村々に十一の小学校を開いた。教育雑誌「ヤースナヤ・ポリャーナ」も発行し、教育論文や学校の内容などを発表した。やがて学問の場を広く農民に解放すべきだと、国民学校教会の設立を働きかけるようになった。

トルストイは生徒が自ら進んで勉強する必要があると考えていた。なぜなら創造とは、教えたり教えられたりするものではないからだ。自分で学習し創造できるように生徒を独り立ちさせること、これが教育目標であると断言した。


ヤースナヤ・ポリャーナでは、もう一つの仕事をすることになった。それは地主と農民との間に入る調停員の仕事だ。当時ロシアでは農奴解放令が出されていた。しかし名ばかりで、農耕地を取り上げられ、農民の金銭の負担が増加するものだった。農民は施行される前よりもかえって生活が苦しくなっていた。結果、農民と地主とのいざこざが各地で生じた。

トルストイは地主の立場だったが、農民の利益を守ろうと奔走した。しかし調停はなかなか上手くいかず、逆に地主たちの反感を買った。地主たちは行政に手を回し、トルストイの活動を妨害した。失意の中、トルストイは身体を壊してこの職を辞任した。

当時農民の立場に立つことは、反体制を意味した。トルストイは時の政府に要注意人物として目を付けられた。一八六二年には大規模な家宅捜査を受けてしまった。

幸福とは自然と共にあること

三十四歳のとき、十六歳年下のソフィアと結婚した。妻のソフィアは夫を助け、農地の収入を増やしただけでなく、作品の清書などもした。妻の協力を得て意欲的に執筆活動を行っていく。

結婚から一年後、コーカサスを舞台にした『コサック』を発表した。かの地を訪れてから十三年の月日がたっていた。自分の理想とする生活を描いたのが本作品だ。

『コサック』は、モスクワからコーカサスにやってきた青年士官オレーニンが、コサックたちとの生活の中で幸福の道を見つけていく物語である。オレーニンはまさしくトルストイ自身だった。

コーカサスに着いてまもなく、オレーニンは猟師エロシカ小父と親しくなる。エロシカ小父のモデルは、トルストイがコーカサス滞在時にいつもそばにいた猟師のエピーシカと言われている。

二人は森へ狩猟に出かけた。そのときエロシカ小父はこう言う。

へ、お前なんと思ってただね？　お前あいつら（猪）を馬鹿だと思っていただかね、獣を？　なんの、なんの、あいつ等は人間より利口だよ。猪々って一口に云うのが大間違えよ。あいつらは何でも知っているだよ。まあ早え話が、人間は獣の足跡の上を歩いて気がつかねえが、猪の奴ときたら、人間の足跡に出会すが早えか、忽ちそれと嗅ぎ分けて逃げっちまう。つまり奴等にゃ智慧があるんで、人間は臭いを感じねえが、奴等にゃちゃんと分かるんだよ。それに又、人間は奴等を殺したがるが、奴等は生きて森の中をほっつきたがる。人間に人間の掟があれば、奴等には奴等の掟がある。あいつらが猪に相違ねえが、人間に劣るって訳もねえ。同じ神様のつくりもんだでにな。いやはや、人間は馬鹿だよ。馬鹿だとも、馬鹿だとも、人間は！　＊2

後日一人で狩猟に出かけたとき、オレーニンはこのことをはっきりと感じることができた。

彼は何ひとつ考えもせず、何ひとつ望みもしなかった。すると、不意に彼の心になんとも云えない不可思議な感情が湧いて来た。それは理由《いはれ》のない幸福感と、万物に対する感情であった。彼は古い幼年時代の習慣に従って、思わず十字を切りながら、ある何者かに感謝し始めた程である。

（中略）

彼は蚊どもが何を考え、何を呟いているのか、はっきりと想像に浮かべた。「おうい、みんなこっちへおいで。こっちへおいて！　ここにいい餌があるよ。」彼らはこう唸りながら、オレーニンにたかって来るのである。すると彼は、もう自分がロシアの貴族でもなければ、モスクワの社交界の一員でも、誰それの友人や親戚でもなくて、今その周りに棲んでいる蚊や、雉、鹿と同じ生物でしかない、という事がはっきりとして来た。「丁度かれらと同じように、エロシカ小父と同じように、おれも暫く生きて死んで行くんだ。全くあいつの云う通りだ―死んだ後には、ただ草が生えるだけさ。」＊2

あらゆるものは自然に生かされている。人間も動物も変わりはない。皆自然の中で生きて死ぬ。このことがはっきりしてくると、コサックの人々はオレーニンの眼にこう映った。

「人々は、自然が生活しているように生活している―死ぬ、生れる、交接する、また生れる、闘う、飲む、食う、悲しみ、また死ぬ。そして自然が太陽や草や野獣や樹木に与えたかの不変の条件以外にはどんな条件もない。それ以外の法則は彼らには存在しないのだ……」だからこそ、これらの人々は、彼には、彼自身にくらべて美しく、強く、自由であるように思われた。そして彼らを見ていると、彼には自分が恥ずかしく哀れになってくるのだった……　＊2

コサックの人たちに、「自然」を見たのである。自然と一体の生き方、それこそ幸福の道であると感じたのだった。その感動をオレーニンは、モスクワの友人に手紙で伝える。

ああ君たちはみな、なんというけがらわしいみじめな人たちだ！　君たちは幸福とは何か、人生とは何かということを知らない。人は、一度はぜひとも、生というものを自然のままの美しさで経験してみなければならない。僕が毎日眼の前に見ているもの──永遠にして近づきがたい山々の雪や、創造主の手を離れたばかりの最初の女が持っていたに違いない原始的な美を、今なお保っている偉大なる女性を、見かつ理解しなければならない。その時こそ君には、自ら亡ぼすものは誰であるか、真実に生きる者、虚偽に生きる者は誰であるか──君らか僕かということが、はじめて明らかになるだろう。……幸福とは自然と共にあること、自然を見ること、自然を語ることだ……　＊2

「幸福とは自然と共にあること」──これこそトルストイが達した結論である。トルストイにとって、〝いかに幸福に生きるか〟は、〝いかに自然と生きるか〟ということだった。

トルストイが考えたあるべき人間像は何もコサックの人々に限らない。「幸福──それは自然と共にあること」、このことを場所と時代は異なっていても明確に認識していた賢人は多い。

鎌倉時代前期の僧、明恵《みようえ》もその一人だ。明恵は華厳《けごん》宗に位置づけられているが、実際は宗派というものからなるべく離れようとし、密教や禅も学んでいる。明恵は、人間を含めてあらゆる生きものは自然の中で融合して生きていると考えていた。

和歌山県に苅藻《かるも》島という島がある。若いとき、明恵はしばらく修行のため滞在していた。晩年、この島に長文の手紙を書いている。

「しばらく御無沙汰でしたが、お変わりはないか。昔、磯に遊び島に戯れたことを思い出すにつけても、涙がこぼれる程懐かしく思っているが、お目にかかる機会もなく打過ぎたのは、残念である。またそこにあった大きな桜の木のことも、恋しくてたまらぬ。手紙を書いて、様子を聞きたいのは山々だが、物いわぬ桜のもとへ、文など書いて送っては、わからず屋の世間の振舞に似て、『物ぐるひ』と見られるやも知れず、そういうわけで今までは我慢していた。『然れども所詮物狂はしく思はん人は友達になせそかし』、自分にとっては行い澄ました人々より、そういうものこそ得がたい友と、深く信頼している。大事な友達を尊重しないのは、衆生を護る身として申し訳ないことである。よって、このような文を奉る、『恐惶謹言。島殿へ』」と。

弟子が驚いてどなたにお渡ししたらよいかと尋ねると、「ただその苅藻島で栂尾《とがのお》の明恵からの手紙だと言って、島のどこかに置いてくればよい」と答えた。

島に手紙を書きもすれば、辞世の句を石に向かって詠んでしまう。自然と一体となって生きたこの僧にとっては、なんらおかしなことでなかった。

辞世の句を詠んだ石は、和歌山県にある鷹島《たかしま》を訪れたときに持ち帰ったものだ。この地を訪れる前まで、明恵はお釈迦様の後を弔いたいと天竺《てんじく》に行く準備をしていた。しかし、夢で春日大明神のお告げがあって思いとどまった。なくなく天竺行きをあきらめ、苅藻島や鷹島で坐禅の修行をすることにした。そのとき、「この島の海岸も天竺の水に通じている、この石もまた天竺の水で洗われたものである」と考え、この石を持ち帰り生涯愛玩した。

それに「我ナクテ後ニシヌバン人ナクバ飛ビテカヘレネ鷹島ノ石」（私の死んだ後、そなたを見ながらお釈迦様の後を偲ぶ人がいなければ、島へ飛んで帰りなさい。鷹島の石よ）と、詠んだ。

まさに明恵は、自然と共にあり、自然を見て、自然と語ったのである。トルストイが考えたあるべき人間を体現している。

＊3

幸福な家族はどれもみな同じようにみえるが、不幸な家族にはそれぞれの不幸の形がある。

これはトルストイの『アンナ・カレーニナ』に出てくる一節である。トルストイは、自然と調和した生き方は幸福になる。その過程はいろいろあっても、最終的にたどり着く幸せのかたちはみな同じであるということを言ったのだ。

大いなる自然の力に沿ったあるべき人間の姿を描く

　結婚して妻の協力を得たことで、トルストイは七年ほど前から構想していた長編小説の執筆にも取りかかった。シベリアの流刑地から帰還し、一八二五年に武装蜂起した貴族出身の革命家たち（デカブリスト）を主人公にしたものだ。執筆に取りかかると、デカブリストの青年時代やさらにさかのぼって一八〇五年のナポレオン戦争からはじめなくてはわからないということが明確になってきた。モスクワの公立図書館などを訪れ、ナポレオン戦争史や当時のロシア事情の史料を大量に集めた。妻ソフィアは、この間に四人の子を産んだ。子育ての傍ら七回の清書をした。

　こうして一八〇五年のナポレオン戦争からはじまり、一八一二年のナポレオンのロシア遠征を撃退した祖国戦争を描いたのが、『戦争と平和』である。

『戦争と平和』には、ナポレオンやアレクサンドル一世から無名の兵士や農民に至るまで、五百五十九人の人物が登場する。その一人ひとりが、生き生きと描かれた。トルストイにとって『戦争と平和』は、戦争小説でも歴史小説でもなかった。根本にあるテーマは、人間はいかに生きていくべきかということだ。

　　私の書いているものが、今の子供たちに二十年後に読まれ、そして彼らがそれを読んで笑ったり泣いたり、人生を愛することを学ぶだろうと言われたならば、私はそれに一生を、私のもてる力のすべてをささげるでしょう。＊1

『戦争と平和』には、トルストイが考えたあるべき人間の姿が描かれている。主要人物の一人であるアンドレイ・ボルコンスキ公爵は、アウステルリッツの戦いに参加する。戦場で負傷し、死の淵に立たされる。

彼は近くの兵士のだれかにかたい棍棒《こんぼう》でいきなり頭をなぐられたような気がした。痛いこともいくらか痛かったが、それよりもこの痛さに注意をそらされて、見ていたものを妨げられたのが、不愉快だった。

『これはどうしたのだ？　おれは倒れるのか？　足をすくわれたようだ』こう思いながら、彼は仰向けに倒れた。彼は、フランス兵たちと味方の兵たちの肉弾戦がどのような結末に終わったか、赤毛の砲兵が刺し殺されたかどうか、砲が奪取されたか、彼の頭上には、空のほかは―灰色の雲がゆるやかにわたっている、明るくはないが、やはり無限に深い、高い空のほかは、もう何も見えなかった。『なんというしずけさだろう、なんという平和だろう、なんという荘厳さだろう、おれが走っていたときとは、なんという相違だろう』とアンドレイ公爵は考えた。『おれたちが走ったり、叫んだり、戦ったりしていたときとは、なんという相違だ。フランス兵とロシア砲兵が恐怖と憎悪に顔をゆがめて洗杆の奪い合いをしていたときとは、なんという相違だ、―あのときはこの無限に高い空をこんなふうに雲がわたってはいなかった。どうしておれはこの高い大空に気づかなかったのか？　やっとこの大空に気がついて、おれはなんという幸福だろう。そうだ！　この無限の大空のほかは、すべてが空虚だ、すべてが欺瞞《ぎまん》だ。この大空以外は、何もない、何ひとつ存在しないのだ。だが、それすらも存在しない、しずけさと

平和以外は、何もない。おお神よ、栄えあれ！……』＊4

生死の狭間に際し、永遠とも無限とも言える大きな力と直に向かい合った。その力の前では、人間ははかないものだった。

もう一人の主要人物のピエール・ベズーホフ公爵は、ナポレオンのロシア遠征の際にモスクワで捕虜になる。この体験を経て、ピエール公爵もまたアンドレイ公爵と同じように大いなる力と、その力によって生かされている人間に気がついた。

いまは彼はすべてのものの中に偉大な、永遠な、そして無限なものをみることをおぼえた、だから当然、それを見るために、その観察を楽しむために、いままで人々の頭越しに向けていた望遠鏡を捨てて、自分の周囲にたえず移ろい流れている、永遠に偉大な、極めがたい、無限な生活を、うれしそうに観察していた。そして近くに目を向けるほど、彼は心が安らぎ、幸福だった。以前に彼の知力が構築したものをことごとく破壊した、何故？　という恐ろしい問題が、いまは彼には存在しなかった。いまは、何故？　というこの問題に対して、彼の心の中に常に簡単な答えが用意されていた。それは、神がおわすからだ、その意志がなければ人間の頭から一本の髪も落ちることのない神がおわすからだ、という答えであった。＊4

謙虚に生かされて生きていることを実感する。これが大事だった。

人間は皆か弱き存在である。有名無名を問わない。かのナポレオンも同じ人間であると、『戦争と平和』では描かれている。

歴史を動かしているのは人間ではない。別のもっと大きな力である。トルストイは、歴史に対する考え方を披露してそのことを強調している。

運動の完全な連続は人間の知力では理解できない。いかなる運動にせよ、運動の法則が人間に理解されるにいたるのは、人間がその運動の任意の単位を観察する場合のみである。しかしそれと同時に、この連続運動を個々の単位に任意に分離することから、人間の迷誤の大部分が生まれるのである。＊4

人間は有限であり、人間にはわからないことがあるという事実が大前提として存在する。

もろもろの現象の原因の総和は、人間の知恵では把握できない。しかし原因をさぐりだしたいという欲求は人間の心の中にこめられている。そこで人間の知恵は、どのひとつも単独で原因と思われるような、現象の無数の条件の複雑きわまるからみあいを見きわめることをせずに、手近な、しかももっともわかりやすい因子をつかまえて、これが原因だ、と唱えるのである。

（中略）

分析を最後までおしすすめると、われわれは永遠の輪に到達する。あらゆる思索の分野で、その対象をもてあそばないかぎり、人間の知恵が到達する極限である。＊4

しかし、多くの歴史家や研究者はそれを認めようとしない。自分たちが理解できないことは、「偶然」や「天才」という言葉で片付けてしまう。

だが、偶然とは何か？　天才とは何か？

偶然とか天才とかいう言葉は現実に存在する何ものをも意味しない、だから定義はあたえられない。これらの言葉は現象の理解のある段階を意味しているにすぎない。何故このような現象が生じるのか、わたしは知らないし、知ることができそうもない、だから知ろうとせずに、偶然と言うのである。普通に人間がもつ能力をこえた影響を生み出す力を、わたしは見ることがあるが、そのようなものがどこから生まれるのかわからない、だから天才と言うのである。

＊4

偶然など存在しない、そうトルストイは確信していた。人間から見れば偶然でも、大いなる自然の力から見れば必然であると確信していたのだ。

船がどんな方向へ進んでも、その前にはかならず舳先《へさき》に切られる波の流れが見える。船の上にいる人々にとっては、この波の流れがただ一つ目に見える動きである。

この流れの動きを近くから一瞬も目をはなさずに観察し、その動きを船の動きと比較することによってはじめて、われわれは、この流れの動きの一瞬一瞬の動きが船の動きによって決定されていることと、われわれ自身が気づかずに動いていることがわれわれを錯覚に落としてい

ることを、確認するのである。＊4

人生の目的は、よりよき人として向上し続けること

『戦争と平和』は全六巻におよび、六年かけて完成した。はじめ批評家は否定的だったが、一般には飛ぶように売れた。ロシアの代表的作品という評価を確固たるものにした。トルストイの世界的な名声はこの『戦争と平和』による。

世界的作家であると同時に、トルストイは生涯変わらず教育者であった。次に執筆したのは、子どものための教科書『初等読本』だった。家族ぐるみで制作し、妻は清書、子どもたちは文章に添える絵を描いた。ロシアや諸外国の民話や童話、数学、物理学、動植物、天文学に至る幅広い内容になっている。さらに教師のために教授法も記した。

この教科書を使って早速学校を開いた。トルストイは男の子を担当し、妻ソフィアは女の子を担当した。アルファベットがわからない子は、トルストイの子どもたちが教えた。

二年後、「祖国の記録」誌に『国民教育論』を発表した。当時のロシアの初等教育を批判し、大きな反響を呼んだ。立て続けに『新初等読本』、『ロシア語読本』も出版した。その後は農民子弟のための夜学校を開くなど、七十九歳まで教鞭をふるった。

一八七五年から連載した恋愛小説『アンナ・カレーニナ』が完結すると、頻繁に修道院や教会を

訪ねるようになった。当時の関心は、信仰。信仰とはいかなるものかと、農地と同じようにまず現状を見て回ったのである。

信じることとは自分の責任下でなされることである。他人に教えられたり、強要されたりするものではない。トルストイは、これなしには生きていけない絶対的なものを自ら信じ、探求している場合のみ、自分は生きていると感じた。自分と絶対的なものとは一対一の関係にある。間に入るものはない。各人平等である。それぞれが自らの責任で信じるのである。

そうすると、トルストイにとって教会や貴族社会、国家は必要不可欠なものだとは言えなかった。絶対的なものでもなかった。コサックや農民の快活な暮らしぶりをみればみるほど、その思いは強くなった。

こうした考えをまとめて『懺悔《ざんげ》』、『教義神学の批判』、『わが信仰はいずれにありや』、『教会と国家』など次々と発表した。当然反発が起こり、ギリシア正教会はトルストイを破門した。

だがトルストイを動揺させるには至らなかった。不要なものを取り除き、見出された内的な生の原動力はびくともしなかった。その原動力とは、自然の一部として自然に沿って生きることである。我々は自然なしには生きていけない。実は幼年・青年時代にはこの原動力が無意識に支配していたものである。

私はすべての点において、最も古い幼年時代・青年時代にかえったのであった。私は私を創り出し、何ものかを私に望んでいる、目に見えない意志に対する信仰に立ちかえった。わが生活の唯一絶対の目的は、よりよき人になることであるという自覚に、すなわち、この意志ともっと融和して生きることであるという自覚に立ちかえった。そして私はこの意志の発現を、私の窺い知れぬ遠い遠い過去において、人類全体が自己の水先案内として創り出したものの中に、見い出すことができるという自覚に立ちかえった。すなわち、神に対する、道徳的完成に対する、人生に意義を与えている伝統に対する、信仰に立ちかえったわけである。ただ、以前は、これらのすべてが無意識的に受け入れられていたに反して、現在の私は、自分がこれなしには生きていけないことを自覚していた。そこに相違があるのだった。＊5

自然と共に生きることとは、子どもが無意識にやっていたことであった。大人は意識的に、自覚的にそこに還らなければならなかった。それはトルストイをして非常に困難な道であった。

トルストイにとって信仰の問題は、自分の内面だけでなかった。自分に対する他者の信仰とも戦わなくてはならなかった。

トルストイは晩年において『復活』、『人生論』といったものだけでなく、論文、寓話、戯曲など多くの作品を発表した。愛読者はロシア国内にとどまらず、世界中に広がっていった。世界的に有名になるにつれて、トルストイを頂点に祭り上げる一種の信仰が生まれた。信奉者は〝トルストイ主義者〟と呼ばれた。しかしトルストイ自身は、そのような信仰的活動に否定的だった。一九〇八年には世界的に進められた生誕八十年祝典を頑固に断り続けて、なんとか開催を阻止したほどだ。読者を愛していたが、トルストイ主義者やそのような信仰とは一線を画そうとした。自分が信仰の対象になることをかたくなに否定した。自分は皆と同じ人間であり、生かされて生きている。決して神にはなれないし、他の人々よりも上にある存在でもないと主張していた。

しかし、周囲にトルストイ主義者が多くなっていく。どんな人々でもトルストイが受け入れたためだ。その一人であるチェルトコフは、自宅に頻繁に出入りした。彼は大衆のための本を出す出版社を経営していた。チェルトコフはトルストイ自身にもトルストイ主義の実践を求めるようになった。本人が周囲の持つイメージに合わせろというのだ。あべこべである。その一環としてチェルトコフに原稿や日記など遺稿を管理を任せることと、著作権の放棄を提案した。

妻ソフィアは最後の著作権の放棄に激しく反対した。九男三女の十二人の子どもがいて、トルストイの死後どう生活しろというのかと。トルストイは、全著作権の放棄はあきらめ、一八八一年以降の作品を無償で公開することを宣言した。資産は妻と子どもたちに分け、ドストエフスキー夫人と同じように全集の出版権利を妻に与えることにした。チェルトコフらトルストイ主義者からは、「徹底していない」と批判された。チェルトコフと妻ソフィアは激しく対立した。チェルトコフは家庭内の争いを公にし、妻ソフィアに「悪女」あるいは「ヒステリック」といったレッテルを貼り付けた。

この一件だけでなく、妻ソフィアとトルストイの仲も年々ひどくなっていた。妻の意向で、子どもたちの教育のため一家はモスクワに一八八一年に移住していた。トルストイは自然のあるヤースナヤ・ポリャーナで生活をしたかったが、この引っ越しにしぶしぶ同意した。

人間と絶対的なものである自然は一対一の関係である。そう考えたトルストイは、間に介入してくる教会や社会を不自然なものだと取り除いてきた。次に取り除いたのは、自分に対する他者の信仰だった。そして今度は家族が入ってきたのである。家族にコントロールされる、家族を自分よりも優位に置くことは不自然であった。

自身の生活が果たして自然と共にあるのか――この問題が大きくトルストイにのしかかった。人に説いておきながら、自分は実践しているのかと苦悩した。

ついにトルストイは、「自然と共に生きる」ため、すべてを手放し、今の生活から脱却することを決心する。一九一〇年の十月、健康状態が優れなかったが、妻にはこう書き置きして家出を決行した。

私の家出は君を悲しませるかもしれない。それは残念なことだが、これより他に仕様がなかったことを理解してもらいたい。家での私の立場は次第に堪え難いものとなり、これ以上我慢できなくなってしまった。すべての不快なことを抜きにしても、私はこれまで生きてきたぜいたく三昧の境遇の中でこれ以上生きてゆくことはできない。だから私は自分と同年配の老人が普通にすることをする―つまり自分生涯の最後の日々を孤独と静寂の中で過ごすために、俗世の生活から去る……　＊6

寒さが厳しくなる秋に電車にゆられ、あてもなく東を目指した。が、その命は旅の途中で燃え尽きた。肺炎を発症し、数日後小さなアスターポヴォ駅長官舎で八十二歳の生涯を閉じた。

遺言によってヤースナヤ・ポリャーナの森の奥深くに埋葬された。トルストイは自然に還ったのである。

トルストイの略歴

一八二八年　ロシアのヤースナヤ・ポリャーナで伯爵家の四男として生まれる。
一八四六年　ヤースナヤ・ポリャーナの領主となる。
一八四七年　ヤースナヤ・ポリャーナで農民改革を行う。
一八五一年　処女作『昨日の出来事』執筆。志願兵としてコーカサス地方へ。
一八五二年　『幼年時代』発表。
一八五五年　セヴァストーポリ要塞に派遣。戦記『セヴァストーポリ物語』執筆。
一八六〇年　近隣に十一の小学校開校。教育雑誌「ヤースナヤ・ポリャーナ」創刊。
一八六三年　『コサック』発表。
一八六五年　『戦争と平和』連載開始。
一八六九年　『戦争と平和』全六巻完成。
一八七二年　農民師弟のための学校を邸内に開校。『初等読本』刊行。
一八七四年　『国民教育論』、『新初等読本』。『ロシア語読本』発表。
一八七七年　『アンナ・カレーニナ』完結。
一八八一年　モスクワに移住。
一九一〇年　八十二歳で死去。

ナポレオン「人間は自然界に生かされる弱き者である」

ナポレオン・ボナパルト（一七六九～一八二一）は、ヨーロッパに一大帝国を築いた。国内統治においてもナポレオン法典編纂、教育制度成立、宗教協約締結、産業育成など幅広い事業を行い、フランスをはじめヨーロッパの近代化の担い手となった。

またナポレオンは、ヨーロッパに、自由主義（リベラリズム）とナショナリズムの種をまいたとされる。自由主義は個人の自由意思を認め、言論や経済活動の自由が提唱され、専制政治に対する自由につながっていく。ナショナリズムは、民族主義に基づく各民族の独立と民族統一による国家建設運動へとつながっていった。

ナポレオンの実像は一般に認識されているイメージとは大きく異なる。ヨーロッパ社会全体を敵にまわしたナポレオンは「強い悪役」であるが、実はそうではない。ナポレオンの自然観は穏やかである。

ヨーロッパでは異質なナポレオンの自然観

ナポレオンもまた我々と同じ凡常な人物である――『戦争と平和』でトルストイは英雄をそう描いてみせた。もしナポレオン本人にこの言葉をぶつけたらどういう反応をするだろうか。「ああそうだ、私は凡常だよ。ただ時勢から英雄という役割を演じる巡り合わせになったにすぎない」と答えるだろう。そして、愛読書の『プルターク英雄伝』の言葉を引いて、「人間は限りなく弱いものである」とも言うに違いない。ナポレオンの実像を探求すればするほど、このことは確信に近くなる。

あなたはナポレオンについてどのようなイメージを持っているだろうか。ナポレオンを知らないという人はいない。これまで多くの人が様々に語ってきた英雄、軍事の天才、革命の申し子と語られることもあれば、暴君、侵略者、独裁者、圧制者だとも語られる。あるいは年上の妻ジョゼフィーヌとの恋愛といった切り口からも語られている。

とりわけ武力信奉者のイメージが強いのではないだろうか。そうしたイメージが強くなった要因としては、人々がナポレオンを理解しきれなかったことが大きかった。人々は理解できないからこそ怖れるしかなかった。怖れざるを得なかったからこそ憎むしかなかった。そうして人々は、ただ武力の面だけを強調したナポレオン像を作りあげていった。

実はナポレオンは、ヨーロッパの大半の人々とは異なり、他の大陸に対してヨーロッパの価値観こそ正しいとする考えや、伝統的なキリスト教的価値観とは違う考えを持っていた。

中でも注目すべきは、その自然観である。

ヨーロッパ（もちろんアメリカも）の自然観とは「自然は人間が制服し支配するもの」というものである。領土の拡大は正義である。未開の土地に欧米の秩序を持ち込み支配することは正しいとなる。

ところがナポレオンの自然観は、どちらかといえば日本人が古来持っていた自然観に近いものだった。人々は、海や山といった自然の恵みを得て生活する。自然それ自体を聖なるところ、あるいは霊的なところと考えた。そして自然を怖さと優しさをもつ畏敬する存在と位置づけ、その自然と共に生きるものだというのが日本人の伝統的な自然観である。

従来のイメージから離れて、ナポレオンの自然観に注目すると新たなナポレオン像が現れる。

まずはナポレオンの生涯を整理しよう。生地はイタリア半島西方にあるコルシカ島である。十三世紀からジェノバ共和国領で、ナポレオンが生まれる前年に支配権がフランスに移った。フランス統治への転換を機に、ボナパルト家はフランス総督と親しくなりイタリア貴族としての地位を得た。

ボナパルト家の次男としてナポレオンは生まれた。口数が少なく勉強熱心。大好きな数学や幾何はできたが、抜群に優秀だったわけでない。九歳のとき、貴族代表としてフランスに出る父と一緒にフランス本土に出た。オータンにある貴族学校を経て、ブリエンヌ幼年学校に入学した。

しかしイタリア語なまりが原因で友人がなかなかできなかった。独りでいることが多かったナポレオンの楽しみは読書だった。啓蒙思想書や哲学書をはじめ、古今東西の歴史書、軍事書、法学、地学、天文学など、あらゆる書物を読んだ。中でも『プルターク英雄伝』が大好きで、自分もいつか彼らのような英雄になりたいと想像にふけっていた。

その後パリの王立仕官学校で砲術を学び、砲兵少尉《しょうい》として歩み始める。時勢には敏感だったナポレオンは、ロベスピエール率いるジャコバン・クラブに入会している。この見通しは正解だった。一七九二年ついに王制が廃止され、フランスは共和制になった。ジャコバン派が権力を握り、ロベスピエールによる独裁政権が樹立された。

ナポレオンは砲兵として順調に出世していく。イタリア遠征軍砲兵司令官にまで上り詰め、地中海の沿岸警備やジェノバ共和国へ特使として派遣されるまでになった。


しかし、一七九四年の夏、テルミドールの反動と呼ばれるクーデターが起こる。ロベスピエールをはじめとするジャコバン派の主要人物が殺された。この反動の波はナポレオンにも押し寄せ、ジャコバン派の一味ということで投獄されてしまう。告発内容の不備で短期間で釈放されたが、失職した。


だが、ナポレオンが歴史の表舞台に返り咲くのにそう時間はかからなかった。権力者は、彼の非凡な軍事能力を必要としたからだ。

一七九五年、パリで王党派によるヴァンデミエールの反乱が起きた。国内最高司令官のバラスは、以前から注目していたナポレオンを副司令官に登用した。反乱をたった一日で鎮圧し、この好機をものにした。ナポレオンは、フランスの治安をあずかる国内軍最高司令官、および総裁政府軍隊の師団長に大抜擢された。

新進気鋭の軍人は権力者への階段を一気に上っていく。社交界にも進出し、貴婦人たちのサロンに出入りした。そこで社交界の花形で、ボーアルネ元子爵の未亡人ジョセフィーヌに心を奪われた。繰り返し恋文を送る熱烈なアプローチをして、ついに結婚までこぎつけた。

一七九六年、ナポレオンはイタリア遠征軍総司令官にも任命された。北イタリアにいたオーストリア軍を一掃することが期待されてのことだ。追撃に追撃を重ねてたった十七日間で、西部ロンバルディアの主要地を占領した。その後は、マンチュア要塞に立てこもるオーストリア軍と、それを救出しようと三方向から来る支援軍と戦った。

要塞を包囲し支援軍を各個撃破していたとき、こんな話がある。

ある晩ナポレオンが一人で前線を視察に行くと、途中一人の哨兵《しょうへい》が居眠りをしていた。すぐに彼の銃を取り、眠る哨兵の代わりをした。目が覚めた哨兵は軍司令官が自分の警戒勤務をしていることに大変驚いた。しかもナポレオンは哨兵に教訓を与えただけで、処罰はしなかった。単なる暴君ではない実際の姿がここにある。

イタリア遠征で大勝利を収め、その名声はヨーロッパ中にとどろき渡った。国内でも人気が非常に高まっていった。

一七九八年、今度はエジプト遠征軍総司令官を任された。地中海と紅海におけるイギリスの制海権にくさびを打ち込むのが目的だ。トルコ領エジプトを占領することが望まれた。

アレクサンドリアからエジプトに入り、すぐに首都カイロを制圧した。カイロでは、インフラ整備や宮殿の建て替えなど近代化に着手した。他方でイスラム教徒らの信頼を得るため、彼らを尊重して信仰の自由を認めるなど慎重に行動した。兵士たちにも節操《せっそう》を訴え続けた。

他方、フランス国内では大きなうねりが起こりはじめていた。総裁政府は汚職がはびこるようになり、対外的には無力になっていた。

総裁政府は崩壊しつつあると判断したナポレオンは帰国した。民衆もナポレオンを熱烈に支持した。総裁の一人で、かつて『第三身分とは何か』を執筆したシェイエスは、状況を打開するためにナポレオンによる軍事独裁の必要性を痛感していた。シェイエスは、ロジェ・デュコ総裁や五百人会議議長のリシュアン、外相タレイラン、警視総監フーシェを味方に引き入れ、ナポレオンを中心としたクーデターを決意した。こうしてブリュメール十八日のクーデターが起こされた。

この無血クーデターによって議会と総裁政府は解散させられた。新たに三人の臨時執政から成る執政政府が樹立された。さらに第一執政を十年任期の国家元首として、行政権を彼一人に集中させる共和国八年憲法が可決された。そしてナポレオンは第一執政に選ばれ、絶対王制時代の王よりも大きな権力を握ることになった。

内憂外患の状況を打破することが何よりの優先課題だった。まず一八〇〇年に混乱に乗じて宣戦していたオーストリア軍をマレンゴの戦いで撃破し、休戦条約を結んだ。さらにロシアやトルコとも和議を締結した。一八〇二年にはイギリスとも休戦条約（アミアンの和約）を結び、ヨーロッパに十年ぶりの平和をもたらした。

内政においても大きな変化をもたらした。私的所有権の絶対・個人意志の自由・家族の尊重を基本原則とした現行のフランス民法典に連続するナポレオン法典を編纂した。また国民精神の統一と有能な官吏の育成を目的とした教育制度を整備した。経済面ではフランス銀行を設立し、国家主導による産業の育成にも着手した。

さらにローマ教皇ピウス七世と宗教協約を結んで国内の宗教紛争を収めた。エジプトと同じく、信仰の自由を認めたのである。

一八〇三年の人民投票で、ナポレオンは終身第一執政に就任した。反対勢力は一掃され、政権はゆるぎないものとなった。ここに革命の動きは終結した。平和によって安定を取り戻したフランスでは経済も活発化した。ナポレオンも商工業の保護や公共事業などでこれを後押しした。

翌年には、この安定を強固にするため、皇帝ナポレオン一世として即位して帝政へと移行させた。

自然に逆らってはうまくいかない

こうした動きを、ヨーロッパ諸国は支持しなかった。イギリスは一方的にアミアンの和約を破棄する。さらにロシア、オーストリアと対仏同盟を結んで再び対抗した。フランスはイギリス商品の輸入を禁じ、海上封鎖を開始した。ここにイギリスとフランスの戦争が再開された。

すぐにナポレオンはイギリス本土上陸作戦の準備を進めた。上陸するためには、ドーヴァー海峡を渡らなければならない。だがイギリス海軍をドーヴァー海峡から一時的にでも遠ざけない限り、それは不可能だった。そこでスペインの南海岸にいたフランス・スペインの連合艦隊を呼び寄せることにした。

しかし地中海と大西洋の制海権を握っていたイギリスは、ジブラルタル海峡で連合艦隊を捕らえた。トラファルガーの海戦と呼ばれるこの戦いは、ネルソン提督率いるイギリスの大勝利に終わった。フランス艦隊は壊滅し、イギリス本土上陸作戦は見送られることになった。

ナポレオンは、イギリス商品を一切ヨーロッパ大陸に出せないように大陸封鎖を徹底する戦略に転換した。それにはまずドイツ諸邦を制圧し、オーストリア、ロシアを撃退する必要があった。

主力を率いて遠征し、ドイツ諸侯国の再編に着手した。アウステルリッツの戦いでは、オーストリア・ロシア両軍を周到な戦術でおびき寄せて殲滅《せんめつ》させた。イエナの戦いではプロイセン軍を撃破し、ベルリンを制圧した。その後はポーランドを解放し、デンマークを従属させた。その上で、イギリスの商品をヨーロッパから閉め出す大陸封鎖令を出す。ナポレオンはヨーロッパの大半を制圧することになった。

だが、諸民族を統一するのはなかなか容易ではない。一八〇八年に同盟国のスペインでゲリラによる民衆蜂起が起こる。それがオーストリアをはじめ各地に飛び火していく。

この辺りから少しずつ風向きが変わっていく。

四十歳のとき、ナポレオンは長年連れ添ったジョゼフィーヌと離婚した。すぐさまオーストリア・ハプスブルク家の王女マリー・ルイーズと再婚した。フランス国民の多くはこの結婚に眉をひそめた。政略結婚の側面がある以上に、以前オーストリア皇室からマリー・アントワネットを迎えてブルボン朝が崩壊した記憶を呼び起こさせたことがその理由だった。

一八一一年にはロシアが大陸封鎖令を破って、イギリスと貿易していることが明るみに出る。ロシアにとって経済の生命線である穀物輸出を止めることは不可能だった。ロシアはイギリス、スウェーデンと組み、フランスとの同盟関係を破り捨てた。

ナポレオンは帝国の根幹を揺るがしかねないと、ロシア遠征を決断した。領内深くに進入することなく短期決戦で勝利し、すぐに講和に持ち込もうとした。

しかし、ロシアは決戦を望まず退却に退却を重ねた。ナポレオンのもくろみは外れ、やがて冬になってしまう。ロシアは、冬の寒さと雪を味方につけるだけでなく、モスクワさえも自ら火をつけてフランスを奥地に誘い込む戦法をとった。この戦法にまんまとフランスははまっていく。冬支度をしていなかったフランス軍は、これ以上進軍できないと退却したところを追撃されて敗戦を喫する。これに勢いを得たロシアにプロイセンが協力したことで拍車がかかった。

ロシアとの勝負の分かれ目は、ライプツィヒとリンデナウの間の大橋で地雷が爆破した事件だった。フランス軍の一部の集団は、爆破されたのを見て、自分たちが敵の勢力圏内にいると信じ、恐怖のあまり軍は無秩序になった。実際はそうでないのに、混乱した姿を見せたことにより、それより前の戦いで敗れていたロシア軍を勇気づけることになった。戦いの流れが変わったのだ。

このときナポレオンは直観した。

決定的な時が訪れるのを私ははっきりと見ていた。星の光は弱まっていた、手綱が手から逃れゆくのを私は感じていた。そして私にはどうするすべもないのだった。雷鳴の一撃だけがわれわれを救うことができた。したがって戦うことしかなかった。だが、毎日、運命のいたずらで、われわれの運はつぶれるばかりだったのだ！（ナポレオン＊1）

帰国後すぐに軍を再編し、ロシア軍やプロイセン軍を撃退した。しかしイギリス、オーストリア、スウェーデンも加わって戦線が拡大した。ところどころでフランスへの侵入を許した。外地で苦境に立たされる中、フランス国内にも反旗を翻す者が現れた。ブリューメール十八日のクーデターでは協力してくれた外務大臣のタレイランと警視総監のフーシェらである。タレイランは密かにロシア皇帝とも会談するなど、かねてよりナポレオンの失脚の機会をうかがっていた。彼らは、この混乱に乗じて臨時政府を樹立した。さらに対仏同盟軍の要求を受け入れ、ナポレオンの無条件退位とブルボン王家の復活を決議してしまう。

ナポレオンはもはやこれまでだと自ら皇帝を退位する。そしてエルバ島に追放された。

その後、列強がウィーン会議で戦後処理をしている中、ナポレオンは島を脱出して再度皇帝として返り咲く。しかし時代はもはや彼に味方せず、ウィーン会議参加の列強に敗れた。いわゆる百《ひゃく》日天下《にちてんか》である。最終的には、アフリカの西海岸から千五百キロも離れた絶海の孤島、セント・ヘレナ島に流罪《るざい》となった。

ヨーロッパを戦乱のちまたにひきずりこんだのだからすぐに処刑されていいはずだが、そうはならなかった。国民から人気があったので、ナポレオンを殺したら大変なことになると考えられた。

ナポレオンが単なるエゴイストだったらそうはならなかったはずだ。ここは注目すべき点である。孤島に軟禁され、読書や回想録の口述を行うなどして暮らした後、一八二一年に五十一歳でその生涯を閉じた。

あらゆる現象は必然であり、偶然などない

没落していく過程を本人がどう捉えていたかを見ていきたい。ナポレオンは、軟禁中にこう振り返ってこう述べている。

私は（イギリス）上陸の可能性をはかっていた。私にはかつてない優秀な軍隊があった。アウステルリッツの軍隊だ、もって知るべしだ。四日もあれば私がロンドンに入っているには十分だったろう。私はけっして征服者として入りはしなかった、解放者としてである。私はウィリアム三世を生まれ変わらせただろう、しかしより寛大に、より公平に。わが軍の規律は完璧だった、軍はあたかもパリにいるようにロンドンでふるまったろう。そして私はそこから出発したろう、南から北へ、共和国旗のもと、ヨーロッパ再生の仕事を果たすために。それはのちに私が、君主政体のもと、北から南へとまさに仕事を果たそうとしたものであった。私を挫折させた障害は人間からきたものではまったくなかった。障害はすべて自然の力からきた。南にあっては、私を打ち滅ぼしたのは海である。そして北にあって私を打ち滅ぼしたのはモスクワの大火であり、冬の氷である。このように、水、空気、火、すべて自然、自然だけ、これがほ

かならぬ自然そのものによって命じられた世界の再生の、その敵であったのだ！……神の問題は、解決しえない！＊1

自分の身に起きた現実は、自然によって生じた現象であると結んでいる。

人間は驚異的なものを好む。みずから自分をだましてくれるものにおぼれるのだ。事実は、すべてわれわれのまわりでの不思議である、ということだ。厳密な意味での異常な出来事というものはない。すべては自然における現象であるにすぎない。私の存在はひとつの現象である。暖炉に投げ込まれ私を暖めてくれる木もひとつの現象である。あの私を照らしている光、あれもひとつの現象である。私の知能、私の能力、それらも現象である。なぜならすべてそれらは存在する、そしてわれわれにはそれらをはっきりつかむことはできないのだ。ここで私は君たちのもとを去る、私はそらパリにいる、オペラ座に入る。私は観客たちに挨拶する、私は歓呼の声を聞く、私は俳優たちを見る、私は音楽を聴く。ところで、もし私がセント＝ヘレナからの距離を渡れるなら、なぜ私は幾世紀もの距離を渡れないのだろう？　なぜ私は過去のように未来を見られないのだろう？　一方が他方より、より異常でより不思議なことなのだろうか？いいや、でも、そんなことはない。＊1

なおかつナポレオンにとって、現実を構成する人間自身も自然における一つの現象だった。人間は自らを超越する自然の中で生きている。自然に逆らうことはできないし、その意向を受け入れざるをえない。
イギリスなどの諸外国に打ち負かされたというより、「自然に淘汰《とうた》された」という感じをナポレオンは晩年持った。自然に淘汰されることは、不思議なことでない。必然そのものである。ナポレオンには、「自分の行いが正しければ、自然に沿うので上手くいく。逆に自然に沿っていなければ、上手くいかない」という認識が根幹にあったのではないか。だからこそ、素直に退位を受け入れたのだと思う。
ナポレオンは、このことを「偶然」という言葉を使って説明している。

創造のあるところにはどこでもそのような科学と精神の働きが必要であり、そして確かに、人間精神の臨機応変の働きの最大なのは、存在しないものを存在させる働きであるからだ。それゆえ「偶然」は凡庸《ぼんよう》な精神の持主たちにとっては常に一つの神秘にとどまっているが、すぐれた人々にとっては一つの現実である。＊2

偶然と人が呼ぶものも自然現象である。そこには必ず自然の意向が存在する。したがって、偶然とは単に人知で説明できないことを意味しているにすぎない。不可思議あるいは神秘だとするのは、人間側からの評価だ。自然の側からすれば、何一つ偶然で片付けられるものはない。すべて必然である。

このことをよく示しているのがエジプト遠征のときのエピソードである。この遠征には総勢二百名近い学者や知識人の一団も連れていった。エジプト学会を創設し、学者たちが大規模な古代エジプト研究を行う環境を作った。この一団の中には、天文、幾何、化学、考古、鉱物、政治経済、東方学などの専門学や、画家、詩人、建築家、土木、橋梁技師などが含まれていた。

エジプトに向かう航海中のある晩、ナポレオンは船中の床の中で本を読んでいた。甲板に出ていた学者たちは、星の中に住むものや天地創造について議論をしていた。「すべては理屈正しく創造されていて、神によって世界は説明できるものではない、自然科学のみが謎を解きうる」と学者たちが語っていると、突然ナポレオンが現れた。ナポレオンは、「では言ってみよ」と蒼天に輝く海上の星を指差しながら、「あれは誰が創ったのか?」と問うた。

人間は全能ではないし限界があるだろう、そう言ったのである。人間はどこまでも人間だ。人間側からの視点がすべてだと思うのは傲りだと指摘したのだった。

ナポレオンにとって必然とは、森羅万象《しんらばんしょう》あらゆる現象を指す。必然は否応なしに我々にふりかかってくる。自然とは必然であり、受け入れる他ないものだ。

万人の幸福と調和

このような考えにもとづき、ナポレオンはどのような統治を行ったのか。

ナポレオンが築こうとした国は、万人が栄え、調和する国だった。そのためには、各々が他人を認め、自分で考え、よりよく生きるようにしなくてはならないと感じていた。「良心」という言葉を使ってこう説明している。

人間のあいだにおける最も神聖なものは良心である。人間には一つのひそやかな声があって、人間に向かって叫んでいる。地上の何者も、人間をして自分の信じないことを信じさせることはできない、と。あらゆる圧制の中でも最も恐ろしいのは、国民の九〇パーセントを占める人をして、おのが信仰に反した宗教を無理やりに奉ぜしめようとし、その宗教を奉じなければ市民としての諸権利の行政も許さず、いかなる財産の所有をも許さない圧制である。そのような圧制を受けては、もはや地上に祖国を持たないに等しい。＊2

こうした万人が共栄・調和する世界を実現することこそ、自分の役割であるとも確信していた。その目的から、権力は万人の調和を引き出す意味合いのものになった。

私は、権力から音や、調子や調和を引き出すために権力を愛しているのだ。芸術家として権力を愛しているのだ。＊2

公益につながるものを実施するときは、権力を使ってすみやかに実行した。たとえその功績を人々が気づかないとしても全力を傾けた。まず万人の調和と幸せを優先した。自己の名誉や自我は二の次であり、むしろ克服されるべきものだった。このような考えをもとに、あらゆる領域で改革が進んだ。

万人の幸福と調和とを何よりも優先したことは、ロシア遠征に失敗し帝国が崩壊するという大きな歴史の流れに対処する姿勢からもうかがえる。

ナポレオンは当時こんな風に言っていた。

私は平和を欲している。私は誰よりもそれに関心を持っている。それについての貴殿（サヴァリー将軍）の説教はしたがって無用である。もっとも私は、不名誉なことになる平和、あるいは六カ月もすればさらに激烈な戦争をわれわれにふたたびもたらすような平和はいらない。＊1

戦争好き、暴君としても語られるナポレオンだが、決して戦争を望んでいたわけではなかった。ナポレオンは、大きな視点から物事を捉えていた。「時勢から仕方ない」と自ら退位を受け入れたときもこう語っている。

国民が私を助けるなら、敵は破滅に向かってすすむのである。もし運命が私を裏切るなら、私の心は決まっている。私は玉座に執着はしない。恥ずべき条件に同意して、国民の品位も、私自身の品位も汚すまい。＊1

親衛隊には告別としてこう述べた。

私の古い親衛隊の兵士よ、私は諸君に別れを告げる。二十年以来、私は絶えず諸君を名誉と栄光の道の上に見いだしてきた。最近においても、繁栄の時代におけると同じく、諸君は剛勇と忠実の模範であることをやめなかった。諸君の如き人々と共にいるからには、われわれの立場は絶望ではなかった。しかし戦争は果てしがなかった、戦争をやめなかったら内乱になっていたであろう、そしてフランスはそのために一そう不幸になるばかりであっただろう。されば祖国の利害のためにわれわれの一切の利害を犠牲にしたのである。私は出発する。私の友人たちよ、諸君はフランスに仕えつづけていただきたい。フランスの幸福こそが私の唯一の念願であったのだ、それは依然として私の希《ねが》いの的であるだろう！　私の運命を嘆いてはいけない。私がこの期に及んでも生きながらえることを肯《がえ》んじたのは、いま一度諸君の栄光に役立たんがためである。私はわれわれと共に成し遂げてきた偉大な事どもを書きたいのだ！　さらば、私の子らよ！　私は諸君をみんなこの胸に抱きしめたい、せめては諸君の軍旗に接吻させてもらいたい！…

さらば！　もう一度、私の古い戦友たちよ！　この最期の接吻が諸君の胸に伝わらんことを！　＊2

自然の中で人間は生かされている

ナポレオンは、万人が幸福で調和する世界を実現することこそ、自分の役割だと感じていた。そのための権力であり、統治だった。

その原点は、皇帝になる前のエジプト遠征にあった。エジプト遠征はナポレオンにとって特別な意味を持っていた。愛読書『プルターク英雄伝』に出てくるアレクサンドロス大王と、自らを重ね合わせていたからだ。

マケドニア王フィリップ二世の子として生まれたアレクサンドロス大王は、二十歳で即位するとエジプトを中心に、ギリシアからインドにまで広がる帝国を築いた。紀元前三三四年から東方遠征を開始し、シリア・パレスチナ、エジプト、メソポタミア、イラン中央アジアの一部、インドの一部まで支配した。ギリシア文化と東方文化が混合したヘレニズム文化が生まれたのは、この遠征による。家庭教師はアリストテレスで、彼から徳を受け継いだと本人は言っている。

ナポレオンはアレクサンドロス大王の政治的才能に敬服していた。自分も同じようにエジプトを中心に偉業を成し遂げたい、そう夢想したのだった。

エジプトではインフラ整備と共に、そこに住む人々を尊重した。宗教や民族が異なろうと、どんな人々にも一様に振舞うべきだと考えていた。兵士への富国の一つにこんなものがある。

彼らにいうがよい、すべての人間は、神の前において平等である、と。

ただ知恵と、才能と、徳のみが、人間の間に差をつける。＊2

人は民族や宗教にかかわらず平等である、これが基本だ。後に築かれるフランス帝国でも、国教や支配的宗教を採用せず、公共の秩序が維持される範囲で信仰の自由を認めた。知恵や徳、そしてその人の役割によっての区別はあっても、差別は本来ないものだと考えていたのである。

このような政治はアレクサンドロス大王と同質のものだった。アレクサンドロス大王の思想は、「永遠にアジアに王国の中心を置く」というもので、ヨーロッパの価値観とは大きく異なっていた。遠征によって数々の都市を建設し、それらをネットワークとして結びつけていった。戦争が終われば勝者も敗者もなく、どんな民族も皆同等であった。様々な民族の融合の器として各都市は存在した。

ペルシア人兵士を相手にアレクサンドロス大王は、「諸君はわたしにとって、徴兵でなく血縁による兵士なのだと信じてもらいたい。アジアとヨーロッパは今や同一の王国なのだ。わたしは諸君にマケドニアの武具を与える。異国の新参者とはいえ、古参兵として扱っているのだ。諸君はわが同胞でもあり、兵士でもある。すべての物が同じ色を帯びる。ペルシア人がマケドニア人の慣習をまねることも、マケドニア人がペルシア人を模倣することも、不名誉ではない。同じ王のもとで生きようとする者は、同じ権利を持たねばならない」と演説している。大王自身も、ペルシア人貴族オクシュアルテスの娘であるロクサネと結婚し、ペルシア王ダレイオスの娘を娶った。自ら融合の見本となっている。

そもそも民族による分裂などない、そう認識していた。酒宴にも、マケドニア人だけでなく、民族や階級に関係なく様々な人を呼んだ。「勝者から高慢《こうまん》を拭い去り、敗者から恥辱《ちじょく》を拭い去る」ことを目指したのである。結果、ヨーロッパ人とペルシア人、アジア人の混血が進んだ。

統治方法を例に取れば、各地域の総督への大きな〝信頼〟を基本とした。マケドニア人総督には、軍事・財政を含む広範な権限を与えた。もし職務権限を乱用し、横領や簒奪《さんだつ》をした場合は、厳正に処罰した。

積極的に間接統治も行った。戦争の相手のペルシア人たちを総督に任命し、地方行政官の職を与えている。インドでは、昔からの指導者や行政担当者を残した。その上で大王の私的代理人（称号を持たない総督）として統治させた。

信頼したのは、各地域の総督だけでない。各地域の人々もだった。アレクサンドロス大王は、まずその土地の人々へ敬意を払い、その土地を理解することからはじめた。その土地の日常生活の流儀や伝統的衣服も認め、採用したりもした。ペルシア方式だろうとマケドニア方式だろうと、分け隔てなくいいものは採用する姿勢を貫いた。またバビロニアなど各地の信仰をも許容した。

なぜ各地の人々への敬意を払い、その土地の信仰まで認めたのであろうか。アレクサンドロス大王が、西洋でも東洋でもなく、「人は皆同胞である」と考えていたからである。それが大きな統一性をもたらした。こうした考えとは対極にある排他的・敵対的イデオロギーに基づくような階級構造は熟慮の上、解体していった。その点をナポレオンは尊敬し、自らも実践したのである。

ナポレオンもアレクサンドロス大王も、「人間は皆同胞である」と考えていたわけである。ここで言う「人間」についての理解を見落としてはいけない。自分も他人も含めて、「人間」として一括りである。各自の役割による区別はあっても差別はない。

ナポレオンの自然観から見ると、人間は自然現象の一部でもある。自然があって初めて存在するものだ。つまり、人間は、自然に生かされて生きている生物の一つと言い換えてもよいだろう。

同時代にいち早くナポレオンの自然観を見抜き、賞賛した人物がいた。ドイツの文豪ゲーテである。ナポレオンとゲーテは、一八〇八年にエアフルトで初めて対面した。ナポレオンが、ゲーテの『若きヴェルテルの悩み』を愛読していたこともあって両者は活発に議論した。

この会見後、両者は互いに相手を賞賛している。

ナポレオンはゲーテを「ここに人間がいる、大人物だ」と評した。

ゲーテも「ことにナポレオンが偉大だった点は、いつも同じ人間であったことだよ。戦闘の前であろうと、戦争のさなかだろうと、勝利の後だろうと、敗北の後だろうと、彼はつねに断固としてたじろかず、つねに、何をなすべきかをはっきりとわきまえていて、彼は、つねに自分にふさわしい環境に身を置き、いついかなる瞬間、いかなる状態に臨んでも、それに対処できた」と賞賛した。

注目すべきは、両者が用いた「人間」という言葉だ。ゲーテもナポレオンと同じく、人間は自然の中で生かされている、自然は必然であるという認識を持っていた。ナポレオンの言う「人間」とゲーテの言う「人間」は同義である。それは、「自然に生かされている人間」の意である。

さらにゲーテは「天才」を「神や自然の前でも恥ずかしくない行為、まさにそれでこそ影響力をもち永続性のある行為を生む生産力に他ならない」と定義した上で、ナポレオンを「これまで現れたもっとも生産的な人物の一人だった」と語った。常に自然から見てどうか、この行動は自然に沿っているかどうかという視点があったことを評価しているのだ。


自然に生かされて生きている人間は、自然に沿うことが幸福である。ならば、いかに自然に沿って生きるか。これがナポレオンの行動規範であったと言える。

この自然から見る観点、これこそナポレオンの根幹にあったものだ。俯瞰的に、自然の立場から大きく全体を見渡していた。その中には自分や他人も含む人間、あらゆる生物、現象すべて含まれる。これを抜きにしてナポレオンの本質は見えてこない。今日の我々がナポレオンから学ぶべきは、人間側からでなく自然から見る視点であり、その姿勢なのではないか。山の頂上から見る景色と地べたから見る景色は違う。そもそも見える範囲、枠が違う。地上にいて物事を見るなら、いくら全部把握しようとしてもそこから見える範囲でしか理解できない。


ナポレオンが目指した万人の幸せとは、この自然に生かされている「人間」の幸せを指す。人間全体がいかに幸福になるか、そして自然に沿って生きるかと考えて行動したわけである。

自分の幸せ、他人の幸せがすべてであって、自然界に生きる生物としての人間全体の幸せとなる。自分の幸せだけでも、他人の幸せだけでもだめなのだ。

自分だけの幸せを考えて行動する、つまり自分さえよければいいというのは、単なるエゴである。他人のことなどお構いなし、思いやりなどない。エゴは捨てるべきだが、それは自分を捨てるということではない。自分はどうなってもいい、他人さえよければいいというものでもないということだ。自分が幸せだから、人間全体も幸せになるということである。

ナポレオンは幾世紀にもわたり、今でも偉人と評価されている。それはこの自然観に基づいて、時代や場所に関係なく人間の幸せを実現しようとしたからである。

ナポレオンの略歴

一七六九年　コルシカ島（現イタリア）に生まれる。
一七九一年　ジャコバン・クラブに入る。
一七九三年　ツーロン港攻略に成功。
一七九四年　テルミドールの反動で投獄・失職。
一七九五年　ヴァンデミエールの反乱。国内軍最高司令官および総裁政府軍隊師団長就任。
一七九六年　ジョゼフィーヌと結婚。
一七九八年　エジプト遠征軍総司令官就任。
一七九九年　ブリュメール十八日のクーデターを実行。執政政府樹立。第一執政就任。
一八〇四年　皇帝に即位。フランス第一帝政の開始。
一八〇五年　アウステルリッツの戦いに勝利。
一八一二年　ロシア遠征。
一八一四年　皇帝退位。エルバ島に流される。
一八一五年　エルバ島を脱出し百日天下。セント・ヘレナ島に流刑。
一八二一年　五十一歳で死去。

ヴェルヌ「科学は万能ではない」

ジュール・ヴェルヌ（一八二八～一九〇五）はH・G・ウェルズと並んでSFの開祖と称されるフランスの小説家。代表作としては、『八十日間世界一周』、『海底二万里』、『月世界旅行』などが挙げられる。約四十年間で八十以上の作品を執筆した。その大半が発表と同時に諸外国で翻訳されるなど、世界中の老若男女に受け入れられている。一般的にヴェルヌの作品は、科学技術の進歩を予見していたという点で評価されることが多い。

しかし、本人は科学ではすべてを解明できないと確信していた。むしろ、我々人間は自然の内にあると考えていた。

科学的知識よりも、まず未知への憧れ

フランスの港町ナントでヴェルヌは生まれた。ナントは十八世紀に貿易港として栄えたことで知られている。代々法律家を生んだ家系で、父も個人事務所を構えていた。

ヴェルヌは、港を行き交う船が大好きだった。母方の親戚にいた船主や航海士から聞く話は、海への憧れを大いに刺激した。航海用語や船の操作もいつのまにか身につけていった。

一家は、現在ナント市の一部になっているシャントネー＝シャル＝ロワールに別荘を持っていた。その別荘からはロワール河を行き通う船が見えた。ヴェルヌはよく小さな望遠鏡でじっと船の動きを研究していた。見るだけでは飽きたらず、一人で粗悪なボートに乗ってロワール河の岸辺や小島探索もした。船による冒険は日常生活の延長線上にあった。

十二歳のときの冒険について、後年こう話している。

私はひとりで粗悪なボートに乗っていた。シャントネーから十里ばかり下ったところで、舟板が緩んだ。水漏れが生じ、穴を塞ぐことができない！　難破してしまったのだ！　小舟はみるみる沈み、私は間一髪、小島に飛び移ることができた。そこは一面の丈高い葦の茂みで、その羽飾りが風で項垂れていた。（中略）私は早くも、枝で小屋を建て、葦で釣り糸を、刺で釣り針を作り、野蛮人のように乾いた木切れを摺り合わせて火を起こすことを考えていた。（中略）それは数時間しか続かず、潮が引くと、足首までしかない川を横切って、私のいうところの大陸、すなわち、ロワール川の右岸に辿りつけばよかった。そして、何事もなかったかのよ

うに家に帰り、私が夢見たロビンソン風の食事、生の貝やペッカリの切り身、マニオカの粉で作ったパンの代わりに、家庭料理で満足しなければならなかったのだ！（ヴェルヌ＊1）

初航海で冒険の戦慄を味わったというわけだ。

青年期になると文学に傾斜した。ユゴーやアレクサンドル・デュマの本などを読んでは、自ら劇作を書いた。想像力を働かせて夢の中を冒険するようになったのである。

十八歳になると大学資格試験に合格し、法学を学ぶためパリの大学に進学した。父親は法律家になって事務所を継ぐことを望んでいた。

しかし当の本人は、法学への興味を次第に失っていった。法学以上に芸術の虜になったからだ。最初に魅了されたのは音楽だった。当時ナント出身の作曲家アリスティッド・イニャールと同居し、一緒に音楽家タルクシーのサロンに通い詰めた。

音楽以上に魅了されたのが、文学だった。画家であった伯父の紹介で、マリアニ夫人のサロンとバレール夫人のサロンに出入りするようになった。そのサロンで『三銃士《さんじゆうし》』の作者である憧れのデュマと、その息子と知り合うことができた。デュマの知遇を得たヴェルヌは、彼の作品が上演されていたイストリック劇場に入り浸った。劇場の秘書を務めるほど親交を深めた。

二十二歳のとき、自作の喜劇「折れた麦わら」がアレクサンドル・デュマのプロデュースで上演される機会に恵まれた。このデビュー作は、なかなか好評で四十五回も上演された。その後は劇作家としてオペレッタ『目かくしごっこ』や『チンパンジー氏』、喜劇『十一日間の包囲』などを書いた。ただ収入はわずかなものだった。法律を塾で教えたり、公証人の秘書をしたりして食いつないだ。それでも文学への情熱は増すばかりだった。小説を書きたいという内的衝動は抑えられなくなっていた。ついには自分が欲する道を歩むことを決心する。父にこのような手紙を書いて法律家になることを拒否した。

何よりも文学です。私が成功できるのは、文学においてのみなのですから。私の精神はこの一点に固定され、みじんも動きません！…… ＊2

まず図書館で興味を持っていた地理、航海、科学などの書籍や論文を手当たり次第読んだ。盛んに人とも会い、冒険家にして地理学者ジャック・アラゴーともこの頃知り合った。アラゴーは世界中を駆け巡っており、その話は大いに刺激になった。そうして書き上げた作品は、劇作家時代に関係したカトリック系雑誌「家庭博物館」に掲載された。「歴史研究、南アメリカ。メキシコの船初期の航海」、「風船旅行」を一九五一年に、続いて「マルタン・パッツ」、「ザカリウス師」、「氷の中の冬ごもり」と次々と発表した。

親の言いなりにならなかったのは伴侶選びもだった。二十八歳でヴェルヌは結婚するが、相手は子連れのオノリーヌ。親族の理解を得られず、結婚式には誰一人参列してもらえなかった。

家族を持ったからには、文学の時間を多く取れて、なおかつ収入がよい仕事が理想だった。義兄の紹介で、幸いにも株式仲買人の仕事を得ることができた。

作家としての転機は、天文学発明の大家であったナダールとの出会いだ。当時ナダールは気球を飛ばすことに熱中し、直径三十メートルにもなる巨大気球「巨人号」の飛行実験をしていた。ナダールとの交流から想像をふくらませたヴェルヌは、『気球に乗って五週間』を書き上げた。すぐに出版交渉のため、二十軒以上の出版社を巡った。そうして出会ったのが、ピエール・ジュール・エッツェルだった。この出会いはナダール以上に重要なものだった。

エッツェルは、一八四八年の二月革命で臨時政府の外務次官を務めていた。その後出版社を起し、ユゴーやバルザックの主要作を出版して成功した。次に関心を持ったのは子どもたちの教育で、児童図書出版に力を入れるようになった。「新子供雑誌」を刊行し、自らもJ・P・スタールの名で児童文学を執筆していた。

ヴェルヌと出会った当時、エッツェルは新たに児童図書雑誌「教育と娯楽」の刊行を考え、執筆者を探していた。ヴェルヌはうってつけの人物だった。

作品や構想も評価できるものだった。すぐに毎年三巻分の原稿を執筆し、雑誌「教育と娯楽」に掲載する契約を取り決めた。以後両者は固く結びつき、作品のほとんどはエッツェルの出版社から出版されることになった。エッツェルも編集者としてヴェルヌの作品にかかわり、ときにはアイデアを提案した。

一八六三年、『気球に乗って五週間』が出版された。ベストセラーになり、ヴェルヌは一躍流行作家の仲間入りを果たした。翌年には雑誌「教育と娯楽」が刊行され、『ハテラス船長の航海と冒険』の物語の第一部「北極のイギリス人」が掲載された。

ヴェルヌの作品は、「驚異《きょうい》の旅」シリーズと題され、まず「教育と娯楽」に挿絵入りで連載されるか、一般日刊紙に挿絵なしで連載された。その後、単行本化される。そして挿絵版が分冊を経て、豪華な装丁の単行本として出された。最初に作られるのは、最終形の挿絵版であった。その後、形態を変えて売っていくという方針がとられた。旧作も何度も装丁を変え、読者の興味を誘った。

このような経済的理由もあって、編集者エッツェルは執筆に大きくかかわった。まずエッツェルが注文し、ヴェルヌはそれに応える形で書いた。挿絵と本文の連携を打ち合わせ、さらに編集する。エッツェルは共著者と言っても差し支えないほど作品にかかわっていた。

対してヴェルヌは編集者の圧力に反発したこともあった。しかし、多くの人に読まれなければ自らの作品の価値はないという思いもあって、早く活字化するため最大限にエッツェルの要求を受け入れた。ときには率先して要求以上に書き直した。

エッツェルから見れば、そうしたヴェルヌの姿は、「仕事に真摯《しんし》」で、「よいところがある意見は喜んで活用」する作家だった。

この共同制作システムのもとで、ヴェルヌは精力的に長編作品を発表していく。一八六四年の『地底旅行』を皮切りに六年間で、『月世界旅行』、『ハテラス船長の航海と冒険』、『グラント船長の子供たち』、『海底二万里』、『月世界探検』を書き上げた。

自然の驚異に感動する

十九世紀のヨーロッパでは産業革命による飛躍的な工業化に伴い、科学技術は著しく発展していった。近代都市が出現し、市民生活も大きく変化していった。十九世紀後半からは最先端の技術を紹介する万国博覧会も開催され、科学技術は人々の間に浸透した。

同時に西洋人による世界各地の探検も進んだ。リヴィングストンやスタンリーはアフリカ内陸部の探検を行い、中国奥地や中央アジアでも調査が始まった。自らを文明社会と称し、未開の地の人々を劣等視したため偏った情報も多かったが、次々と西洋の人々にとっての〝世界〟は開拓されていった。

このような時代背景もあって、科学の力を使って人類未踏の土地や宇宙の冒険を語るヴェルヌの小説は大評判だった。


しかし、作者自身は科学や人間の限界を認識していた。『海底二万里』には、こう記されている。


「海がお好きなのですね、船長」

「ええ！　好きですとも！　海はすべてです！　地表の十分の七が海です。海の呼吸は清らかで健康的です。海は、人間が決して一人ぼっちになることのない広大な砂漠です。自分の近くに生命が息づいているのを感じられるのですから。海は超自然的で驚異的な生活の演じられる場所にほかならないのです。海は活気と愛です。あなたの国の詩人が言ったように、生命をもつ無限です。……

（中略）

……地球も、言ってみれば海から始まったのです。終わるのも海によってではないと誰が断

言できるでしょうか？　海には崇高な静寂があります」＊3

ヴェルヌの作品には、海を題材にしたものが多い。彼にとって海は身近にある不可思議な存在だった。自分を包む大きな存在をいつも感じていたのである。そうして人間はあらゆる生物と同じく、自然の摂理にしたがうという実感を持つようになった。『海底二万里』の中にはこういう指摘がある。

塩分は海中に相当量存在します。教授、海水中に溶解している塩分をすべて取り出したら、四五〇〇万立方里の塊りとなり、これを地球上に広げると十メートル以上の厚さの層になります。しかし、この塩分の存在が自然の単なる気まぐれに過ぎないことなどと考えてはなりません。そんな考え方は大きな誤りです。塩分があるために、海水は蒸発しにくくなり、また風によって過度に蒸気が持ち去られることもないのです。蒸気が過度に持ち去られたら、湿帯地方は多量の降水によって沈んでしまうでしょう。地球全体の摂理に、塩分は非常に大きな均衡の役割を果たしているのです！

（中略）

すなわち極微生物は、一滴の水のなかに数百万存在し、八十万匹集まって一ミリグラムになるくらいですが、その役割の重要さは小さいものではありません。＊3

人間は決して偉いわけではない。海から見れば、生物の一つにすぎなかった。

最先端の科学によって作られた潜水艦が氷の層にはさまり、身動きができなくなる場面がある。そのときネモ船長はこのように言っている。

均衡の原理を生む現象を、人間は防ぐことはできません。人間のつくった法律を冒すことはできても、自然の法則に抵抗することは人間にはできません。＊3

しばしば作品の中で、火山、地震、嵐、洪水、海の渦など自然の圧倒的な力が表現されている。ヴェルヌは、最先端の科学よりもそうした自然のすごさに驚き感動していた。科学で自然を探求すればするほど、自然には未知なる部分が隠されていた。逆説的だが、知れば知るほどわからなくなるのである。

それは、自然の驚異に触れた海中での生活について語る登場人物の言葉に込められている。

自然の驚異をこれほど見たために無感動になってしまって、あのみじめな陸地や人間の手が作り出したみすぼらしいものを見て、どんな気がすることでしょうか！　＊3

科学では解明できないものが自然にはある。ヴェルヌにしてみれば、自然の方が科学よりもはるかに進んでいた。

『ハテラス船長の航海と冒険』にも同種の言葉がある。ハテラス船長一行が北極探検の最中、赤い雪の斜面に出くわす。この特異な現象を科学的に説明した後、ヴェルヌはこう記している。

現象はこうして説明されはしたものの、奇怪であることには変わりなかった。＊4

人間の合理的思考では、すべてを説明することができない。神秘的なものは決してなくならない。そのような神秘的なものや謎に迫るために、人間は合理的思考だけでなく、想像力を働かせることが重要になる。想像力をたくましくすることでわかることもあるのだ。

どうして不満や倦怠があるのか

一八七〇年、普仏戦争が起こった。ヴェルヌはパリを逃れ、妻の生地であるアミアンに移住した。同年には、エッツェルの出版社以外でも作品を発表した。『八十日間世界一周』は、「ル・タン」紙に連載されて一八七四年に劇化された。以後ヴェルヌの作品は各国で訳されるようになった。同時に世界中で人気が確立されていく。四十四歳のときには、アカデミー・フランセーズの文学賞を受賞した。


成功によって得られた財産は帆船の購入にあてられた。船は仕事部屋代わりだった。最初に買った漁船は五歳になる息子の名前から「サン・ミッシェル一世」と名付けられた。収入が増えるにつれて、一八七四年には大型帆船サン・ミッシェル二世、三年後には十人乗りの蒸気機関付帆船サン・ミッシェル三世へと買い換えられた。

一八七八年から八四年にかけてヴェルヌは弟らを伴って、北海やバルト海、そして地中海に幾度も航海に出た。海の波立ちに囲まれた船上生活はこの上ない幸福だった。

海に出ないときは執筆作業にかかりっきりだった。そのため家族との時間はほとんどなかった。妻には働きすぎだと言われ、息子は父との時間を欲した。


一八八六年は、様々な出来事が起こった年だった。

まず大切なサン・ミッシェル三世を売却した。維持費が負担になってきたのに加えて、問題児となっていた息子の借金を返済する目的もあった。

次に起きたのは、甥のガストンにピストルで足を撃たれた事件だ。当事者たちが沈黙したことで真相は闇の中だが、金の無心を断られた逆恨みによって引き起こされた可能性が指摘されている。この事件以降、ヴェルヌは杖を片時も手放せなくなった。

締めくくりは、この事件から八日後にエッツェルが亡くなったことだ。長年のパートナーの死は、同時に制作システムの変更を余儀なくされるという点でも衝撃が大きかった。編集担当の仕事はエッツェルの息子が引き継いだが、亡き父と全く同じというわけにはいかない。


ヴェルヌは動揺した。しかし仕事やその根本にある考えまでぶれることはなかった。生活ぶりもずっと変わらない。朝五時から十一時まで書斎で仕事をし、昼食後は産業協会へ行って新聞や雑誌を読んだ。その後は日によって市役所かクラブに立ち寄り、夜はどんな客がいても十時きっかりに寝室に入った。自身の芝居が上演されているときでさえも、毎夕劇場に姿を見せたが、幕間には帰るのが常だった。毎日規則正しく非常に勤勉な生活を送っていた。

私の生活は満ち足りている。倦怠の入りこむすきはない。ここに私の求めるほとんどすべてのものがある。＊5

すべては自分が欲し、求めていることをした結果である。あらゆることは他人ではなく、自分の中に存在している。どんなことがあっても、倦怠も不平不満もない。ここにぶれない秘訣があると言えよう。

一八八九年には、ヴェルヌはアミアン市会議員に選出された。数多くの団体に参加していたこともあって周囲の期待を感じ、立候補したのだった。議員になると自ら望んでアミアン市立劇場の財務管理やアミアン市を訪れる旅芸人やサーカス団の管理を担当した。劇場の秘書のときの経験が活きたのだろう、たちまち旅芸人たちと仲良くなり円滑な運営を行った。

議員になった背景には、名声のあるヴェルヌを市長に担ぎ出そうという動きがあったとも言われる。しかし本人が市長になる気は毛頭なかった。自分のやりたい都市計画を中心に議員の仕事を務めた。

この頃には息子のミッシェルも更生し、和解を果たした。息子は自分も執筆をしたいと思うようになっていた。その望みをかなえようと、短編を一、二作共同執筆した。ただし息子の名前は出さず、自分の単著として発表した。幸いにも息子も満足してくれた。

議員の仕事をしていても、創作への情熱は冷めなかった。むしろ高まるばかりで、相変わらず仕事部屋に朝から一日中こもっていた。晩年には「世界の支配者」、「永遠のアダム」などの短編を執筆した。

生涯八十以上の作品を執筆し、その作品は世界中で読み継がれた。ヴェルヌは一九〇四年頃から体調を崩し、翌年に七十七歳で亡くなった。最後まで自身の仕事を全うしようとしていた。

自然の内にあるという自覚

一般的にヴェルヌの作品は、科学技術の進歩を予見していたという点で評価されることが多い。彼の先見性を讃えているのである。「ヴェルヌ的」なものとは、新しい科学的テーマを意味している。

しかし前述のように、本人は科学ですべて解明できないと確信していた。つまり「ヴェルヌ的」なものの否定である。彼が生涯持っていた感覚は、科学技術信奉と呼べるものではない。「自然の内にある」というものだった。この感覚があるからこそ、作品は時代や場所を超えるものになったと言える。

このような感覚はなにも彼だけに限ったものではない。多くの芸術家も同じものをもっている。二十世紀のフランスを代表する哲学者であるメルロ・ポンティの『眼と精神』の中に、アンドレ・マルシャンという画家の話としてこんなものがある。

彼は森に入って絵を描いていたとき、何度も自分が樹を見ているのではなく、むしろ樹や森に見られていると感じたそうだ。内から自然によってたっぷり埋められていくようにも思えた。人間はなんとかそこから顔をだけでも出そうと描こうとしているにすぎない。画家は自然を貫こうとするのではなく、むしろ貫かれるべきなのではないか、そう感じたそうだ。

あくまで人間は自然の内部で、自然に依存して、自然によって生かされている。にもかかわらず、人間が世界すなわち自然の秩序を変えようとするのは傲慢であり思い上がりにすぎない。一八八七年発表の『地軸変更計画』と一八九五年発表の『動く人工島』の最後の文章は、そうヴェルヌが考えていたことを象徴している。

これで地球に住む人々は安心して眠ることができる。地球の運動の条件を変えることは、人類に許された範囲を超える行為なのだ。人間は、創造主が宇宙の仕組みの中に立てた秩序を、何一つ変えることはできないのだから。＊6

しかしながら――何度でもくりかえしておこう――人工の島を、海上を自由に動きまわる島をつくることは、人間に許された限界を超えることではないか、そして風も波も自由にできない人間には、創造主の権利を横取りすることは禁じられているのではあるまいか？ ＊7

現代を生きる我々は「科学的」かどうかを非常に重視する傾向がある。科学によって証明されたか否かが判断基準となる。それゆえ科学は万能であると考えがちだ。科学が進歩すれば、人間は地球や宇宙を思いのままにすることができると考える者もいる。

こうした風潮をヴェルヌはきっぱり否定する。科学は万能でないと。かのパスカルも言ったように、「理性の最後の歩み、理性を超えた事物が限りなくあることを認めること」なのである。理性も科学もその源は自然にある。人間はあらゆる生物と同じく、自然の内に生きているからだ。

自然は、いたるところで、そしていつでもあなたの役に立っているわけですね。＊3

『海底二万里』の中にあるこの言葉は、作品中の最先端の科学が結集された潜水艦でさえも、その燃料となる電気、乗務員の食料、そして何より生きるための空気も、すべて自然によって与えられるものであると指摘したものだ。

我々は自然なしに生きていけない。科学もまた自然なしには存在しない。自然があって生きることができ、その上で科学が成り立つのである。同様に自分自身の源も自然にある。だから、理性の働きや創造、あるいは自らの理想もすべて自然の内にある。このことは普遍であり、本質的なことだとヴェルヌが提示してくれている。

科学の進歩を予見したとされる作品の根本にあるのは、実は我々が生きていく上で変わらぬ感覚なのである。だからこそ、時代を超えて人々の心に響く。そうした事実を見過ごしてはならない。果たして現代の我々はこの感覚を持っているだろうか。

ヴェルヌの略歴

一八二八年　フランス・ナントで生まれる。
一八五〇年　喜劇「折れた麦わら」が、アレクサンドル・デュマのプロデュースで上演。
一八五一年　小説家デビュー。
一八六二年　出版社主エッツェルと出会う。
一八六三年　『気球に乗って五週間』出版。ベストセラー作家になる。
一八六五年　『月世界旅行』出版。
一八六六年　サン・ミッシェル号購入。
一八六九年　『海底二万里』出版。
一八七一年　アミアン移住。
一八七二年　『八十日間世界一周』出版。アカデミー・フランセーズ文学賞受賞。
一八八九年　アミアン市会議員選出。
一九〇五年　七十七歳で死去。

第五章　人生の行方は自分で決める

勝海舟　「経験が自分を育てる」

勝海舟《かつかいしゅう》（一八二三〜一八九九）は、幕末の動乱期に政治の中心で活躍した幕臣。将軍の信任を得て、諸外国や反幕府側の薩長らと数多くの外交交渉を担当した。その手腕は高く評価されて旧幕臣であるにもかかわらず、明治政府も頼りにした。

世の中を公平無私の眼で捉えてみる

勝海舟は、国家的観点から日本の安全保障を考えていた人物である。日本国家を新たに統合し強化することで、列強の植民地化を防ぐというヴィジョンを描いた。そしてそれを実現した。今日から見れば何も目新しさは感じない。しかし当時はまだ誰も国家という概念さえ抱いていない時代だった。その点で勝海舟は異色の存在である。

勝海舟は、一八二三年に江戸本所亀町（現在の墨田区両国辺り）で生まれた。父の勝左衛門太郎小吉は旗本だったが、禄高わずか四十一俵の下級武士だった。暮らしは貧しかった。

身分の低い勝が出世できたのは、流行のオランダ語を学んだことだった。当時は欧米列強が植民地獲得のため、アジアへの進出を本格化させていた。アヘン戦争後、日に日にその脅威が高まっていった。勝は開国派の佐久間象山《さくましょうざん》のところでは西洋砲術を、幕府が長崎に開設した海軍伝習所ではオランダ海軍から学んだ。時勢から需要が高まる、オランダ語を学んだ兵学者として出世していく。

幕臣として目を見張る活躍は、海上防衛の強化と諸外国との交渉であった。

将軍徳川家茂《とくがわいえもち》に直訴して設立した神戸の海軍操練所《そうれんじょ》は校長を勝海舟、塾頭を坂本龍馬《さかもとりょうま》が務めた。操練所は幕臣や藩士に限らず、意志と才能のある者は皆受け入れた。日本国全体の海軍を養成しようと考えたからだ。幕府の施設にもかかわらず、脱藩者や勤王《きんのう》派も出入りできた。塾生の中には日露戦争時の外務大臣・陸奥宗光《むつむねみつ》や海軍軍令部長・伊藤祐亨《いとうすけゆき》らもいる。

語学も堪能で、諸外国の人々とも顔なじみであったので、交渉役に任ぜられた。英仏米蘭連合艦隊が下関を砲撃した下関戦争《しものせきせんそう》の交渉以来、外交交渉といえば勝の出番だった。事態を収拾させ、数々の交渉をまとめ上げた。


幕臣として活躍する一方で、「幕府にはもはや政治をとりしきる力はない。これからは雄藩が挙国一致で国を動かさなければならない」と冷静に分析していた。この分析をこれから長州《ちょうしゅう》征伐に行こうとしていた薩摩《さつま》藩の西郷隆盛《さいごうたかもり》に披露している。さらに勝は、「諸藩の連合ができるなら、それまで外国艦隊を自分が抑える」とまで言い放った。これには西郷隆盛も驚いた。西郷隆盛はこの話を参考に、長州征伐の方針を改めた。次第に薩摩藩は幕府と距離を置くようになり、諸藩連合を模索していく。その後、坂本龍馬を仲介として、長州藩と薩摩藩は慶応二（一八六六）年秘密裡に同盟を締結した。こうして歴史の流れは討幕に向かって行く。


そうした流れにもかかわらず、将軍徳川慶喜《とくがわよしのぶ》は第二次長州征伐を始める。当然幕府の勝利もおぼつかない。

停戦交渉役として任用された勝海舟の提案から一年後、徳川慶喜は大政奉還《たいせいほうかん》を実行した。王政復古大号令《おうせいふっこだいごうれい》が出されて、幕府・関白が廃止され、王政復古政府が樹立された。

しかし、薩摩藩を中心とした武力討幕派はこれをよしとせず、徳川家との間で戊辰戦争《ぼしんせんそう》をはじめた。鳥羽《とば》・伏見《ふしみ》の戦いで幕府軍は敗れ、徳川慶喜は江戸に逃げ帰り、全軍総崩れとなった。

徳川慶喜の命により、勝海舟は徳川幕府の後始末をすることになった。それに伴い海軍奉行、陸軍総裁に任命されて幕府の最高幹部となった。勝は、時勢からもはや戦争すべきではないと考えていた。また国家の観点からみても戦争の継続は、日本国家の弱体化を招くだけだと見通していた。そこで、幕府は政権を奉還して江戸を引き払うことにした。幕府内の多数を占めていた主戦派は罷免された。徳川慶喜自身も恭順の意向を示すため、上野の寛永寺に入って謹慎した。

勝海舟の最大の交渉とされるのが、西郷隆盛との江戸城無血開城《えどじょうむけつかいじょう》の交渉である。

今や官軍となった薩摩・長州藩は、西郷隆盛に率いられて関東に進軍していた。勝は、手紙を送って西郷との接触を試みた。接触から二カ月後、会談は品川の薩摩藩邸、江戸田町の薩摩の蔵屋敷で二度行われた。二度目の会談は江戸城総攻撃予定日の前日で、江戸中に緊迫感がみなぎっていた。

勝は徳川慶喜の謹慎の様子を詳しく述べた後、「国内戦争を避けて、外国の侮りを受けぬよう、官軍の総攻撃は避けて欲しい」と言って、嘆願書を出した。

西郷隆盛にとって、「外国の侮りを受けぬよう」という勝の指摘は痛いところだった。同じ頃、イギリス公使パークスからも「官軍は国際公法上違法だ」と強く抗議されていたからだ。西郷は勝の話に疑念を持つことなく信用し、「いろいろむずかしい議論もありましょうが、わたしが一身にかけてお引き受けします」と、江戸城総攻撃を取りやめた。いわゆる江戸城無血開城が決まったのだった。勝は後に西郷隆盛の「大胆と大誠意」を評価し、「お互いに至誠をもって及んだからこの交渉が成立した」と述べている。

江戸は上野戦争だけにとどまり、大火は免れた。会津と函館での戦争を経て、戊辰戦争は、ようやく終わりを告げた。明治元（一八六八）年秋には、徳川慶喜をはじめ旧旗本八万人を連れて静岡に移住させた。徳川家はわずか七十万石に縮小させた。こうして勝海舟によって徳川家は解体され、日本国家ができあがっていく。

明治政府樹立後は、国家分裂の種を取り除いていく。

勝は、旧幕府の世話係としての役割を担っていた。氷川町にあった自宅には多くの旧幕臣やその子弟が訪れた。有望な者は新政府に推薦し、困窮していた者には金の工面をしてやった。

有能な勝海舟を頼ったのは、旧幕府だけではない。大久保利通《おおくぼとしみち》ら新政府要人から度々呼び出された。明治二（一八六九）年には外務大丞《がいむだいじょう》（今の外務次官）、そして兵部大丞《ひょうぶだいじょう》（今の防衛次官）就任を依頼されたが、両方とも断った。

しかし断り続けることは難しくなった。明治五（一八七二）年にとうとう海軍大輔《たいふ》（海軍次官の上位）、翌年には参議兼海軍卿《かいぐんきょう》（海軍大臣）を引き受けた。また藩の廃止に反対する鹿児島の島津久光との調停交渉も行った。西郷隆盛が反乱の兵をあげた西南戦争のときにも、西郷との交渉を頼まれたが、これは断った。

五十三歳のとき、依願免官が承認されてようやく隠居の身となった。しかし政治家をはじめ意見を求めたりする者も絶えなかった。その中には足尾鉱毒事件の解決に奔走した田中正造《たなかしょうぞう》もいた。

明治二十（一八八七）年には伯爵を授けられ、次の年には枢密《すうみつ》顧問官になった。

その頃から勝は、西郷隆盛の名誉を回復するために動き、有栖川宮威仁親王《ありすがわのみやたけひとしんのう》に頼んで明治天皇に奏上してもらった。その結果、西郷隆盛とその一族の名誉が回復された。

西郷の次は、徳川慶喜の名誉を回復することを目指した。維新後も徳川慶喜とのつながりは強く維持された。そのことは早くして亡くなった長男の代わりの跡取りとして、慶喜の十男精《やすし》を養子に迎え入れたことからもうかがえる。

明治二十二（一八八九）年には再び有栖川宮の協力を得て、徳川慶喜の参内を実現させた。幕末以来はじめて徳川慶喜は天皇・皇后両陛下に拝謁することができた。朝廷と徳川幕府の和解、そして徳川慶喜の名誉回復がなされたのである。

このような勝の働きによって、明治維新で起こった国内の対立・遺恨が解決されていった。人が知らぬところで、日本国家の統一と安定に寄与していった。

人のすることは変わらない

勝海舟は、自らが描いたヴィジョンを実現した。結果を出して、理想を実現していったのである。その秘訣を知ることは、現代の我々にも非常に興味深い。

まず第一の秘訣は、限界の認識である。

安政七（一八六〇）年、幕府は修好通商条約調印のため使節団をアメリカに派遣した。使節団を護衛するという名目で、勝海舟は、福沢諭吉《ふくざわゆきち》、ジョン万次郎らを乗せた咸臨丸《かんりんまる》でアメリカに発った。

使節団は、サンフランシスコからワシントン、ニューヨークを訪問した。しかし、勝らはあくまで海上の護衛が目的であるという理由でサンフランシスコに留まった。海軍宿舎に滞在して、軍事施設や議会、劇場など各所を見学した。近代化されたアメリカ社会を、その目と耳で見聞きした。

帰国後、老中から「そちは一種の眼光をそなえた人物であるから、定めて異国へ渡ってから、何か眼をつけたことがあろう。詳しく言上《ごんじょう》せよ」と言われたことがあった。対して勝海舟は、「人間のすることは古今東西同じもので、アメリカとて別に変わったことはありません」と答えた。なおも老中は「さようであるまい。何か変わったことがあるだろう」と再三再四問うので、「さよう、少し眼につきましたのはアメリカでは、政府でも民間でも、およそ人の上に立つものは、皆その地位相応の利口でございます。この点ばかりは、全くわが国と反対のように思います」と返答した。それを聞いた老中は目を丸くして「無礼もの。控えおろう」と怒ったそうだ。

技術が進歩したところで人のすることは変わらない――そういう認識が勝にはあった。

時に古今の差なく、国に東西の別はない。観じきたければ、人間は始終同じことを繰り返しているばかりだ。生麦、東禅寺、御殿山、これらの事件はみな維新前の蛮風だというけれども、明治の代になっても、やはり湖南事件〔露国皇太子襲撃事件〕や、馬関《ばかん》騒動〔李鴻章《りこうしょう》襲撃事件〕や、京城事変があったではないか。今から古を見るのは、古から今を見るのと少しも変わりはないさ。（勝海舟＊1）

国籍、年齢、地位、新旧にとらわれることは、己の眼を曇らせることだった。それらは先入観にすぎない。人のすることはそうそう変わらない、これを軸に公平無私に物事を見ることを重視するようになっていった。

おれなどは、貧富強弱によって、国々を別々に見ることはしないで、公平無私の眼をもって、世界の大勢上から観察を下して、その映って来るままにこれを断ずるのだ。それだから、今の外交家のする仕事は、おれの目には、まるで小人島の豆人間が働いているように見える。そこで、そういう小さい量見（原文ママ）であるから、やれ外交が面倒だとか、これほど困難な仕事はないかとかいって、箸の上げ下げにまで泣きづらをするが、おれには一切この人の気がしれない。＊1

思考とは体験に基づいて確認すること

もう一つの秘訣は、ひたすら実践の中で工夫していく姿勢だ。勝海舟が語られるとき、よく言われるのが「理屈軽視、実践重視」という言葉だ。

長崎の海軍伝習所でのことだ。あるとき、「天候が危ういから延期せよ」という教師の忠告を無視して、勝は生徒と水兵数名を連れて遠洋航海に出た。すると教師の言う通り暴風雨に遭遇した。なんとか回避しようと水兵に指示を出すが狼狽して働かない。そうこうするうちに船は暗礁に乗り上げ、舵は壊れて浸水する事態になった。もうだめだと思って、「自分は愚かで教師の命令を用いなかったために、諸君にまで難儀をさせる。実に面目ない次第だ。自分の死ぬのはまさにこのときだ」と、大声で叫んだ。すると水兵この言葉に励まされて指示通りに働き、なんとか難を逃れて帰ってくることができた。このことを教師に話すと、笑いながら「それはよい修業をした、いくら理屈を知っていても、実地に危うい目に遭って見なければ船のことはわからない」と言われた。

このとき勝は、「理屈と実際というものは別だ」ということを痛烈に体験したのだった。実際に実行し、経験しなければ物事はわからない。実行が第一ということを生涯忘れなかった。

世の中のことは、時々刻々変遷窮まりないもので、機来たり機去り、その間実に髪《はっ》を容れない。こういう世界に処して、万事、小理屈をもって、これに応じようとしても、それはとても及ばない。

世間は生きている。理屈は死んでいる。＊1

だからといって、勝は理屈や知識自体を否定しているわけではない。そもそも理論は、経験や歴史と言った実際から引き出されるものである。実際の前に理論があるわけではない。実際にその学問を試し、その結果を自ら経験してみなければわからないし、意味がない。たとえ知恵のある人でもだ。だからまず実行せよと言っているのだ。

自ら思考するとは、自分の体験に基づいて確認することである。一切の偏見や先入観を排除した上で、実際に自らの体験を通した事実、それのみを積み重ねる。その結果、物事の真相が明らかになってくる。

勝にとってただ知っているだけで行わないのは、知らないのと同じだった。実行が伴わない知識や理論は、空論にすぎなかった。

およそこの空論ほど無益なものは、世の中にまたとない。いくら新聞記者や、国会議員が、毎日がやがやいったところが、軍艦一そうもできはすまい。できないのみならず、国はいよいよ貧乏するばかりだ。そして貧乏すればするほど、空論は盛んになってくる。いや実に困ったことだ。＊1

それゆえ、理屈ばかりこねる学者や政治家に対してよく苦言を呈していた。

政治は、理屈ばかりでいくものではない。実地について、人情や世情をよくよく観察し、その事情に精通しなければだめだ。へたな政論を聞くよりも、無学文盲《むがくもんもう》の徒を相手に話す方が大いにましだ。文盲の徒の話は、純粋無垢で、しかもその中に人生の一大道理がこもっているよ。＊1

勝海舟は様々な人と交流をしたが、知識がなくても実際に体験したことを話す無学の人を重視した。そのような人の方が、人間の相場や人と人との関係、人生の機微をわかっているとも思った。何より彼らは自らの経験から学んでいたからだ。

明治時代に入り、勝海舟は外交交渉の秘訣を問われてこう語っている。

外交の極意は、「正心誠意《せいしんせいい》」にあるのだ。ごまかしなどをやりかけると、かえって向こうからこちらの弱点を見抜かれるものだよ。＊1

「正心誠意」とは、儒教の四書の一つ『大学』にある有名な言葉だ。道徳社会を作る上での八項目の「平天下《へいてんか》・治国《ちこく》・斉家《せいか》・修身《しゅうしん》・正心《せいしん》・誠意《せいい》・致知《ちち》・格物《かくぶつ》」の中にある。漢学が一般教養であった当時は、子どもでも知っていた言葉だ。

意を誠にして心を正せ、ごまかさず正直に事に処する—これが外交、政治がうまくいく秘訣だという。他ではこの言葉を、「明鏡止水《めいきょうしすい》」、「至誠奉公《しせいほうこう》の精神」、「公平無私《こうへいむし》の眼」と表現した。

おれはこれまでずいぶん外交の難局に当たったが、しかし幸いに一度も失敗はしなかったよ。外交については一つの秘訣があるのだ。

心は明鏡止水のごとし、ということは、若いときに習った剣術の極意だが、外交にもこの極意を、応用して、少しも誤らなかった。こういうふうに応接して、こういうふうに切り抜けようなど、あらかじめ見込みを立てておくのが世間のふうだけれども、これが一番わるいよ。

おれなどは、何も考えたり、もくろんだりすることはせぬ。ただただ一切の思慮を捨ててしまって妄想や邪念が、霊智《れいち》をくもらすことのないようにしておくばかりだ。すなわちいわゆる明鏡止水のように、心を研ぎ澄ましておくばかりだ。こうしておくと、機に臨み変に応じて事に処する方策の浮びでること、あたかも影の形に従い、響きの声に応ずるがごとくなるものだ。＊1

具体的には、「あらかじめこういう風にしよう」と見込みをたてないことだ。この姿勢は何も外交の場に限らない。日頃から勝は、先入観や妄想、邪念といった一切の思慮を捨てようと心がけていた。

主義といい、道といって、必ずこれのみと断定するのは、おれは昔から好まない。単に道といっても、道には大小・厚薄・濃淡の差がある。しかるにその一をあげて他を排斥するのは、おれの取らないところだ。＊1

今日でも○○主義、○○的といった言葉はよく使われる。一種のスローガンである。このスローガンや標語といったものに惑わされてはならない、そう考えていた。同様に、他人の意見にも左右されてはならなかった。

それだから、外交に臨んでも、他人の意見を聞くなどは、ただただ迷いの種になるばかりだ。甲の人の説を聞くと、それも暴《あら》いように思われ、乙の人の説を聞くと、それも暴いように思われ、こういうふうになって、ついには自分の定見がなくなってしまう。ひっきょう、自分の意見があればこそ、自分の腕を運用して力があるが、人の知恵で働こうとすれば、食い違いのできるのはあたりまえさ。＊1

「自分の責任」という覚悟

勝海舟はまさに臨機応変の人であったと言える。だが、見落としてならないのは、根底にある覚悟である。計画、行動はすべて自分の責任であるという覚悟だ。

第二次長州討伐のとき、勝海舟は停戦交渉のため、宮島で長州藩と極秘会談することになった。宮島では長州藩の間諜《かんちょう》や刺客《しかく》、兵士がうようよといて殺気立っていた。ときには脅し目的で、滞在していた旅館に発砲する者もいた。勝海舟は覚悟を決めて望んでいたので、その中を平然と一週間も長州の使者を待った。

江戸城無血開城のときも、ただ西郷隆盛との交渉だけを考えていたわけではない。事態の推移をじっと見ていた勝海舟は、そのうちに官軍の江戸城総攻撃によって損害が倍加する方策をとることも必要だろうと考えた。毎日かごに乗って江戸各所の親分や頭《かしら》を訪ねて、江戸に官軍が攻め込んできたら火を放つよう依頼した。そして房総《ぼうそう》に船を集め、江戸の大火が見えたら片っ端から難民を救出する手はずを整えた。このような準備をしつつ、西郷隆盛に会談を申し込んだのである。

そうした覚悟は周りには見えにくいものだ。

多くの人にとって、勝海舟は解《げ》せない人物であった。幕府を解体させたその智謀《ちぼう》は認められたが、旧幕府側の人間からは幕府を売った者とされ、官軍からは目の上のたんこぶのように扱われた。

福沢諭吉も勝をどうも理解できなかった。明治二十四年頃、福沢諭吉が『瘠我慢《やせがまん》の説』という文を書いている。「立国は私《わたくし》である、公《おおやけ》ではない、さらに私ということでいえば、瘠我慢こそ、私の中の私である。この私こそが立国の要素となる」と説いた。瘠我慢は私から生ずるが、我慢であるので単なる私情ではなく、公の道理との関係が入ってくる。そこに私立というものがあると福沢諭吉は考えた。

この中で福沢諭吉は、勝海舟をこう論じている。講和論者たる勝海舟は、将軍から全権をゆだねられ、江戸を明け渡し、自ら徳川幕府を解体した。そして徳川家をわずか七十万石にして、内乱を防いだ。確かに徳川幕府は衰えきって勝算はなかったが、士風を維持するという点では瘠我慢をはって戦うべきではなかったか。一時の兵禍を免れるために、万世の士気であり立国の要素たる瘠我慢を傷《そこな》う一例をつくってしまった責任は免れない、と。

しかも勝海舟は、主家を手際よく解体した智謀の功名により、新政府に仕えて大きな栄爵を得ている。時代が時代なら、新政府によって不臣不忠といって排除されるか殺されるかだろう。新政府の寵遇を辞して、単身跡形もなく身を隠してこそ、人々はそこに誠を認めるのである。勝海舟にはそうした瘠我慢がない。華々しい勝海舟の成功には道徳がない、そう福沢諭吉は批判したのだった。

福沢諭吉は『瘠我慢の説』を公に発表する前に、使いの者に持たせて、勝に意見を求めている。

それに対して勝海舟はこう答えた。

行蔵《こうぞう》は我に存す、毀誉《きよ》は他人の主張。我に与《あず》からず我に関せずと存候《ぞんじそうろう》。各人へ御示《おしめし》御座《ござ》候《そうろう》とも毛頭《もうとう》異存《いぞん》無之《これなく》候《そうろう》。

（現代語訳）

自分が天下のためにやったことの責任は、自分一人にある。その批判は他人にある。ですから、あなたの文章をほかの人にお示しくださって結構です。＊3

福沢諭吉は、この原稿を一旦篋底《きょうてい》に秘めたと伝えられている。

覚悟を決めたからには、自分をごまかさない。自分を信じることとは、ごまかさず自分の起こすことすべてに責任を負うことである。勝海舟はそういう信念を貫いた。

経験が自分を育てる

事に処するのは、他の誰でもない自分自身である。自分で考え、行動し、新たな事態（結果）を創出する。現実と向きあい、実行することで我々は経験する。すべては自分に帰するのだ。我々は経験から学び、また実行して経験し学ぶ。自らの経験から学び続けるのである。

自分の経験が自分を育てる、これは赤子を見れば理解できるかもしれない。しかし赤子に限らず、いくつ年齢を重ねても我々は経験から学び成長する。つまり自分の経験を〝先生〟にして学ぶということだ。理屈にも他人にも頼らず、ひたすら自分を信じる。自分を信じるとは、己の経験を信じることである。

近ごろ世間で時々西郷がいたらとか、大久保がいたらとかいうものがあるが、あれはひっきょう自分の責任を免れるための口実だ。西郷でも大久保でも、たとえ生きているとしても、今ではもはや老ぼれじじいだ。人をあてにしてはだめだから、自分で西郷や大久保の代わりをやればよいではないか。＊1

外交の秘訣として、勝海舟は「正心誠意」で事に処することを挙げた。それは、自分を信じて正直に事態にあたるということだ。実際に己が体験したことに基づき、明瞭な判断を下す。そうすれば、自ずと結果が出る。これも自らの経験から導き出された真理だった。以下の言葉は、自分を信ずることの意味を教えてくれている。

なあに、熟考した上で決行すれば、やれないことは天下にないさ。＊1

勝海舟の略歴

一八二三年　江戸本所亀町に生まれる。
一八四五年　永井青崖について蘭学の勉強をはじめる。
一八五〇年　赤坂の自邸で蘭学塾を開く。
一八五五年　下田取締掛手付に採用される。海軍伝習のため長崎へ。
一八五九年　江戸に戻り軍艦操練所教授方頭取に命ぜられる。
一八六〇年　咸臨丸で渡米。
一八六三年　神戸海軍操練所を開設。
一八六四年　軍艦奉行になる。十一月に免職し謹慎。
一八六六年　軍艦奉行に返り咲く。宮島で長州藩と談判。
一八六八年　海軍奉行並、陸軍総裁に就任。江戸城無血開城。維新後静岡に移住。
一八七二年　上京。海軍大輔就任。
一八七五年　依願免官。隠居する。
一八九九年　七十七歳で死去。

サン＝テグジュペリ　「真理も幸福も自分の内より創造する」

アントワーヌ・ド・サン＝テグジュペリ（一九〇〇～一九四四）と言えば、『星の王子さま』の作者として知られている。彼は文学者であると同時に、飛行士でもあった。郵便飛行や新航路確立に活躍し、そのときの体験をもとに『人間の土地』、『夜間飛行』などの作品も執筆している。

多くの人は「どうすれば幸せになれるか」と考えがちである。幸せになるための秘密がどこかにあって、それを知っている人物や書物に答えを求める。

しかし、サン＝テグジュペリはこれに異を唱える。そもそも他人に問うことではない、自分で考えて見つけ出すことでないか、と。サン＝テグジュペリは、人生においてすべてのことは自分に帰するという信念を持っていたからだ。それゆえ、自分の中にあるものをいかに用いるかが大事であり、「いかなる人間が幸福なのか」と自らに問いつづけることが正しいと考えていた。

では、そうして問うて問うた先に、彼が達した結論はどういうものだったろうか。それは本書が取り上げている「よき人」の人物像を、サン＝テグジュペリの認識から明らかにすることでもある。『星の王子さま』以外にも目を向けて彼を探求してみたい。

人生を豊かにするのは自分

生まれてから死ぬまで幾多の経験の積み重ねである。どのような経験をするかは人それぞれである。

人間はどこまでも人間だ。わたしたちは人間だ。そしてわたしは、自分のなかで、わたし自身にしか出会ったためしはない（サン＝テグジュペリ＊1）

例えば何かを受け入れる、信じる。これも自分の責任ですることだ。他人に言われて受け入れたというのは真実でない。他人がきっかけでも、納得して受け入れるのは自分以外にいないからだ。

きみ（軍曹）の心に、この出発を促す種を蒔いたかもしれない政治家たちの大言壮語が、はたして真摯であったか否か、また正当であったか否か、ぼくは知ろうとは思わない。種が芽を出すように、それらの言葉がきみの中に根を張ったとしたら、それは、それらの言葉が、きみの必要と一致したからだ。それを判断するのはきみ一人だ。麦を見わける術《すべ》を知っているのは、土地なのだから。＊2

他人が言っていたことが誤りだと判明したとしよう。誤りを犯した発信者の責任があるのはもちろんだ。だが、それを信じた自分にも責任があることを忘れてはならない。

すなわち、あらゆる考えや行動は自分に帰する。自分で経験して、自分で理解し、自分の人生を豊かにしていく。言い換えるならば、責任はすべて自分にあるということだ。サン＝テグジュペリはそういう信念を持っていた。

一九三六年のスペイン市民戦争を取材していたとき、ある男が、爆弾で破壊された家の地下室から数日ぶりに発見された。そのときサン＝テグジュペリはこう理解した。

もちろん、人生は彼に、流れ去ってゆく時間への感覚、大切な事物への愛を教えていた。そして、たとえ闇の中の瓦礫の世界であろうと、おのれの世界を感じ取るために彼が用いたのは、ありのままの彼という人間だった。だから、だれも彼にたずねることを知らなかったが、いっさいの問いかけを制したはずの根本的な問い、「きみはどんな人間だったか？　きみのうちにどんな人間が現れたか？」という問いにたいして、彼は「わたし自身……」としか答えることができなかったはずなのだ。

いかなる情況も、わたしたちのうちに、それまで考えおよばなかったような異質の人間をめざめさせることはない。生きるとは、ゆっくり誕生することだ。出来合いの魂を借りるなんて、ちと話がうますぎる！　＊1

かのソクラテスも『プロタゴラス』の中で同じようなことを言っている。

ヒッポクラテスという青年が、有名なソフィストのプロタゴラスの教えを乞いたいと、ソクラテスに仲介を頼みに来る。ソクラテスは彼に、「今君がしようとしているのは、自分自身の魂の世話を、あるひとりの男―君の言うところによれば、ソフィストであるところのひとりの男―にゆだねようとしているということだ」、そのことの意味をわかっているのかと釘を刺す。そして自分が今魂を危険にさらしていることをわかっているか、と再三青年に問う。

ソクラテスは、肉体と同じく、自分自身の魂の世話は他人にゆだねられるものではないと説く。自分で考え、理解することなく、他人の言ったことを受け入れているようでは、自らの魂だけでなく自らの人生を他人任せにしているのと同じである。

いかに生きるか、いかに人生をよいものにするかは自分次第。ならば、自分のやりたいことをして人生を謳歌しよう、サン＝テグジュペリはそう考えた。

サン＝テグジュペリは没落貴族の長男として生まれた。それほど学業が優秀でなく、エリートコースからも外れた。「ひとかどのことができるようになりたい」と思ったとき、飛行機の操縦士になることを決意した。飛行士への憧れは、十二歳のときにはじめて乗せてもらった飛行機から眺めた空の強烈な印象がもとだった。飛行士は楽しかった、子どものように無邪気になれた。

飛行訓練をはじめて間もないころ、どうしても教官なしの単独飛行をしたくてたまらなくなった。そこで教官がいない隙を狙い、整備員を巻き込んで格納庫から練習機を出し、勝手に離陸してしまった。しばらく有頂天で飛行場上空を旋回していたが、ふと着陸方法を習ってないことに気づく。地上の人々の助言もあったのだろう、なんとか着陸することに成功し事無きを得る。

翌日、指揮官のガルド少佐はサン＝テグジュペリを呼びつけ、「おまえは飛行機では絶対に死なん。さもなければもう死んでいるはずだからな」と言ったそうだ。

その後、ラテコール航空会社に採用されて飛行士として活躍した。サハラ砂漠を横断してフランスと西アフリカ間の郵便飛行や、南米の定期航路の開拓と整備を行った。事務作業は嫌いで、何より飛行士として飛べることが喜びだった。

サン＝テグジュペリは飛行機で何度も事故を起こしている。そのうち三回は生命の危機に瀕した。はじめは民間飛行士免許を得て一年後のことだ。ヴェルサイユ上空で操縦機が故障して不時着した。頭蓋骨を折り、何度も昏睡状態に陥った。一命は取り留めたが、後遺症のめまいに数カ月悩まされた。

二度目は、一九三五年のクリスマスにパリ＝サイゴン間の遠距離飛行でのことだ。一九三六年一月一日までに八十七時間の記録を破れば十五万フランの賞金が与えられた。当時生活状態があまりよくなかったこともあり、賞金に目がくらんだ。準備期間などほとんどなく出発した。ベンガジまで無事に辿り着いたが、カイロに向かう途中事故を起こした。無線機を搭載していなかったために正確に位置を確認できず、リビア砂漠の砂丘に激突したのである。奇跡的にけがはなかった。

しかし砂漠の真ん中で、彼と同乗者に残された食料は一リットルのコーヒーと一個のオレンジだけ。灼熱の太陽に照らされて渇きに苦しみながら、助けを求めて約二百キロさまよった。遭難三日目、幸運にもベドウィンの遊牧民に救われた。その後、岩塩鉱山のソーダ工場で働くスイス人技師に引き渡されてカイロに移動した。

さらに一九三八年には、ニューヨークから南米大陸最南端フェゴ島への長距離飛行途中、グアテマラの空港で離陸直後に失速して地面に激突した。機外に投げ出されたサン＝テグジュペリは、頭蓋骨や顎を骨折するなどの重傷を負って数日間昏睡状態に陥った。数度の手術で一命は取り留めたが、神経系などに後遺症が出た。

大事故があっても彼は飛行機に乗り続けようとした。生涯飛行士としての経験を求めたのである。操縦席から見える世界やその感覚はいつでも崇高なものだったからだ。

自分の欲するままに、それが達成されるまで、サン＝テグジュペリは決してあきらめなかった。第二次大戦でも飛行部隊に志願した。すでに『星の王子さま』がベストセラーになった四十三歳のときである。

サン＝テグジュペリは自分の心に忠実に、その人生を豊かな経験で満たした。すべての責任は自分にあるのだから、自分のしたいことを、したいようにしたのである。周りの顔をうかがいながら、他人の基準や価値観に従うことは彼にとって不自然なことだった。それは自分で自ら制限を課しているにすぎなかった。喜びや幸福は自分の内にあった。

経験が法則をつくりだす

サン＝テグジュペリが生涯求めた飛行士としての経験は、文学作品となった。文学作品として創作したのは、自らの経験を整理するためでもあった。事故や失敗した計画も、すべて自身の作品に結びついていった。大きな視野から見れば、それらは決して彼にとって悪い出来事ではなかったと言えよう。経験は何一つ無駄にならなかった。

合理的な説明、合理的な攻撃、合理的な論証または合理的な弁護すら、ぼくには書くことができない―なぜなら真理が存在しないからだ。

ぼくは、ぼく自身の言語を、世界を把握するのにより適した手段として提起しうるにすぎない。見よ、判断せよ、そして選択せよ……

否応なく、人はもっとも便利な言語を信じる―最初はひたすらぼくを拒み続けるのみであったとしても。＊3

ある事実が一つあっても、その認識は人によって異なる。一つの事実に解釈は幾通りもある。しかも自分の経験したことは、自分の言葉以外で表現できない。なぜなら言葉の持つ意味も人それぞれ違うからだ。自分を形作っているのは、実は自分の言葉なのである。

言葉は非常に便利である。あまり意識することなく使っている。そうであるがために、かえって誤りや迷いを引き起こしやすい。

我々がよく陥るのは、思い込みである。思い込みは、自分の言葉によって枠や器を決めることで生じる。自ら制限を課すとはこのことである。それを意識しているかどうかは関係ない。ついある解釈や法則がまず存在し、それに当てはめようと理解してしまう。サン＝テグジュペリに言わせれば、それは理屈をこねていることだった。

人々は話したり書いたりする場合に、すぐさまどんな思想でも棄ててしまって、でっちあげの理屈をこねはじめます。彼らは言葉というものを、そこから真理がはじき出されてくる計算機みたいに扱っているのです。じつに馬鹿げています。理屈をこねることではなく、理屈をこねないことをこそ学ぶべきです。なにかあることを理解するためには、言葉をつぎつぎにたどってゆく必要はありません。さもないと言葉はすべてを歪曲してしまいます。＊8

理屈や理論は経験の先にあるものではない。後にあるものだ。

法則をつくり出すのは経験である。法則の認識は経験に先立つことはない。＊8

「原因は結果を説明するが、証明するのには役立たない。むしろ原因は結果によって証明される」と言ったのは、十六世紀のフランスの哲学者ルネ・デカルトである。まず結果があり、それを原因によって検討・論証する。原因をいくら集めても、結果を説明するだけで、結果そのものにはならない。結果は結果なのだ。結果は結果によってしか証明されない、デカルトはそう言っているのである。

つまり、経験とは結果である。結果によって原因が証明され、法則となっていく。理屈が先にあって、その後に事実があるのではない。事実があってはじめて理屈も法則も成立する。

存在するものに説明を与え、人生を説明するのが理論の役割であるが、理論は人生に先行するものではない。彫刻家のための奨学金制度があれば彫刻家を創造することができると言う人たちに、ぼくは興味をもたない。＊3

経験がまずある。その経験には、合理的なものと非合理的なもの、法則的なものと非法則的なもの、あらゆる感情などすべて含まれている。理論や理屈は、その中から該当する一部分を切り取ったにすぎない。人々は、すでにわかっているかのように行動しているが、実はそうでない。切り取られた経験の一面をすべてだと思い込んでいるだけだ。

人は〝何もわかっていない〟とはなかなか考えないものだ。そもそも人間は完全ではない。生まれたときから、日々経験を積み重ね、それを糧にして成長していく。そして、少しでも完全に近づこうとする。わからないのだから何事も経験なのである。経験をし、その上で自分の言葉によって認識していく。

心で見ないと、ものごとはよく見えない

経験は自分の言葉でどう捉えられるのか。

我々は、対象を理解すると言うとき、ある一つの観点から見て、理解している。観点と対象は明確に区別される。しかし実際に経験しているとき、我々はそのような理解の仕方をしているかというと非常に怪しい。強烈な経験をしたときなど我を忘れてしまうものだ。

サン＝テグジュペリはもう一つ提言する。そもそも経験を理解する上で、どうして「《観点》と《対象》を区別しなければならないのか」と。


認識とは真理を持つことではなく、首尾一貫したある言語を持つことである。

至福とは最高の概念を持つことであり、宇宙を統一するある《観点》へと上昇することである。

宇宙それ自体について、ぼくはそれ以上のことはなにも知らない。しかし、宇宙とぼくとのあいだに、もはや係争はない。＊3


サン＝テグジュペリも自然の力の前に我を忘れた強烈な経験をしている。

コンモドロ・リヴァダヴィアと南米大陸最南端を結ぶパタゴニア航路開拓のため偵察《ていさつ》飛行に出かけたときのことだ。

この地域は、アンデス山脈を越えて太平洋の高気圧から大西洋に抜ける風が、百キロ近い一直線の狭い渓谷によって速度を増し、あらゆるものを削りとっていた。夏には地表でも時速百六十キロの猛烈な突風が吹き荒れる。そのためこの地は「石も吹き飛ぶ国」と呼ばれていた。

サン＝テグジュペリの飛行もその烈しい大旋風（サイクロン）の時期だった。きりもみ状態になりながら突っ込んでいった飛行機は、操縦不能に陥った。しかも風の渦の中で前進もしないで旋回し続けた。旋回の最中、手が麻痺していて動かない。自分が理解できるただ一つの事実は、手が操《そう》縦桿《じゅうかん》を握っている、それだけだった。旋回し続ける間、ずっと無感情だった。

十キロ進むのに一時間超もかかりながら大旋風を抜け、無事帰還した。飛行機から降りたとき、この体験は恐怖と結びつかなかった。ドラマのような劇的なものや悲壮さもなかった。この経験を以下のように認識した。

自分にもほとんど、ついいましがた恐怖を味わっていたとは思えなかった。こわかったのだろうか？　不思議な光景を目にしていた。どんな不思議な光景だったか？　わからない。空は青く、海は真白だった。あれほど遠いところからもどってきたのだから、その冒険について語らなければならないのだろう！　だがわたしは、経験したことについてまったく無力なのだ。「想像してくれたまえ、白い海……真白な海……もっと白い海……」形容詞をいくら重ねても、なにもつたえることはできまい。このような片言をならべても、なにもつたえることはできまい。

つたえられるようなものがなにもなかったからこそ、なにもつたえられないのだ。腹わたをえぐるようなあの考え、肩のあの痛み、そうしたもののなかには、まことのドラマなどひそんではいない。サラマンカの円錐形のあの山頂にさえ。それは火薬庫のように装填されていた。といって、そのことを物語ったところで、人々の失笑を買うだけであろう。わたしとしては……ただサラマンカの山頂を尊敬しただけだ。それがすべてだった。けっしてドラマではない。

＊4

自然の力を前に、全く無力であることを痛感した。同時にその力の偉大さに畏敬した。

このさまざまな感情の混沌とした状態のなかで、なにかひとつ、はっきりしたものを感じたとすれば、それは尊敬の念だった。わたしはその山頂を尊敬した。そのとがった尾根を尊敬した。その空間を尊敬した。わたしのすすむ谷間に口をあけ、わたしをはこんでいく風の奔流にべつの奔流をまぜあわせ、想像もつかぬ渦をまきおこそうと待ちかまえている、斜行するその渓谷を尊敬した。＊4

とりわけ強烈な経験は、そのときはなんだかよくわからないことが多い。後になって振り返って認識する。つまり過去を思い出すわけだ。それには想像する力がどうしても必要になってくる。『星の王子さま』でいちばん有名なこの文章を見てもらいたい。

さっきの秘密をいおうかね。なに、なんでもないことだよ。心で見なくちゃ、ものごとはよく見えないってことさ。かんじんなことは、目に見えないんだよ ＊5

サン＝テグジュペリは、上記の文章を校正段階で「いちばん重要なもの、それは見えないもの」と書いていたものを、「心で見なくちゃ、ものごとはよく見えない」に変更している。心で見る必要性をここで強調していると言えよう。

認識とは、想像力を働かせることだ。肉眼と心眼の両方でなされる。本書で取り上げたマティスの「目を閉じて絵を思い描いてご覧なさい。それから仕事に戻りなさい」も、同時代の哲学者ベルクソンの「眼があるから見えると言ってはいけない。眼があるにもかかわらず、人間は見えると言いなさい」という言葉も同じ意味合いである。
サン＝テグジュペリ、マティス、ベルクソンの三者は共通の見解を持っている。それは子どもを見習ったことである。子どもは観点なしに、一種の直観でものを認識しているところがある。子どもの方がよほど想像力の大切さを理解しているのかもしれない、そう考えていたのである。
サン＝テグジュペリも子どもは直観でわかるが、大人は説明しないとわからないといった文章を『星の王子さま』の冒頭に記している。さらにこの『星の王子さま』の結末に関する見解でこうも説いている。

王子さまの死をもって物語が終わらなければならないと編集担当者たちに納得させるには手を焼きました。子ども向けの物語は決して不幸な終わり方をしてはならない、と彼らは私に言い募るのでした。彼らが間違っていることをわたしは納得させてやりました。子どもというのは、自然なものは何でも受けいれるものです。そして、死は自然なものなのです。＊9

想像力を働かせた認識とは、元々備えているものであり自然なことである。この想像力を磨き豊かにすることで、経験は豊富になっていく。

他人は自分の鏡

昔から他人は自分の鏡という。他人の交わる中で、他人の経験を自分の経験として追体験する。

そうすると様々な感情が生まれる。そのとき我々は、自分はこういうところに共感する、あるいは反発するのだとか、自分自身を知ることになる。想像力を働かせることで、自分と他人がつながるのである。

「責任」という概念に注目して、他人を自分の鏡とするサン＝テグジュペリの思考の軌跡を辿ってみよう。

　人間であるとはすなわち、責任を持つということである。人間であるとは自分に関係がないように思われる悲惨《ひさん》さを目の前にして恥を感じることである。仲間が勝ち得た勝利を誇りに思うことである。人間であることは、手にした石を据《す》えることで、自分が世界の構築に携わっているると感じることである。＊2

サン＝テグジュペリの想像力の働かせ方は特筆すべきものがある。すべてを自分の経験として飲み込んでしまうかのようだ。

ブエノスアイレス時代の僚友ギヨメが、アンデス山脈で事故にあった。この報を受けてサン＝テグジュペリはすぐに捜索に出たが、一週間たっても見つけられなかった。誰もがほとんど希望を失いかけたころ、ギヨメは救出された。五日四晩不眠不休で、絶壁と氷原の中を歩き続け、凍傷に侵されながらも生き抜いたのだった。サン＝テグジュペリは、すぐに自らの飛行機で病院に搬送した。この体験は強烈なものだった。何よりも彼の責任感に感動した。

彼の真の美質はそれではない。彼の偉大さは、自分に責任を感ずるところにある。自分に対する、郵便物に対する、待っている僚友たちに対する責任、彼はその手中に彼らの歓喜も、彼らの悲嘆も握っていた。彼には、かしこ、生きている人間のあいだに新たに建設されつつあるものに対して責任があった。それに手伝うのが彼の義務だった。彼の職務の範囲内で、彼は多少とも人類の運命の責任があった。＊2

そしてこうも感じた。

わたしはギヨメに結ばれている。ガヴォワルに結ばれている。オシュデに結ばれている。三三―二飛行大隊に結ばれている。自分の国に結ばれている。そして、隊の全員はこの国に結ばれている……。＊1

すべてと結びついている自分の責任とは、いかなるものか。
我々は皆それぞれ異なる。他の誰でもない、唯一の存在である。その一方で、皆「人類」というくくりでは同一である。他の生物と同じように人類の中では皆それぞれ異なるが、自然界という大きな視点からすれば地球上に存在する一つの生物にすぎない。我々は「人類」という点では、すべての人は結びついているとも言える。

ひとりひとりがすべてにたいして責任を持っている。責任を持っているのはそのひとりひとりだけだ。そのひとりひとりだけがすべてにたいして責任を持っているのだ。はじめてわたしは、自分のものとして要求する文明の起源にある宗教の秘儀のひとつを理解した。つまり、「すべての人間の罪を担う」ということだ。ひとりひとりがすべての人間のすべての罪を担っているのだ。＊1

したがって我々は、それぞれが自分自身の責任を有すると共に、人間としての責任を有するということになる。

存在するためには、まずもって、責任を引き受けることが重要だ。ところが、ほんの数時間まえ、わたしは盲目だった。にがにがしい気分になっていた。だがいまは、もっとはっきりと判断ができる。自分がフランスの者だと感じるようになってから、他のフランス人に不平をいだくことを拒否しているのと同様、わたしはフランスが世界にたいして苦情を言うのが理解できなくなっている。ひとりひとりがすべてにたいして責任を持っている。フランスは世界にたいして責任があったのだ。＊1

皆が相互に責任を持つことは、自分の幸せだけでなく、みんなの幸せも各人の手に委ねられていることを意味する。

「自分に責任がある」と感じているのならば、誰も絶望することはできない。＊6

そのような責任感を持っていれば、絶望などしない。いや「絶望する権利すら与えられなかった」と思うだろう。なぜなら絶望とは自分だけでなく、人間全体を否定することだからだ。『戦う操縦士』の中に、このような一文がある。

わたしは「人間」のために戦うであろう。「人間」の敵にたいして。だがまた、わたし自身にたいして。＊1

「人間」のために戦うことは、自分のために戦うことになる。人は独りで生きられない。他人が必要であり、人は人と共に生きる。普遍的なものがあってはじめて、個人的なものも輝く。

わたしは信じる。「普遍的なもの」の崇敬が個別的なものの豊かさを高揚させ、結び合わせ―生命の秩序である唯一の秩序を築きあげるということを。一本の樹は、枝と根は異なるにもかかわらず秩序のなかにある。＊1

「人間であるとはすなわち、責任を持つこと」とは、自分の責任、そして人間としての責任を自覚することだ。それは目に見えないものである。想像力を働かせることで認識が可能だ。

真理は発見するのではなく、創造するものだ

サン＝テグジュペリの認識とは、観点と対象が区別されていない。主観的であり客観的である。肉眼と心眼の両方が使われ、すべては一体となっている。

自らの経験から正しいと思うことを導きだし、真理が創造される。もちろん人間は完全ではないから、間違うこともある。その責任は自分にある。他人のせいではない。間違えたら、自ら改めるだけだ。自分の言葉、認識によって形成したものは、自分で変えられる。人生を豊かにするのはこの方法である。豊かな経験を積み、自分が成長し、幸福はより大きなものになっていく。

人は真理を発見するのではない。真理を創造するのだ。真理とは人が明確に表現するところのものだ。（そうだ。しかし、きみの明晰さは概念の豊かさから生まれる）＊3

真理は自分の外部に求めるのではない、自分自身によって確立されるものだとサン＝テグジュペリは断言している。人間の想像力が重要な意味を持つ。経験は想像力を働かせた認識によって輝くからだ。

我々は、人生をより素晴らしくするために必要なものはすべて備えている。それを自分がどう働かせるかだ。真理だけでない。喜びも幸せも自分の内より創造される。このことを自覚した人間が幸福なのである。そのような人は知っている、人生は自らの責任でしたいことを、したいようにやって喜びにあふれていることを。

サン＝テグジュペリは第二次大戦末期、与えられた後方任務を拒否し、前線任務を志願した。空軍司令官に直接何度も嘆願し、偵察部隊入隊を許可された。

一九四四年、九回目の長距離偵察飛行の途中、マルセイユ沖で消息を絶った。四十四歳だった。

サン＝テグジュペリの略歴

一九〇〇年　フランス・リヨンで生まれる。
一九二一年　ストラスブール第二飛行隊に入隊。飛行免許取得。
一九二三年　プールジェ飛行場で事故。飛行隊除隊。
一九二六年　ラテコール社に入社し、郵便飛行のパイロットになる。
一九二七年　リオ・デ・オロのキャップ・ジュビーの飛行場長就任。
一九二九年　『南方郵便機』出版。アエロポスタ・アルヘンティーナの支配人就任。
一九三一年　コンスエロ・スンシンと結婚。『夜間飛行』出版。フェミナ賞受賞。
一九三四年　エール・フランス社入社。
一九三五年　パリ＝サイゴン間の遠距離飛行に失敗し遭難。
一九三八年　グアテマラの空港で事故、生死をさまよう。
一九三九年　『人間の土地』出版。アカデミー小説大賞受賞。三三―二偵察飛行部隊配属。
一九四〇年　渡米。アメリカ図書賞受賞。
一九四二年　戦争勃発で『戦う操縦士』出版。
一九四三年　『星の王子さま』出版。三三―二偵察飛行部隊に再入隊。
一九四四年　偵察飛行中に消息を絶つ。四十四歳で死去。

ミレー「現実はすべて崇高なり」

ジャン=フランソワ・ミレー（一八一四～一八七五）は、十九世紀に活躍した画家。田園や農民の生活情景を描いた作品で知られる。代表作としては、《種をまく人》、《落《お》ち穂《ぼ》拾《ひろ》い》、《晩《ばん》鐘《しょう》》などがある。

「農民画家」とされたミレーは、母国フランスよりもアメリカで熱狂的に支持された。日本でも明治時代末期にはミレー・ブームが起き、大変人気がある西洋画家であった。加えて日本では「道徳・信仰・清貧・農民」というイメージから、教科書をはじめ道徳的偉人として受け入れられてきた。

平凡の深さに気づく

偉人と聞けば、多くの人は立身出世をする者であったり、劇的な生涯を送る者をイメージする。しかし、何でもないことを当たり前に実行して生きている人もまた偉人である。

十九世紀フランスの画家ジャン＝フランソワ・ミレーもそうした偉人のひとりである。

ミレーの生地は、フランス北西部のイギリス海峡に突き出たコタンタン半島の北方、グレヴィル教区のグリュシーという小さな村である。英仏海峡を望むこの地域はノルマンディー地方と呼ばれる。当然グリュシーの村も海に面していた。人々は農耕地の肥料や飼料は海から得ていた。

自然は命を生かし、奪いもする――この地で育った者は自らの経験則としてそれを知っている。ある嵐の日、近くで五、六隻の船が岩礁にぶつかって難破した。村の男たちはすぐに救助に向い、何人かは救助することができた。しかし大半の乗員は荒れ狂う海に飲み込まれ、浜辺一面に残骸と共に打ちあげられた。この光景はまだ小さかったミレーにも強烈な印象を与えた。

ミレーは農家の長男として生まれた。農作業に忙しい両親に代わり、祖母が面倒をみていた。信仰心の厚いカトリック教徒だった祖母は、自然の風物と人生の出来事を神と結びつけて孫に説いたものだった。

ミレー家は農民でも貴族的なところがある一家だった。この祖母と神父をしていた大叔父の影響で、当時としては稀なほど多くの蔵書を有していた。おかげでミレーは子どものころからラテン語の聖書やウェルギリウス、あるいはホメロスやシェイクスピアなども読むことができた。当然のように読書好きになっていった。

村の教会に通いはじめる頃には、受け答えもすでに大人びた思慮深いものになっていた。勉強もよくできた。末は司祭か医者かと言われるほどだった。

しかし、あくまで農家の子どもである。手伝いができるようになれば、少年でも重要な働き手だ。本人も家を出ることなど考えず、献身的に畑仕事に励んだ。仕事以外は読書や絵を描いたりして過ごしていた。


ミレーは観察力、記憶力に優れたところがあった。文章を書くにせよ、絵を描くにせよ、目で覚え込んでそれを写し取ることが習慣づいていた。

十八歳のとき、ミサの帰り道に出会った老人を、記憶を再構成してデッサンした。このデッサンを見せると、両親はモデルが誰だかすぐわかったそうである。この頃には弟たちも大きくなって、農作業の手伝いをしてくれるようになっていた。父は息子の絵に感心し、画家としての才能があるなら勉強させてもよいと考えた。

近くの漁港都市シェルブールで画塾を開いていたムッシェルにデッサンを見せると、彼は絶賛した。「大画家になるかもしれない」とも言ってくれた。こうして本格的な美術教育がはじまった。二十歳の頃である。

ところが、それからまもなく父が急死する。ミレーは絵を描くのをやめようと思った。農家の家長としての責任があると感じたからだ。しかし祖母が反対した。画家になるのは亡くなった父も望んでいたことだとかえって説得された。

祖母の後押しもあってシェブールに戻って絵画の勉強を再開した。早速、著名な歴史・肖像画家グロの弟子で、町一番の画家ラングロワのアトリエに入門した。ラングロワはミレーの才能と進歩に驚嘆し、パリで勉強できるよう市議会に働きかけてくれた。


一八三七年一月、助成金を得てミレーはパリに出た。

時代はフランスの産業革命期。工業発展に伴い、都市に人々が大量に流入した。パリも一八四〇年代には都市人口が百万人を超える。しかし、その内の七十万人近くは貧窮し、税金も払えない。また一八三二年にはコレラが大流行するほど、衛生状態はきわめて悪かった。ミレーもこうした貧困層の一員に加わった。

決して嫉妬する側に立たない

多くの地方出身者が神経質になるように、ミレーも田舎者と馬鹿にされることを怖れた。怖れる余り誰にも話しかけようとせず、ルーブル美術館に行くために数日かけて歩き回ったという話まである。しばらくは美術館でミケランジェロ、ドラクロワ、プサンなど偉大な画家たちを見て過ごした。

そして意を決し、ドラロッシュの研究所に入った。ここでも周りと親しくするわけではなかった。

一人黙々と古代美術の模写を描いた。だが、次第にそういったアカデミックな教育にもうんざりしてきた。

そこで研究所を出て、数少ない友人のマロルと一緒にヴァル・ド・グラース区に一室を借りた。古代彫刻を写生したり、ダ・ヴィンチやミケランジェロの著作や伝記を読み漁った。独りで研究する方が性分に合っていると思った。

助成金があるとはいえ、生活は苦しかった。好きでもない画家の模作を描いたり、聖書を題材にした宗教画を描いて稼いだ。肖像画も依頼があれば描いた。

この肖像画で一騒動が起きる。一八四一年、亡くなったシェルブール前市長の肖像画を描くことになった。しかし肖像画があまりに写実的で敬意を失するという理由で、議会は肖像画の支払いを拒否したばかりか、助成金の支援も打ち切ったのである。

事件の背景には、ミレーに対する妬《ねた》みがある。この年ミレーが描いたマロルの父の肖像画がルーブルで開かれた官展で入選していた。周囲は地元の秀才を持ち上げた。しかしこの風潮を快く思わない者も少なくなかった。彼らはここぞとばかりにミレーを批判した。

もちろん、同情を寄せてくれる人もいた。恋人もそうだった。シェルブールの良家である洋裁店の娘ポーリーヌという女性で、きっかけは彼女の肖像画を描いたことだった。間もなく二人は結婚した。翌年にはパリで新婚生活を始めている。しかし、この新妻は病気がちで、パリでの貧困生活は大きな負担になった。そしてポーリーヌは結婚三年目にして、結核で亡くなってしまった。

傷心でミレーはシェルブールに帰った。しかし、そうした憂鬱《ゆううつ》も長くは続かなかった。十八歳の家政婦カトリーヌとの出会いがあったからだ。すぐに恋に落ち、再婚を決意する。問題は彼女が極貧の農家の出だったことだ。これには実家の母や祖母が反対した。

しかし、ミレーはそれを押し切った。普段は母親と祖母を気遣う従順な息子も、己の愛する者への素直な感情には逆らえなかった。駆け落ち同然で二人はパリに出た。生活は苦しかったが、忍耐強い妻は夫の支えとなり、なんと九人もの子どもを育てた。ただ、実家への配慮からしばらく内縁関係のままだった。籍を入れたのは母と祖母が亡くなった後のことである。

パリでの生活は相変わらず苦しかった。新しいカンヴァスを買うことさえできない。官展に出品しても落選が続いた。食べていくためには、注文は何でも引き受けるしかなかった。裸婦や牧歌的な作品を主に制作した。

一方で、ようやくパリにも友人ができるようになった。見知らぬ人の前ではミレーはひどく遠慮し、慎重な物言いだった。しかし、気心の知れた友人と一緒にいるときは、いきいきと自分の意見を述べたり、思いがけない言い回しで簡潔に話したりした。日が暮れるとミレー家に画家のジャックや、後にミレーの伝記を記すことになる官吏サンスィエらが集まり、古今の芸術家について語り合った。近くに住んでいた画家で一足早く成功したディアスは、ミレーの作品を愛好家や画商に営業してくれた。困窮した生活だったが、ミレーが不平を漏らすことはなかった。周りの人々に対して感謝の気持ちでいっぱいだった。

確かに人運に恵まれていた。三十三歳で重症の関節リューマチを患ったときもそうだ。栄養不足がたたり、一時は危篤に陥っている。なんとか回復したのも友人たちの協力があったからだ。おかげで官展にも出品できた。

同じ一八四八年、フランスでは二月革命が起きた。一八四五年秋にはじまったイギリスの商工業不況がフランスにも波及し、大量の失業者が生まれた。さらに同年から二年続いたジャガイモの不作が追い打ちをかけ、民衆の食料であるパンの価格が高騰した。民衆の不満はいつ爆発してもおかしくない状況だった。

改革派はそのきっかけをつくるだけでよかった。反体制運動は瞬く間に激しくなり、一八三〇年以来王位にあったルイ・フィリップが追い出されて第二共和制が樹立された。フランスの国旗である三色旗が制定されたのはこのときである。

新しい共和国政府は、普通選挙制の宣言や植民地における黒人奴隷制度の廃止などの改革を行った。芸術分野も例外でなく、官展の審査員は撤廃され、出品作品は無審査でルーブルに飾られた。ミレーの《箕《み》をふるう人》もサロン・カレに展示され、批評家のテオフィー・ゴーティエの賞賛もあり一定の評価を得た。革新的芸術家を評価する気運から、新政府は作品の注文までしてくれた。

しかしそれも一時的にすぎなかった。革命は金融市場をしばらく閉鎖に追い込んでいた。その影響で恐慌がおこり、商工業者が相次いで破産したのだ。もちろん美術市場も閉鎖状態であった。市場にお金は回らず、国庫も赤字。政府は仕方なく税金を引き上げたため民衆の怒りを買った。経済危機を回避できない新政府への信用は失墜し、デモが頻発する。

ついには一八四八年六月、主として公共事業にあたっている労働者と国民軍の一部が蜂起した。パリの街中での銃撃戦は、千五百人の死者と二万五千人の逮捕者が出た。このときミレーも兵士として議会の防衛に参加し、この惨劇を目撃した。運動は鎮圧されたが、この六月事件をきっかけに反動勢力が全ヨーロッパで復活し始める。革命は終らず、暴動や混乱は続く。
貧困と戦争の恐怖に悩まされ、ミレーにとってパリでの生活が次第に煩わしくなっていった。

常に自然との接点を確認する

ある日、散歩しているとガラス窓ごしに自分の作品の複製があったので足を止めた。そこを通った若者の一人がもう一人に、「あれはミレーの絵だ。あの人は裸の女しか描かない」と言った。彼の自尊心はひどく傷つけられた。家に帰ると、妻に若者の話をした後にこう語った。「お前さえよければ、私はもうけっしてあんな絵は描かない。生活はもっと苦しくなるだろうし、お前ももっと大変になるだろう。けれども私は自由になり、心の思うままに描くことができるようになる」と。けなげな妻はただ「覚悟しております。お好きなようになさいまし」と答えたそうだ。我々がミレーの名を聞いて思い描く風景画などが描かれるのは、これ以降のことである。

一八四九年、ミレー三十五歳のときパリを離れた。行き先は、パリの南東方のバルビゾン。この地には多くの芸術家たちが魅せられたフォンテーヌブローという古代からの森がある。後にミレーの親友となるテオドール・ルソーやディアスなどは、これより少し前にバルビゾンに定住している。

ミレー
《箕をふるう人》 1848年

ミレー
《種まく人》 1850年

またピカソやマティスが尊敬したセザンヌもこの地を訪れている。

パリ近郊の片田舎であったバルビゾンには、貧しい木樵や農民がいるだけだった。村にもなっていなかった。しかしミレーはこの地を気に入り、狭い小さな農家を借りて家族と暮らした。結局、この地に二十六年間住み続けることになる。

生活のため庭は家庭菜園にした。毎朝菜園の手入れをした後、午後はアトリエと称す狭い部屋で作品を制作した。家族は父親の仕事を尊敬していたので、制作の邪魔は決してしなかった。ただし、制作が乗らないときは自ら子どもたちの方に行き、おしゃべりを楽しんだ。あるいは近くの森に散歩に出かけたものだった。

ミレーは単に以下のことを願っていた。


自分の仕事に打ち込み、子供たちを礼儀正しくしつけること、そして自分が受けた印象を目に見える形にして描き上げること。さらに私の愛する人々と共感を持てること。これらが自分に言い聞かせていることだし、私自身の長所だと思っている。（ミレー＊1）

不断の研鑽《けんさん》を積み、田舎の風景、人々を題材とした作品を次々と描いた。

代表作の《種をまく人》ができたのは、バルビゾンに来て一年後のことである。遠くにカラスの群れが飛ぶ中を、赤いジャケットと青いズボンをはいた青年が、畑に激しく種をまく姿が描かれている。《藁《わら》を束ねる人々》と一緒に、その年に開かれた展覧会に出品した。

評判は上々だった。美術界でちょっとした話題となり、とりわけ若い画家の一派に受け入れられた。時代は反体制気運。各地で社会主義の波が押し寄せていた。何人かの批評家はこの作品を革命と結びつけた。

ミレーの絵は素朴であるがゆえに、それぞれの立場から都合よく解釈された。この傾向は以後も続き、官展にミレーの作品が出る度に物議をかもした。ともあれ、ミレーは数年のうちにパリでかなり有名になっていった。

一八五一年に祖母が、その二年後には母が亡くなった。故郷を離れて以来手紙による交流はあったが、直接会うことはなかった。生活の困窮がそれを許さなかったのである。

死に目に会えず、できることといえば描くことだけだった。一八五三年には《ルツとボアズ》、《羊飼い》、《羊を刈りこむ女》の三点を出品し、官展で二等賞を受賞した。

この頃からパリやバルビゾンにいたイギリス人やアメリカ人からも注目を浴びるようになった。とりわけ開拓農民の立場から国家を築いたアメリカの人々にとって、ミレーの農民画は神聖に感じられたようである。一種の宗教画として捉える人もいた。彼らは一八五〇年代からいち早く関心を持ち、ボストン美術館にはルーブル美術館の約五倍、百六十八点の作品が所蔵されることになる。アメリカの人々は重要な顧客となった。

この新たな需要のおかげで生活もやや改善し、家族を連れて故郷へ旅行に行くこともできた。

故郷からはバルビゾンではなく、パリに戻った。一八五五年に始まったパリ万国博覧会に出品するためだ。出品した《木を接《つ》ぐ男》は好評だった。

《木を接ぐ男》にはちょっとした秘密があった。この絵を買ったのは、親友ルソーが見つけてきたアメリカ人とされた。その人物は姿を見せなかったが、ルソーの仲介で四千フランを気前よく支払ってくれた。後になってわかったことだが、アメリカ人とは架空の人物で、この作品を本当に買ったのはルソーその人であった。当時絶頂を極めていたルソーは、作品に感動し、親切心から自らの名を伏せて購入したのである。この前年にも同じ手法で《肥料をまく男》を手に入れている。ミレーとルソーは、精神的にも経済的にも固く結びついていた友人だったと言える。

高名になったにもかかわらず、翌年から数年間はまた困窮する。債権者や執行吏たちが借金返済を次々要求したからだ。精神的にも追い込まれた。見かねた友人たちの助けを得て、なんとか作品だけは制作できた。張りつめた中、この時期は代表的作品が次々生み出された。《夜の柵《かこい》の中の羊飼い》、《日没に羊をつれ帰る羊飼い》そして《落《お》ち穂《ぼ》拾《ひろ》い》である。

《落ち穂拾い》は、一度は目にしたことがあろうかと思う。三人の農婦が身をかがめて、落ち穂を求めて探している様子が描かれている。一八五七年の官展に出品すると、批評家たちは貧困を訴える政治性があると批判した。ごくわずかな人が讃美し、最終的には二千フランで売れた。

現実は一塊となって構成されている

一八五九年にはこれまた有名な《晩鐘《ばんしょう》》を出品した。田舎の夕暮れを告げる鐘の音とそれを聴

ミレー
《落ち穂拾い》 1857年

ミレー
《木を接ぐ男》 1855年

き祈りを捧げる二人の人物。本人も非常に愛した作品だった。

ミレーは《晩鐘》について、「表現のrealite（レアリテ）である」と語っている。フランス語のレアリテとは、英語のreality（リアリティ）、現実感・真実性を指す。

真実性において、表現される音は鐘だけではない。田園の様々な音、例えば風に植物が揺られる音、虫や動物たちの息づかいもだ。それだけでない。耳に聞こえるだけでなく、心で感じる音も含まれる。日々自然の中で働く二人の人物が聞いているのは、それらすべての総体である。あらゆる音は、こぼれ落ちることなく、一塊となって現実を構成している。それを表現するのが、ミレーのいうrealite（レアリテ）であった。

なにもレアリテは音に限った話ではない。見ることにおいても同様である。

ああ、私は私の仕事を見る人に、夜の恐ろしさと美しさを見せたいと思います。大気の歌や沈黙やおののきを聞かせたいと思います。私は無限を眼に見えるものにしたいと思います。

＊2

風景画における水平線も人間の視野を限る大きな円の一部分である。眼にうつるものはわずかにすぎない。視野を超えて人間よりもはるかに大きな自然が広がっている。人間はこの自然の中で生きている。それが真実である。だからこそ、いかに風景画が小さくとも、そこには無限の広がりが表現されうる。

総体として、一つの塊として自然を捉える——これが根幹にあった。

比喩としてミレーはこんな話をしている。仕立屋が外套をこしらえるとき、全体の格好がよく分かるところまでさがって確認する。全体が満足いくものならば、細部に進む。一方で、ボタンの穴など細部だけを美しく仕上げることのみに満足している者は、どんなにそういうものが傑作であろうとも、全体として格好が悪ければ情けない仕事をしたにすぎない、と。

例えば、ある曲が存在する。我々はその曲だとわかるのは、メロディーとして捉えるからである。もし個々の音を独立して捉えればわからないし、曲にもならない。換言すれば、曲は全体として存在し、部分の総和としては存在していないということだ。解体したり分析したりするのではなく、全体として捉えるものなのである。

自然もそういうものだ。事実、我々人間は、総体としての自然の中で存在し、自然と応和して生きている。そうミレーは考えていたのだ。

今日ではミレーの作品と言えば挙げられる《晩鐘》も、当時はあまり人気がなかった。買い手もすぐに決まらず、しばらく経ってからベルギー公使のヴァン・ブラエーが買い取った。ミレーの伝記を記したサンスィエによれば、ベルギーの文芸欄に掲載された「レアリスト」という記事の中で、「ミレーはロマン主義の画家で、なおかつアカデミズムの画家」と評されたそうだ。実像とは遠くかけ離れた評価であった。

自然がつくったものを見誤るな

官展では《晩鐘》よりも、一緒に出品して落選した《樵夫《きこり》と死神》が物議をかもした。ミレーの敵も味方も彼の才能は認めていたので、多くの人々にとって落選は信じられないことだったのである。すぐに審査員への猛烈な抗議運動が行われた。『三銃士』で有名なアレクサンドル・デュマを筆頭に多くの人が弁護してくれた。

ミレー自身はというと、いつものことだとあまり動じていなかった。むしろ自分はただ「見た通り物語るだけだ」ということこれまでの意志を強くしたくらいだ。続いてミレーは、《児に食を与える女》、《はぐくみ》、《桶《おけ》を運ぶ女》、《待つ》、《羊の刈り込み》を描き、いずれも官展に出品した。賛否両論の論争を巻き起すのはいつものこと。今回はドラクロワやバリーがミレーを擁護し、ドーミエ、ディアス、ソニエ、ステーヴェン、ジェロームも加わった。著名な彼らによって批判は鎮められた。

一八六二年には多くの賞賛を集める作品群を発表できた。《冬とカラス》、《ジャガイモを植える人》、《草を食う羊》、《亜麻《あま》を梳《す》く女》、《牡鹿《おじか》》、そして《くわを持つ男》である。

今度は《くわを持つ男》が、農民を侮辱し田園の美を理解できていないとまで批判された。それはミレーにとって折込済みだった。自分たちの世界に属さないものを押しつけられることを嫌ったり、心乱されることを好まない人は、これまでの経験から悪く言うしかないと確信していたからだ。

ミレーからすれば、彼らの批判は不思議なものだった。というのも、批判をしている人々は自らの主張が、モンテスキューも言ったように「芸術を自然化する代わりに、自然を人工化している」

ミレー
《晩鐘》 1859年

ミレー
《くわを持つ男》 1860-62年

ことに気づいていないようだったからだ。

私の『くわを持つ男』について言われていることは、ひじょうに不思議に思われます。額に汗して生活しなければならない運命の男を見た時に感じられるものを、ごく素直に認めることはできないのでしょうか。ある人びとは私が田園の魅力を否定するのだと言います。私は田園に魅力以上のものを―限りない荘厳さを見いだしています。私も彼らと同じように、キリストが『あなたが言うが、栄華をきわめた時のソロモンでさえ、この花の一つほどにも着飾っていなかった』と言った小さい花を見ています。タンポポの後光や、地上の遙かかなたに輝き出る太陽や、雲間のその壮観さを見ています。耕しながら土煙りを上げる広い野の馬も見ています。また岩だらけの地面で、朝がたから喘《あえ》ぐ息を静けさの中にひびかせ、しばらく休むために身体を伸ばそうとしている、まったく疲れきった男も見ています。こういう劇《ドラマ》は壮麗さにとりまかれています。そしてそれは私の創作したものではありません。＊2

批判する者は、自分たちが〝自然〟と考えるものを描くべきだとしている。しかし、それは人間が都合よく寄せ集めたものにすぎない。皮肉にも人工的なもの、つまり不自然なものなのである。自然は一つの塊であり、ばらばらに分解してつなぎあわせるものではない。どうして自然をあるがままに素直に受け入れないのか、ミレーはそう疑問を投げかけている。

私は風景にしろ人物にしろ、自然を眺めた印象によらないものは、何も描こうと思いません。

……美術は、人が自然に基づく印象に直接かつ率直によらず、筆の器用さが自然の地位を奪った時から、弱まりはじめました。そのときから頽廃《デカダンス》がはじまったのです。＊2

この騒動と同じ頃、友人のサンスィエの勧めで芸術についての考えをミレーは文章にしている。もちろんミレーは画家である。彼の考えや思想は、作品それ自体の方によりよく表れているのは当然のことだ。他方で、文章はそれ自体で考えさせられるものがある。

人は各自の印象というものを、その印象がいかなるものであれ、その人の気質がどのようなものであれ、すべて自然から得なければならないのである。人は自然をじゅうぶん吸収して飽和していなければならなく、自然が考えさせるものを考えていなければならないのである。自然は誰に対しても、物をじゅうぶん与え得るほど、富んで豊かであると信じていなければならない。源泉からものを汲みとらないとしたら、どこから汲みとるべきなのであろう。＊2

自然は源泉であり、そのまま何一つ不足なく存在している。我々は、命も生きるためのものもすべて完全な自然から得ている。

芸術とは自然がつくったものであるのに、芸術そのものが最高の目的であると人が信じるようになった瞬間から、頽廃《デカダンス》が始まったのである。人びとはある芸術家が無限なる物へ視線を注いでいたということを考えずに、その芸術家そのものを自分たちの手本とし目的とした。人びともそれでも自然ということを言ったが、それは生きている手本について語る場合にそう言ったので、人びとはその手本を用いてけっきょくはあり来たりのものしかつくることができなかった。＊2

いかにすぐれた天才と呼ばれる人々でさえも、自然に代って人間の典範となることは永久にできない。「自然のもつ不充分さな趣きを償う」、あるいは「自然のもつ誤りを正す」などと言うような人は、このことを自覚していない。よほど傲慢か愚かな人たちである、そうミレーは痛烈に指摘している。

不完全な人間が自然を完全にわかることはできない。しかし、完全にわかることはできないが、少しでも近づこうとも考えた。近づくことはできる、いやそれ以外許されていなかった。

自然の中からできる限り喜びを見つけよう

この一八六〇年代には、絵が売れてある程度貧しさが解消されてきた。

今やミレーは大家族の長だった。子どもは三男六女の九人となり、故郷から弟二人を弟子としてあずかっていた。貧しいのは致し方ないところもあった。

転機は、一八六三年に複数のベルギー人画商と三年契約を結んだことだ。制作する作品と引き替えに月千フランの収入を確保した。（ただしミレーの実行ぶりは悪かった。加えてお金が入ったことで骨董や浮世絵、エル・グレコの名画を買い込んでしまった。契約終了時には六千フランの負債があり、契約終了後も絵で返済する始末だった。）

　そしてもう一つの転機は、一九六四年のサロンで《羊飼いの少女》が官展で一等賞を取り、政府買い上げの申し出がなされたことだ。政府の申し出は個人の顧客の注文作品であったから断ったが、千五百フランの値がついたことで、ミレー作品の市場価格が右肩上がりになっていく。


　さらにミレーの成功は輝かしいものになっていく。一八六七年、パリで再び万国博覧会が開催された。この博覧会には日本が初めて参加し、江戸幕府、薩摩藩、佐賀藩がそれぞれ出展している。余談だが、ミレーはこの頃日本美術を収集していた。自然と人間性の表現を高く評価していたのだ。

　さて、ミレーにとっては二度目の万国博覧会である。一室を与えられて、個展を開くことができた。これまで描いた《落ち穂拾い》、《晩鐘》、《樵夫と死神》、《羊を刈り込む女》、《羊飼い》、《ジャガイモを植える人》、《ジャガイモの収穫》を出品した。さらに同時期に開催された官展には、《ガチョウを飼う少女》と《冬》を出品した。

　万国博覧会の出展は大成功で一等賞を得た。翌年にはレジオン・ドヌール（勲五等）を授けられ、政府もようやくミレーを〝巨匠〟と認めた。

　お気に入りとなったヴィシーやアルザス、スイスに旅行するなど生活もずいぶん楽になった。成功の裏で残念だったのは、ルソーの死だ。親友の死はさすがに堪えた。


　ここで時代状況にも触れておこう。

　当時は第二共和制後のナポレオン三世の帝政下である。フランスは飛躍的な工業生産の発展により、〝世界の銀行〟と称されるまでになっていた。パリもオスマン知事によって近代化された。しかしこの繁栄の恩恵をこうむったのは、産業家の一部と高級官吏だけであった。労働者や職人には過酷な条件のままだった。帝政への不満は日増しに募った。

外交においても帝政の権威は揺らいだ。この時期プロイセンが産業革命の導入や陸軍の増強で国力を高めていた。普墺戦争でも勝利をおさめ、ヨーロッパの覇権をうかがうまでになった。プロイセンは大国であるフランスの孤立化を図る外交を展開する。

ついには、一八七〇年に普仏《ふふつ》戦争勃発となった。発端はエムス電報事件だった。事件のあらましは、スペイン王位継承問題に関するプロセイン国王とフランス大使との会談についての報告を、プロイセン側がフランスに戦争を起こさせようと双方とも侮辱された内容に修正して公表したのである。この挑発にまんまと乗ったフランスが宣戦布告し、ビスマルク率いるプロイセンは南ドイツの諸邦と同盟を結んでこれに対抗した。

普仏戦争でフランスは破れ、ナポレオン三世は捕虜となって帝政は崩壊した。政治権力の空白は混乱をもたらした。パリではプロイセンとの戦争を継続するため国防政府が樹立された。一方で民衆は労働者解放を唱えて、労働者の自治政府パリ・コミューンを樹立した。それに伴って国民軍を組織した。史上初の社会主義政権でもあったコミューンは「芸術家同盟」も組織し、勝手にミレーの名も入れた。彼らにとってミレーは社会主義者・革命家の象徴であった。これにはミレーも驚き、そのような考えと自分は相容れないと文章で強く抗議した。

戦争が始まるとミレーは家族を連れてシェルブールに疎開した。シェルブールでは港を描いていたため、プロイセンのスパイと間違えられ、もう少しで牢屋に入れられそうになったそうだ。コミューンに勝手に名前を入れられることといい、政治感覚は疎かった。

戦後の権力争いは、結局コミューンがたたきつぶされて終結した。フランスがようやくプロイセンと講和条約を締結できたのは、一八七一年のことだった。

終戦後バルビゾンに戻ったが、健康状態はあまりよくなく、身体も衰えた。

それでもミレーは、

自然の中から喜びをできる限り見つけようと思う。自然はいつも変わらない。私も仕事に没頭するために、すべての恐怖を忘れるようにしている。＊1


と、《宵》、《病児《びょうじ》》、《あんよ》、《児《こ》を寝かしつける若い母親》など、作品は描き続けた。

とりわけアメリカの評価が高く、収集家が頻繁に尋ねてきた。国内でもパンテオンに飾る作品八点を政府から注文された。作品が莫大な価格で取引されるようになった。


だが、刻々と死期は近づいていた。頭痛と目の痛みに悩むようになり、時折喀血《かっけつ》までした。六十を過ぎた頃から高熱が続き、衰弱もひどくなった。本人も死を覚悟した。

一八七五年元旦、突然一発の銃声と猟犬たちの吠える声がした。眠りから目を覚ますと、一頭の牡鹿が隣の家の庭に逃げ込んできた。まもなく牡鹿は目の前で息を引き取った。そのときふと「この鹿が死期を告げに来た」と思ったのだが、その通りであった。それから一カ月もたたないうちにミレーは亡くなった。

率直に現実を受け入れる

ミレーの生涯を辿ってきてみたが、劇的な出来事が次々とあるわけではない。確かに作品を官展に出す度に、賛否両論の議論を巻き起こした。社会主義者のレッテルを貼られ、政治的な運動にも使われた。ただその影響は、当時において限定的なものであった。また多くの前衛芸術家がそうであるように、同時代では物議を醸し、後世でより評価されるという王道をいっている。日常生活に目を向けると、質素・倹約をしてミレーは絵を好きなように描き続けた。日課をこなすように制作した。穏やかに、ゆるやかに時が流れていく。

平凡。この言葉ほど彼の生活をよく言い表すものはないのではないか。

最初に述べたように、何でもないようなことに気をつけ、立派に生きている人もまた偉人である。この意味でミレーは偉大なリアリストであり、農耕民族のような発想である。

そのためミレーの生き方は、農耕民族である日本人が共有できるものであった。例えば、日本人なら誰でも知っている徳川家康《とくがわいえやす》とは共通点が多い。

徳川家康の人生も、同時代の武将に比べれば、英雄的あるいは劇的なものでない。徳川家康は徹底したリアリストだった。それは領土の増やし方を見れば理解できる。リアリストは周りだけでなく、自分に対しても冷厳に判断する。自分の身の丈をきちんと把握しているのだ。

徳川家康が、天下を取るという考えを持ったのはずいぶん後のことである。まずは自国の三河を防衛することが第一であった。こつこつ田畑を耕して、余剰があればまた次へと拡張していく。器《うつわ》以上のことをすれば器が壊れると、一か八かの大勝負はしない。英雄というよりは農民に近い。質素倹約《しっそけんやく》、堅実堅牢《けんじつけんろう》という言葉がよく似合う。

徳川家康は、「人の一生は重き荷物を持って坂道を上るものだ」と、晩年に語っている。この言葉は、数少ない訓・教訓の一つである。実は徳川家康が自らの考えを示したものはほとんどない。その点では、歴史上の武将、政治家として希有《けう》な人物である。他に伝えられているものといえば、「足るを知る」だとか「無用のついえをつつしめ」など至極《しごく》当たり前のことばかりだ。

それらは自ら体験して、どうやらこれは真実だという結論に達した教訓だ。英雄的でなく、素朴でつまらないものと言われても仕方ない。しかし、実践し確かに結果が出たものであるがゆえに、時代や場所を超えて有効である。

同時代の人は、徳川家康を「律義者《りちぎもの》」と呼んだ。なるほど、彼は自分が出来ること、責任の取れることだけを積み重ねた。その結果として天下を取った。徳川家康が偉人だと言えるゆえんは、その現実に対する率直さにある。

ミレーは農民画あるいは風景画を描いた画家として位置づけられがちだが、描いたのは現実そのものである。ミレーが捉えた現実とは、すべてが自然という総体の中で生き死にするというものだ。

非物質的なものを表現するには、事物の外観をそのもっとも正確な真実さのうちに正しく観察する以外にないのであるから、その場合の真実に対する物質的な嘘が、すべてのものを無にしてしまっているのである。真実だけが遊離しているということはないのである。＊2

生きとし生けるものの源泉は自然である。それが真実だった。この真実と遊離して現象はない。

現実はすべて崇高なり

リアリストたるミレーと徳川家康が、農民の要素を多分に持っていたのは、単なる偶然ではない。農作業では人間の力だけではどうにもならないことが起こる。そうした現実には素直に対応するしかない。万物は自然に生かされ生き、そして循環していく。例えば種子は人間が育てるのではない。自然が育てるものである。人間はそれを邪魔せず、手伝うことしかできない。万物は、自然と応和《おうわ》して生きていく他ないのだ。農民は現実からそう認識している。

このことは、農作業に留まらない。自分にとって良いことも悪いことも、どんなに些細なことも崇高《すうこう》な自然につながって存在している。自然はあらゆる物事の源泉である。

ミレーはこんな言葉も残している。

人はどんな地点から出発しても、崇高なものへと到達することができる。そしてただじゅうぶんに高い照準さえもっていれば、あらゆるものが、崇高なものを表現するのに適しているので

ある。＊2

日常の平凡の内奥《ないおう》には、大いなる秘密がある。そこに気づいたとき、現実は崇高になる。人間以外のあらゆる生物はそのことを当然のこととして受け入れている。木々や花々が楽しく咲いている横で、人間だけが気づかずに憂慮《ゆうりょ》している。彼らからすれば笑ってしまうことだろう。

ミレーの略歴

一八一四年　フランス・ノルマンディー地方の小村グリュシーで生まれる。
一八三二年　父の計らいでシェルブールの画家ムッシェルのもとで学ぶ。
一八三七年　パリに出る。
一八四一年　ポーリーヌと結婚。
一八四四年　ポーリーヌの死。カトリーヌと再婚。（正式に籍を入れたのは一八五三年）
一八四八年　《箕をふるう人》を官展に出品し、一定の評価を得る。
一八四九年　バルビゾンに移住。
一八五〇年　《種をまく人》と《藁を束ねる人々》を官展に出品。大きな話題に。
一八五三年　《ルツとボアズ》、《羊飼い》、《羊を刈りこむ女》出品。官展で二等賞牌。
一八五五年　パリ万国博覧会に《木を接ぐ男》を出品。
一八五八年　《落ち穂拾い》を官展に出品。
一八五九年　《晩鐘》を官展に出品。
一八六七年　パリ万国博覧会にこれまで描いた傑作を出品。一等賞牌を得る。
一八六八年　レジオン・ドヌール（勲五等）を授けられる。
一八七五年　六十歳で死去。

おわりに

本書は『よき人々の歴史』の続編である。よき人々の定義は拙著前作の序文で詳しく述べているが、よき人々とは、人がよりよく生きる上で変わらないものに気づき、それを自分だけでなく多く人々のために実践した人たちのことである。本書ではそのよき人々の価値観に着目し、考え方、生き方が特に似ている人々をグループにまとめ、分析を試みた。

膨大な歴史の中から、よき人々を抽出するのは、極めて根気のいる作業であった。よき人々が活躍する時代や地域、専門分野はまちまちである。よき人々は、洋の東西、時間の流れを問題にしていないのである。結果的には、よき人々に連なる根本は同質であったことを確信するに至った。本書のタイトルが『よき人々の系譜』となった由縁である。

また、本書の試みにより、「欧米的価値観」に基づく研究によって、理解されなかったり、誤解されていたりした人物の再評価をし、別の側面に光をあてることができたと思う。

ここで言う「欧米的価値観」とは、キリスト教社会に成立した、とりわけフランス革命以降の人間の理性を基本とする近代合理主義を指している。

近代合理主義とは、理性が発達することで人間が進歩・改善し、理想的社会が実現するという考え方である。十八世紀にヨーロッパは啓蒙主義の時代を迎える。教会や絶対王政といった伝統的権威や非合理的なものからの脱却が目指された。合理主義の精神の下、科学技術と経済が著しく発展することになった。こうして近代合理主義は確立されていった。人々は、理性があらゆる問題を解決すると信じるようになった。

しかし、歴史はそうはならなかった。二度にわたる世界大戦は大量破壊と大量殺戮という結果をもたらした。野蛮を克服しようとした理性は、惨憺たる帰結を迎えたのである。

確かに科学技術の発展は、人類に多くの知識をもたらした。交通網や機械の発達によって生活は飛躍的に便利になった。宗教や文化の違いはあっても、科学技術は共通して欠かせない。人々にとって科学は、とても頼りがいのある価値基準になった。

しかし、科学がすべてを解明するわけではない。科学が解き明かした謎は、再び謎を生む。常に未知の領域は存在し続ける。そして、人間のこころの問題は科学は解決しえないであろうし、人間が科学によって全知全能になる日は決して訪れないであろう。

現代を生きる我々に求められているのは、近代合理主義の限界を克服することなのではないだろうか。本書で述べた、よき人々が共有していた考え、生き方の中にその重要なヒントが隠されていると確信している。

よりよく生きる本質はどんな時代や場所でも変わりがない。誰もがよりよく生きることを達成し、誰もがよき人々の系譜に連なることができるのだ。

よき人々は言う。「自分がつかんだものは古今東西の賢人たちがすでに明らかにしている、決して目新しいものではない。必要なのは自分自身で真理を再獲得することである」と。

本書が読者のよりよく生きるための一助になれば筆者の最大の喜びである。

主要参考・引用文献一覧

司馬光

1　木田知生『中国歴史人物選　第6巻　司馬光とその時代』（白帝社、一九九四）
2　竹内照夫『資治通鑑』（明徳出版、一九七一）
3　鍾清漢『孔子から孫文まで　人物50人で読む「中国の思想」』（PHP研究所、二〇〇五）
4　白隠（芳澤勝弘訳注）『白隠禅師法語全集第十三冊　粉引歌　坐禅和讃　ちょぼくれ他』（禅文化研究所、二〇〇二）

ディドロ

1　ディドロ・ダランベール編（桑原武夫訳編）『百科全書』（岩波書店、一九七一）
2　ディドロ（新村猛訳）『ダランベールの夢　他四篇』（岩波書店、一九五八）
3　ディドロ（王寺賢太・田口卓臣訳）『運命論者ジャックとその主人』（白水社、二〇〇六）
4　ディドロ（佐々木健一訳）『絵画について』（岩波文庫、二〇〇五）
5　小場瀬卓三『ディドロ　百科全書にかけた生涯』（新日本出版社、一九七二）
6　エッカーマン（山下肇訳）『ゲーテとの対話』上・中・下（岩波書店、一九六八）

シュンペーター

1　シュンペーター（大野忠男・木村健康・安井琢磨訳）『理論経済の本質と主要内容』上・下（岩波書店、

一九八三）
2　シュムペーター（東畑精一訳）『経済分析の歴史』全七巻（岩波書店、一九六二）
3　J・A・シュンペーター（清成忠男編訳）『企業家とは何か』（東洋経済新報社、一九九八）
4　シュムペーター（塩野谷祐一・中山伊知郎・東畑精一訳）『経済発展の理論』上・下（岩波書店、一九七七）
5　シュムペーター（中山伊知郎・東畑精一訳）『新装版　資本主義・社会主義・民主主義』（東洋経済新報社、一九九五）
6　根井雅弘『シュンペーター』（講談社、二〇〇六）
7　トーマスK・マクロウ（八木紀一郎監訳、田村勝省訳）『シュンペーター伝』（一灯社、二〇一〇）
8　吉川洋『いまこそ、ケインズとシュンペーターに学べ』（ダイヤモンド社、二〇〇九）
9　P・F・ドラッカー（上田惇夫訳）『イノベーションと企業家精神』（ダイヤモンド社、二〇〇七）
10　篠原三代平『ヒューマノミクス序説―経済学と現代世界―』（筑摩書房、一九八四）
11　篠原三代平「シュンペーターと『景気循環』―私のシュンペーター観―」（「ECO・FORUM」二〇巻一号、二〇〇一年春季号）
12　小林秀雄『小林秀雄全作品27　本居宣長(上)』（新潮社、二〇〇四）

マティス

1　マティス（二見史郎訳）『マティス　画家のノート』（みすず書房、一九七八）
2　ハイデン・ヘーラー（天野知香訳）『マチスの肖像』（青土社、一九九七）

3　フォルクマール・エッサース『マティス』（TASCHEN、二〇〇六）
4　ジル・ネレ『マティス　切り絵』（TASCHEN、二〇〇四）
5　ヒラリー・スパング（野中邦子訳）『マティス　知られざる生涯』（白水社、二〇一二）

世阿弥

1　世阿弥（野上豊一郎・西尾実校訂）『風姿花伝』（岩波書店、一九五八）
2　世阿弥（小西甚一編訳）『世阿弥能楽論集』（たちばな出版、二〇〇四）
3　白洲正子『世阿弥』（講談社、一九九六）
4　能勢朝次『世阿弥十六部集評釈』上・下（岩波書店、一九四〇）
5　石井倫子『能・狂言の基礎知識』（角川学芸出版、二〇〇九）
6　折口信夫『死者の書・身毒丸』（中央公論新社、一九九九）

シュレンマー

1　オスカー・シュレンマー・ラスロー・モホリ＝ナギ・ファルカス・モルナール（利光功訳）『バウハウス叢書4バウハウスの舞台』（中央公論美術出版、一九九一）
2　利光功「永遠の人間像を求めて　オスカー・シュレンマー」（『美術手帖』美術出版社、一九七八・一〇）
3　岩村行雄「オスカー・シュレンマーのパフォーマンス芸術　空間、身体、運動」（『日本大学文理学部人文科学研究所研究紀要』第四六号、一九九三）

4　岩村行雄「オスカー・シュレンマーの芸術思想」（『日本大学文理学部人文科学研究所研究紀要』第四四号、一九九二）
5　岩村行雄「オスカー・シュレンマーとバウハウス」（『日本大学文理学部人文科学研究所研究紀要』第五一号、一九九六）
6　大熊治生「舞踊人の身振り　オスカー・シュレンマーの日記をもとに」（『ユリイカ11　特集バウハウス』青土社、一九九二）
7　ハンス・キュリエル（大熊治生訳）「シュレンマーと抽象的舞台」（『ユリイカ11　特集バウハウス』青土社、一九九二）
8　セゾン美術館編『bauhaus : 1919-1933』（セゾン美術館、一九九五）
9　ハンス・M・ウィングラー編著（バウハウス翻訳委員会訳）『バウハウス　ワイマール／デッサウ／ベルリン／シカゴ』（造型社、一九六九）
10　前田専學『インド哲学へのいざない』（日本放送出版協会、二〇〇〇）
11　服部正明『古代インドの神秘思想　初期ウパニシャッドの世界』（講談社、一九七九）
12　佐保田鶴治『ウパニシャッド』（平河出版社、一九八三）

道元

1　道元（石井恭二訳）『現代文訳　正法眼蔵』全五巻（河出文庫、二〇〇四）
2　道元（寺田透・水野弥穂子校注）『日本思想体系13　道元』上・下（岩波書店、一九七二）
3　道元『正法眼蔵―本山版縮刷』（鴻盟社、一九五二）

4　水野弘元『修証義の仏教』（春秋社、一九六八）
5　竹内道雄『道元　新稿版』（吉川弘文館、一九九二）
6　鏡島元隆『道元禅師語録』（講談社学術文庫、一九九〇）
7　井沢元彦『「誤解」の日本史』（ＰＨＰ研究所、二〇一二）

ヤスパース

1　カール・ヤスパース（重田英世訳）『哲学的自伝』（理想社、一九六五）
2　カール・ヤスパース（草薙正夫訳）『理性と実存』（理想社、一九七二）
3　カール・ヤスパース（林田新二訳）『運命と意志　自伝的作品』（以文社、一九七三）
4　カール・ヤスパース（林田新二訳）『白水叢書26　哲学とは何か』（白水社、一九七八）
5　重田英世『人類の知的遺産71　ヤスパース』（講談社、一九八二）
6　無住（小島孝之校注・訳）『新編日本古典文学全集52　沙石集』（小学館、二〇〇一）

ブランクーシ

1　ラドゥ・ヴァリア（中原佑介監修、小倉正史・近藤幸夫訳）『ブランクーシ作品集』（リブロポート、一九九四）
2　エリック・シェインズ（中原佑介・水沢勉訳）『コンスタンチン・ブランクーシ（モダン・マスターズ・シリーズ）』（美術出版社、一九九一）
3　近藤幸夫「ブランクーシ再考(1)―ブランクーシ像の成立を巡る言説」（『国立近代美術館研究紀要』五

号、一九九六）
4　末永照和監修、近藤幸夫他著『カラー版20世紀の美術』（美術出版社、二〇〇〇）
5　図録「BRANCUSI PHOTOGRAPHIES」（ギャルリー・ところ、一九七八）
6　プラトン（藤沢令夫訳）『パイドロス』（岩波書店、一九六七）
7　プラトン（岩田靖夫訳）『パイドン　魂の不死について』（岩波書店、一九九八）
8　プラトン（久保勉訳）『ソクラテスの弁明・クリトン』（岩波書店、一九九一）

トルストイ

1　山下喬子『新装世界の伝記29　トルストイ』（ぎょうせい、一九九五）
2　トルストイ（米川正夫訳）『コサック』（養徳社、一九四八）
3　トルストイ（望月哲男訳）『アンナ・カレーニナ』全四巻（光文社、二〇〇八）
4　トルストイ（工藤精一郎訳）『戦争と平和』全四巻（新潮社、一九七二）
5　トルストイ（原久一郎訳）『懺悔』（岩波文庫、一九六一）
6　川端香男里『人類の知的遺産52　トルストイ』（講談社、一九八二）
7　トルストイ（北御門二郎訳）『文読む月日』上・中・下（ちくま文庫、二〇〇三）
8　白洲正子『明恵上人』（講談社、一九九二）
9　明恵（久保田淳・山口明穂校注）『明恵上人集』（岩波書店、一九九四）
10　田中久夫『人物叢書　明恵』（吉川弘文館、一九六一）

ナポレオン

1　アンドレ・マルロー編（小宮正弘訳）『ナポレオン自伝』（朝日新聞社、二〇〇四）
2　オクターヴ・オブリ編（大塚幸男訳）『ナポレオン言行録』（岩波書店、一九八三）
3　菊池寛『ナポレオン傳』（改造社、一九三二）
4　浜田けい子『世界の伝記31　ナポレオン』（ぎょうせい、一九八〇）
5　桑原武夫編『世界の歴史10　フランス革命とナポレオン』（中央公論社、一九六一）
6　松村劭『勝敗を決めた名将立たちの伝説的戦術』（ＰＨＰ研究所、二〇一〇）
7　松村劭『世界の歴史を変えた名将立たちの決定的戦術』（ＰＨＰ研究所、二〇〇七）
8　ペール・ブリアン（田村孝訳）『アレクサンドロス大王　文庫クセジュ』（白水社、二〇〇三）
9　クルティウス・ルフス（谷栄一郎・上村健二訳）『アレクサンドロス大王伝　西洋古典叢書』（京都大学出版会、二〇〇三）
10　プルターク（河野与一訳）『プルターク英雄伝（九）』（岩波書店、一九五六）
11　プルターク（鶴見祐輔訳）『プルターク英雄伝』（潮出出版社、二〇〇〇）

ヴェルヌ

1　フィリップ・ド・ラ・コタルディエール他監修（私市保彦監訳、新島進・石橋正孝訳）『ジュール・ヴェルヌの世紀　科学・冒険・《驚異の旅》』（東洋書林、二〇〇九）
2　私市保彦「夢想家ヴェルヌ—その生涯と作品」（『ユリイカ　特集＝ジュール・ヴェルヌ』青土社、一九七七）

3　ジュール・ヴェルヌ（荒川浩充訳）『海底二万里』（東京創元社、一九七七）
4　ジュール・ヴェルヌ（調佳知雄訳）『海と空のロマン　ハテラス船長の冒険』上・下（パシフィカ、一九七九）
5　マルセル・モレ（加藤晴久訳）「地下的な革命家」（『ユリイカ　特集＝ジュール・ヴェルヌ』青土社、一九七七）
6　ジュール・ヴェルヌ（榊原晃三訳）『地軸変更計画』（東京創元社、二〇〇五）
7　ジュール・ヴェルヌ（三輪秀彦訳）『動く人工島』（東京創元社、二〇〇五）
8　ジュール・ヴェルヌ（江口清訳）『月世界へ行く』（東京創元社、二〇〇五）
9　石橋正孝『〈驚異の旅〉または出版をめぐる冒険』（左右社、二〇一三）
10　寺田寅彦『寺田寅彦随筆集第五巻』（岩波文庫、一九四八）
11　メルロ・ポンティ（滝浦静雄・木田元訳）『眼と精神』（みすず書房、一九六六）

勝海舟

1　勝海舟（勝部真長編）『氷川清話』（角川学芸出版、一九七二）
2　勝海舟（江藤淳・松浦玲編）『海舟語録』（講談社、二〇〇四）
3　福沢諭吉『明治十年丁丑公論・瘠我慢の説』（講談社、一九八五）
4　滑川道夫『新装世界の伝記　勝海舟』（ぎょうせい、一九九八）
5　松浦玲『勝海舟』（中央公論社、一九六八）
6　司馬遼太郎『「明治」という国家』（日本放送出版協会、一九八九）

サン＝テグジュペリ

1 サン＝テグジュペリ（山崎庸一郎訳）『戦う操縦士』（みすず書房、二〇〇〇）
2 サン＝テグジュペリ（堀口大學訳）『人間の土地』（新潮社、一九五五）
3 サン＝テグジュペリ（杉山毅訳）『サン＝テグジュペリ著作集5　手帖』（みすず書房、一九八四）
4 安野光雄、森毅、井上ひさし、池内紀編『機械のある世界（ちくま文学の森11）』（筑摩書房、一九八八）
5 サン＝テグジュペリ（内藤濯訳）『星の王子さま　オリジナル版』（岩波書店、二〇〇〇）
6 サン＝テグジュペリ（齋藤孝選・訳）『サン＝テグジュペリ　星の言葉』（大和書房、二〇〇六）
7 サン＝テグジュペリ（堀口大學訳）『夜間飛行』（新潮社、一九五六）
8 山崎庸一郎『サン＝テグジュペリの生涯』（新潮社、一九七一）
9 稲垣直樹『「星の王子さま」物語』（平凡社、二〇一一）
10 齋藤孝『齋藤孝の天才伝2　サン＝テグジュペリ』（大和書房、二〇〇六）

ミレー

1 アルフレッド・サンスィエ（井出洋一郎監訳）『ミレーの生涯』（講談社、一九九八）
2 ロマン・ロラン（蛯原徳夫訳）『ミレー』（岩波書店、一九五九）
3 小林秀雄『小林秀雄全作品22　近代絵画』（新潮社、二〇〇四）
4 ルイ・ファン・ティルボルフ編（二見史郎・辻井忠男訳）『ファン・ゴッホとミレー』（みすず書房、一九九四）

5 井出洋一郎監修『ミレーとバルビゾンの画家たち』(山梨県立美術館、一九八五)
6 B・マルシャン(羽見正美訳)『パリの肖像 19-20世紀』(日本経済評論社、二〇一〇)
7 井出洋一郎『「農民画家」ミレーの真実』(NHK出版、二〇一四)
8 松本清張『徳川家康』(講談社、一九八二)
9 司馬遼太郎『覇王の家』上・下(新潮社、二〇〇二)
10 司馬遼太郎『歴史のなかの邂逅』(中央公論社、二〇一〇)
11 井上幸治編『世界の歴史12 ブルジョワの世紀』(中央公論社、一九六一)

阿部祐太　ABE Yuta

1982年東京生まれ。
2005年慶應義塾大学法学部政治学科卒業。
2007年慶應義塾大学大学院法学研究科政治学専攻修士課程修了。
文化と政治の関連性をテーマに、社会学的研究を続けるとともに、
リアル・ポリティクスの観点から、中国の政治力学研究や国際政
治研究も行っている。

よき人々の系譜

2015年1月15日　初版第1刷発行

著者　**阿部祐太**
発行人　**阿部秀一**
発行所　**阿部出版株式会社**
〒153-0051
東京都目黒区上目黒 4-30-12
TEL ：03-3715-2036
FAX：03-3719-2331
http://www.abepublishing.co.jp
印刷・製本　**アベイズム株式会社**

ISBN978-4-87242-326-6　C3023